北大版长期进修汉语教程

中级汉语精读教程 I

第二版

主　编：赵　新　李　英
编　写：（按音序排列）
陈　楠　李　英　林　柱
罗　宇　张静静　赵　新

图书在版编目(CIP)数据

中级汉语精读教程 I(第二版)/赵新,李英主编. —北京:北京大学出版社,2010.1
(北大版长期进修汉语教程)
ISBN 978-7-301-16363-4

I. 中… II. ①赵… ②李… III. 汉语-对外汉语教学-教材 IV. H195.4

中国版本图书馆CIP数据核字(2009)第209771号

书　　　名:中级汉语精读教程 I(第二版)
著作责任者:赵新　李英　主编
责 任 编 辑:吕幼筠
标 准 书 号:ISBN 978-7-301-16363-4/H·2393
出 版 发 行:北京大学出版社
地　　　址:北京市海淀区成府路205号　100871
网　　　址:http://www.pup.cn
电　　　话:邮购部 62752015　发行部 62750672　编辑部 62752028　出版部 62754962
电 子 邮 箱:zpup@pup.cn
印　刷　者:涿州市星河印刷有限公司
经　销　者:新华书店
787毫米×1092毫米　16开本　15.75印张　400千字
2002年10月第1版　2010年1月第2版
2025年1月第5次印刷
定　　　价:42.00元

前　言

本教材是为在全日制学校学过一年(约 800 学时)汉语的外国留学生编写的中级精读课本。学过《高等学校外国留学生汉语教学大纲》(长期进修)中的初级词(2399 个)、汉语水平考试成绩达到三级(即初等 C 级)的外国人也适用。

本教材本着突出科学性和实用性、讲求通用性和持久性、增强知识性和趣味性的原则,同时依据精读课的课型特点和中级阶段学习的特点来设计和编写。

本教材分为 2 册,每册 15 课,共 30 课,供一学年使用。每课由提示、生词语、课文、重点词语学习、语法学习、练习、副课文等 7 个部分组成,4 学时学完一课。

1. 提示

是课文的引子,简要概括课文主要内容,说明其意义,引起话题。

2. 生词语

我们依照《高等学校外国留学生汉语教学大纲》和《汉语水平词汇与汉字等级大纲》对生词的数量和等级严格加以控制:第 1 册每课平均 46 个,第 2 册平均 49个;生词以中级词(丙级词)为主,高级词和超纲词不超过 10%。

另外,我们对生词表做了两点改进:(1)词义解释采用双语:英语解释在前,汉语解释在后,并举例说明用法。汉语解释尽量使用初级词语和前面学过的中级词语,避免使用高级词和超纲词,既可以激活学生记忆系统中的初级词语,又可以重现前面学过的中级词语;(2)列出生词的近义词、反义词、多音词、形似字以及同语素的合成词等,形成生词的参照系统,扩大生词意义及用法的容量。生词表中所使用的符号,近义词为“≈”,反义词为“←→”,同语素合成词为“>”,多音词下画线,并注出不同读音,形似字用“—”号连接。

3. 课文

课文是报刊书籍上的自然语料,经过严格的选择和认真的改写。

在选材上,特别注意选用与现实生活密切相关的、内容与词语句式都实用的新鲜语料,限制纯文学色彩语料,限制采用地方色彩浓的语料(包括北京话),限制采用过于口语化材料,限制采用时限性强的语料。所选语料题材广泛,体裁多样,内容丰富,富有知识性和可读性。

课文全部经过认真改写,力求做到内容科学实用,语言准确规范,结构清晰合理,并以《高等学校外国留学生汉语教学大纲》(长期进修)和《汉语水平词汇与汉字等级大纲》来控制生词的数量和等级,确定语法项目的分布,从而确保教材的中级水平,同时注意使生词保持一定的重现率。

课文长度:第 1 册约为 800～1500 字,第 2 册约为 1200～1800 字(诗歌和谚语除外)。

课文每 5 行有行数标记,以便教学时迅速查找。

4. 重点词语学习

每课选取 10～12 个常用的中级词语,较详细地举例说明其用法,以利于达到复用式掌握(即听、说、读、写四会),讲学时可重点讲练。

5. 语法学习

语法学习依据的是《教学大纲》规定的中级语法项目。注释语言力求简明,避免使用超纲词。语法项目控制在每课平均十个以内。

6. 练习

练习的重点是生词和语法项目的复习和巩固, 同时还有围绕课文进行的说和写的练习,使学生得到听说读写的全面训练。

练习题型多样,题量充足。针对语音、词语、语法、语段进行全面训练,并特别注意对形似字、多音词、多义词、近义词、成语、固定结构、句式的练习。通过全面、系统、足量的练习,使学生得到充分的训练和全面的提高。

同时,注意主观题型与客观题型相结合,互相补充,既注意与汉语水平考试接轨,提高学生的考试能力,又注意训练学生的实际理解和表达能力。

练习由学生课后完成,课堂上针对偏误进行适当讲解;练习可反复使用,用铅笔做,然后擦去再做,反复几次,效果更好。

7. 副课文

副课文也是自然语料,经过认真改写,与主课文在内容上有关连,字数控制在 1000 字以内,并尽可能重现生词,避免使用高级词和超纲词。副课文配有说或写的练习,可让学生课外阅读并完成练习。

为了方便使用,书后附有重点词语总表、语法学习总表、部分练习参考答案及词汇总表。

由于作者水平所限,难免会有错误和疏漏,敬请使用者提出批评意见。

编者

2009 年 7 月于中山大学

目　录

第一课　二十岁的生日

提示　孩子生日，不少父母都会为孩子举行一个小小的家庭宴会，好好儿庆贺一番。可是，孩子们长大以后，他(她)们想怎么过生日？这却不是每个做父母的都了解并且都能接受的。这个家庭遇到的事，反映了一种普遍的现象，值得我们深思。

一　生词语

1. 长辈 zhǎngbèi(名)　elder, senior / 比自己高一辈的人：爷爷是我们的长辈
   长(cháng)短　>同辈　晚辈
2. 总 zǒng(副)　always / 情况、状态等从过去到现在没有变化：总迟到
   ≈总是　一直
3. 别扭 bièniu(形)　uncomfortable, awkward / 感觉不舒服、不自然或不容易对付：
   别(bié)人　　感到很别扭、有点儿别扭
4. 同龄 tónglíng(动)　at the same age / 年龄相同或相近：同龄人、跟他同龄
5. 狂欢 kuánghuān(动)　hold a carnival / 自由、尽情地欢乐：一起狂欢
6. 为难 wéinán(形)　feel embarrased / 感到事情难办，想不出办法处理：很为难、
   为(wèi)了　　有些为难
7. 开口 kāi//kǒu　start to talk / 张开口说话：不开口、开不了口
8. 吞吞吐吐 tūntūntǔtǔ(形)　hesitate in speech / 形容有话不敢直说或说话不明确、不清楚，作谓语、状语
9. 脸色 liǎnsè(名)　complexion, expression / 脸上所表现出来的健康状况或脸上的表情：脸色不好
10. 几乎 jīhū(副)　nearly, almost / 表示非常接近某种情况、程度或数量、范围：
    ≈差不多　　几乎相同
11. 微不足道 wēibùzúdào　not worth mentioning / 非常小，不值得说，作定语、谓语：微不足道的小事、这些小事微不足道
12. 欢乐 huānlè(形)　happy, joyous / 快乐：欢乐的歌声、欢乐的节日

13. 僵 jiāng(形)　deadlocked / 事情很难处理，无法向前发展：事情弄僵了

14. 叹气 tàn//qì　sigh / 感到遗憾、难过、为难时发出“唉”的声音：叹了口气

15. 沉默 chénmò(形)　silent / 不爱说笑或不说话：沉默的人、他沉默了半天

16. 丰盛 fēngshèng(形)　rich, sumptuous / (食品、饭菜等)又多又好：丰盛的饭菜
≈丰富

17. 欣赏 xīnshǎng(动)　appreciate, enjoy / 享受美好的东西：欣赏音乐

18. 不安 bù'ān(形)　uneasy, unstable / 心里不平静，不安定：心中不安

19. 烟消云散 yānxiāoyúnsàn　completely vanish / 比喻事物完全消失，作谓语：误会烟消云散

20. 欢笑 huānxiào(动)　laugh heartily / 快活地笑：欢笑声、充满欢笑

21. 相册 xiàngcè(名)　photo album / 用来放照片的本子：一本相册
互相(xiāng)

22. 围巾 wéijīn(名)　scarf / 长形或方形围在脖子上用来保暖或装饰的东西：一条围巾
围—国

23. 各式各样 gèshìgèyàng　every kind of / 样式非常多，作定语：各式各样的食品
≈各种各样

24. 兴高采烈 xìnggāocǎiliè　in high spirits; in great delight / 形容非常高兴，作状语、谓语、定语：兴高采烈地走了

25. 爆发 bàofā(动)　burst out, break / (力量、情绪等)突然一下子产生出来：心中的不满全都爆发出来了
爆—瀑

26. 一口气 yìkǒuqì(副)　in one breath / 很快地、不停地做某事：一口气说完

27. 蜡烛 làzhú(名)　candle / 蜡制的照明用品：红蜡烛、点蜡烛、吹蜡烛
蜡—借

28. 拥有 yōngyǒu(动)　possess, own / 有(大量的人口、土地或美好的东西等)：拥有快乐、拥有健康

29. 打招呼 dǎ//zhāohu　greet sb. / 见面时用语言或动作表示问候：跟他打招呼

30. 夫妻 fūqī(名)　husband and wife / 丈夫和妻子：夫妻之间、夫妻俩

31. 混 hùn(动)　drift along, do sth. (aimlessly) / 随便、不认真地对待(生活、工作)：混日子、混饭吃

32. 忍不住 rěnbuzhù　unable to bear / 控制不住心里的某种情绪而表现出来：忍不住哭了
←→忍得住

33. 盼 pàn(动)　hope for, expect / 盼望，非常希望(得到或实现)：盼他回来

34. 欢喜 huānxǐ(形)　joyful, happy / 快乐，高兴：欢欢喜喜地过春节
· >欢乐　欢快

35. 愣 lèng(动)　distracted, stupefied / 呆，脸上表情不灵活、不正常：愣住了

36. 眨 zhǎ(动)　blink, wink / 眼睛闭上后马上睁开：眨眼、眨了一下眼

二　课　文

"二十岁是个大生日。"同学们这么对我说,爸爸妈妈也这么说。

我参加过好几个同学的二十岁生日宴会。也许是家里房子都不大,也许是有长辈在旁边,宴会总有几分别扭。如果爸爸妈妈不参加,同龄人有的是自己的快乐。一个狂欢的夜晚,常常让我们一下子感觉 5 到自己长大了。

我的生日也要这样过,我想。可是,我有些为难了。

妈妈早几天就问我爱吃什么,忙着做准备,爸爸还问我喜欢什么礼物。我怎么开口呢?

时间不等人,同学早就约好了。如果爸爸妈妈请来外婆一家,就 10 麻烦了。我只好吞吞吐吐地开了口:"我想请同学来热闹一下。你们先不要参加,过几天家里再过,好吗?"

他们都不出声了,脸色也不大好看。我几乎要哭了,亲爱的爸爸妈妈,你们能理解女儿吗?她也是大人了,她也有着自己微不足道的交际和由此产生的欢乐。而这一切,我怎么说得清楚呢?僵了好一会 15 儿,爸爸叹了口气,说:"好吧!我们出去躲一个晚上。"

生日那一天,妈妈还是为我买了许多菜,但大家都有些沉默,我也不知道该说些什么。四点钟,爸爸妈妈就出去了。

我一个人在家里忙开了,菜摆满了一桌子,够丰盛的。我欣赏着自己做的饭菜,兴奋中又有几丝不安。直到同学们来了以后,这不安 20 才烟消云散。

欢笑一下子充满了整个房间,鲜花、相册、围巾等各式各样的礼物堆了一桌子。我们兴高采烈地吵啊、闹啊,笑声夹着歌声一次又一次地爆发。当我一口气吹灭生日蜡烛时,我发现自己在这一个晚上,拥有了太多的欢乐。

25 十点钟,爸爸妈妈回来了。我笑着请他们吃蛋糕,他们也似乎高兴地和同学们打招呼,吃了蛋糕,回自己房间去了。我送走同学回来时,他们已经关灯睡了。

以后几天,爸妈变得沉默起来,很少说话,我也很难开口跟他们解释。

30　　不久的一个下午，朱叔叔夫妻俩突然来到我家。一进门，朱叔叔就对爸爸说："今天躲儿子生日，来你家混一顿饭。你招待不招待？"他爱人俞阿姨也忍不住说："辛辛苦苦把他养大，好容易盼到他二十岁，想跟他欢欢喜喜过个生日也不成。他要请同学，不要爸爸妈妈了，想想真伤心啊！"说着说着，眼泪真的流下来了。

35　　大家都愣住了。妈妈跟着叹了一口气，爸爸朝我眨眼睛。我鼻子一酸，哭了。

（据《广州青年报》同名文章）

三　重点词语学习

（一）也许是家里房子都不大，也许是有长辈在旁边，宴会总有几分别扭

"别扭"在这里表示不舒服，不自然，难对付。它还可以表示意见不同，有矛盾，或说话、作文不流利。如：

1. 让我对着这么多人讲话，总觉得很别扭。
2. 他们俩经常闹点儿小别扭，可是过后就好了。
3. 这段文章的语法有问题，读起来很别扭。

（二）同龄人有的是自己的快乐/拥有了太多的欢乐

"快乐"、"欢乐"意思差不多，都是形容词，都可以作谓语，表示人高兴愉快，心情很好，有时可以互换。但"欢乐"表示的程度比"快乐"高。"快乐"的前面可加否定词"不"或程度副词，后面可以加"极了"，还可以用于祝福语中；"欢乐"不能这么用。如：

1. 听了外婆的话，我感到非常快乐。
2. 祝你生日快乐！
3. 夫妻俩一起度过了一个欢乐的假期。
4. 女儿的出生给这个家庭带来了很多欢乐。

（三）我的生日也要这样过，我想。可是，我有些为难了

"为难"在这里作形容词，表示感到不好办，很难处理或解决。如：

1. 去还是不去，我觉得很为难。
2. 这件事你能帮就帮，千万别为难。

"为难"还可以作动词，表示给人找麻烦，制造困难。如：

3. 他是老实人，你不要为难他。
4. 我再想想别的办法，就不为难你们了。

(四) 我怎么开口呢?

“开口”,动宾短语,表示张开嘴说话,中间可以插入别的词语。如:

1. 无论我怎么劝,他就是不开口。
2. 他是我的长辈,在他面前我就是开不了口。
3. 沉默了一会儿,外婆终于开了口。

(五) 我几乎要哭了,亲爱的爸爸妈妈,你们能理解女儿吗?

“理解”与“了解”意义相近,但又有区别:“了解”表示对事情知道得很清楚,强调知道事物的情况和过程;而“理解”强调懂得事物的意义和内容,明白事物为什么是这样,程度比“了解”更进一步。“理解”和“了解”的宾语还可以是人,这时,“了解”表示对此人知道得很清楚,知道其情况、性格、爱好等;而“理解”则表示明白此人要这样做的原因,能懂得他的心,能谅解、宽容他。另外,“了解”还指打听、调查,而“理解”没有这个意思。如:

1. 这个问题我还不理解,你再给我解释解释。
2. 他的心情我很理解,但却帮不了他。
3. 朋友之间最重要的是要互相理解。
4. 这件事我一点儿也不了解,说不出什么看法。
5. 我很了解这个人。
6. 这次去农村,我了解到了很多情况。

(六) 僵了好一会儿,爸爸叹了口气,说:“好吧!我们出去躲一个晚上。”

“僵”在这里表示事情很难处理,无法向前发展,常作谓语和补语。它还可以表示手脚不能活动或表情突然停止、呆住了。如:

1. 听了我们的话,他脸上的表情一下子僵住了。
2. 你千万别把事情弄僵了。
3. 天气太冷了,我的手脚都冻僵了。

(七) 我们兴高采烈地吵啊、闹啊,笑声夹着歌声一次又一次地爆发

“兴高采烈”表示非常高兴,情绪非常高。在句子中常作状语,也可以作谓语、补语、定语。如:

1. 孩子们兴高采烈地在操场上做游戏。
2. 过春节的时候,每个人都兴高采烈的。
3. 在晚会上,所有的人都玩儿得兴高采烈。
4. 瞧他兴高采烈的样子,一定是遇到了什么开心事。

(八) 我发现自己在这一个晚上,拥有了太多的欢乐

“拥有”与“有”意思差不多,但用法有区别:“拥有”表示领有,属其所有,多用于书面语,不能受“不”、“没”的否定,必须带宾语,宾语一般是美好或重要的东西,如:欢乐、健康、青春、知识、土地、人口、财产、武器、家庭等,而且宾语前一般都须有定语。“有”使用范围广泛，除了表示领有外，还可以表示存在，可以受“没”的否定。如：

1. 他拥有一个温暖的家庭。
2. 中国拥有九百六十万平方公里的国土。
3. 教室里有许多学生在上自习。
4. 他没有多少汉语资料。

(九) 他们也似乎高兴地和同学们打招呼

“打招呼”是惯用语，多用于口语。在这里表示用语言或动作进行问候，还可以表示为某事特地告诉、通知有关人员。中间可以插入别的词语。如：

1. 他对我眨了眨眼睛，算是打了个招呼。
2. 什么时候回国，给我打声招呼，我送送你。

(十) 他爱人俞阿姨也忍不住说：“辛辛苦苦把他养大……”

“忍不住”表示控制不住自己的情绪。“忍不住”与“受不了”不同，应注意区分：“受不了”是对痛苦、不幸、压力等不能忍受，“受不了”之后一般带名词或名词性短语；“忍不住”之后一般带动词或动词性短语。如：

1. 我本来不想发表意见，可听了大家的意见，又忍不住想说几句。
2. 我实在受不了他那种态度。
3. 他脸色不好，一定是胃疼得受不了了。
4. 她实在忍不住了，一下子哭了起来。

(十一) 大家都愣住了

“愣”在这里表示脸上表情不灵活、不正常，呆了，一下子不知道该做什么好。还可以表示说话、做事情不考虑后果，冒失。如：

1. 听到这个消息，他愣了半天没有说话。
2. 看到小刚突然出现在我的面前，我一下子愣住了。
3. 你怎么愣在这里不动了？
4. 他还年轻，干什么事情都特别愣。

(十二) 妈妈跟着叹了一口气，爸爸朝我眨眼睛

“叹气”，动宾短语，表示感到遗憾、难过、为难时发出“唉”的声音，作谓语，中间可以插入其他成分。如：

1. 别叹气了，事情总会过去的。
2. 他叹了(一)口气，然后眼泪就忍不住流下来了。

四 语法学习

(一) 也许是有长辈在旁边,宴会总有几分别扭

"总",副词,修饰动词,作状语。表示从过去到现在一直这样,没有例外;也可以表示结果的确定性,相当于"肯定"、"必定"的意思。常常可以说成"总是"。如:

1. 每次去他家,他总(是)在看书。
2. 小孩子总是很好奇,什么事都想知道。
3. 事情总(是)会有结果的。

(二) 同龄人有的是自己的快乐

"有的是"表示数量很多,带强调语气,常作谓语。如:

1. 你想看英文小说吗? 我家里有的是,你随便拿去看。
2. 中国十多亿人口,人才有的是。
3. 不着急,我今天有的是时间,我等你。
4. 你去找他吧,他有的是办法。

(三) 我几乎要哭了,亲爱的爸爸妈妈,你们能理解女儿吗?

"几乎",副词,作状语,表示非常接近某种情况、程度或某一数量、范围,多用于书面语。如:

1. 他俩几乎一样高。
2. 听了他的话,几乎所有的人都流下了眼泪。
3. 你说得太快了,我们几乎听不清楚。

"几乎"还可以表示事情接近发生而没有发生。如:

4. 上山的时候,他几乎摔倒。
5. 他这么一叫,几乎把我吓死了。

(四) 她也是大人了,她也有着自己微不足道的交际和由此产生的欢乐

"有着"表具有、存在着,后面须带抽象义的名词性短语,不带简单名词。如:

1. 每个人都有着自己的理想。
2. 这两款手机有着很大的区别。
3. 丽莎对中国文化有着浓厚的兴趣。

(五) 我一个人在家里忙开了

"动词+开了"表示动作开始并继续下去。如:

1. 音乐一响,大家就唱开了。
2. 老师一说完,同学们就议论开了。
3. 这个消息已经传开了,你还不知道?

"开"用在动词后面,还常表示人或事物随动作分开或离开。如:

4. 他睁开了眼睛。

5. 你在这等一会儿，别走开。

(六) 菜摆满了一桌子，够丰盛的

“够+形容词+的”强调程度深。“够丰盛的”意为“挺丰盛”、“相当丰盛”。如：

1. 今天气温降了8度，够冷的。
2. 都一个月了，你才写了这么点儿东西，你也真够慢的。
3. 他话很少，跟他在一起真够别扭的。
4. 你男朋友对你够好的了，别老为难别人。

(七) 好容易盼到他二十岁，想跟他欢欢喜喜过个生日也不成

“好容易”表示做某件事很难，不容易，后面一般带“才”，作状语时与“好不容易”相同。如：

1. 我好(不)容易才买到这本词典。
2. 我好(不)容易才把画画好。

“好容易”也可以作谓语、补语，意思是“很容易”、“非常容易”，与“好不容易”相反。如：

3. 今天的考试好容易啊，我很快就做完了。
4. 他说得好容易，让他试试。

(八) 说着说着，眼泪真的流下来了

“V着V着”(V=单音节动词)，表示动作行为正在进行。如：

看着看着　说着说着　跑着跑着　听着听着　写着写着　画着画着

吃着吃着　喝着喝着　睡着睡着　玩着玩着　飞着飞着　飘着飘着

1. 他躺着看书，看着看着，慢慢睡着了。
2. 说着说着，她突然哭了。
3. 他写着写着，钢笔没有墨水了。

如果格式中是两个不同的单音节词，意思有变化，表示两种动作同时进行。如：

4. 孩子哭着闹着要去找妈妈。
5. 大家笑着叫着，高兴得忘了一切。

五 练习

(一) 给下列汉字注音并组词

拥	叹	盼	爆
佣	汉	份	瀑
列	泛	楞	借
烈	眨	愣	蜡

（二）选词填空

愣　僵　爆发　欣赏　丰盛　几乎　为难　好容易　脸色

1. 你有什么________的事，说出来我们帮你一起解决。
2. 老板很________他的能力。
3. 老师今天________不好，可能是生病了。
4. 他每个月的工资________都寄给了家里。
5. 放假时火车票很难买，我________才买到两张票。
6. 教室里________出一阵热烈的掌声。
7. 今天我们家来客人了，妈妈做了一桌子________的饭菜。
8. 看到这种情况，他________了一下，然后大叫一声跑出去了。
9. 事情已经弄________了，该怎么办？

一口气　忍不住　打招呼　吞吞吐吐　微不足道　烟消云散　各式各样　兴高采烈

10. 他向我道了歉，我和他之间的不愉快便________了。
11. 生日那天，我收到了________的生日礼物，高兴极了。
12. 春天来了，孩子们________地去郊外春游。
13. 他________地说："我……我有件事想请你帮忙。"
14. 不要为一些________的小事伤脑筋了！
15. 我饿极了，________吃了两大碗饭。
16. 你们什么时候来，给我________声________。
17. 手被门夹了一下，我________大叫了一声。

（三）辨析下列近义词，并选择恰当的词语填空

理解　了解

1. 你________这家公司的基本情况吗？
2. 人在遇到困难的时候，最需要亲人、朋友的________和支持。

3. 我对你的这种心情表示________。

招呼　打招呼　通知

4. 见客人来了,他忙着倒茶________他们。

5. 我已经________他们下午开会。

6. 你什么时候举行婚礼?到时候可千万别忘了给我________。

丰盛　丰富

7. 他是一位经验________的教师。

8. 他准备了一顿________的晚餐招待朋友们。

9. 这是毕业前的最后一次聚餐,饭菜很________。

拥有　具有　有

10. 学校的附近________许多小饭馆和商店。

11. ________健康是人生第一重要的事情。

12. 他的作品________很高的欣赏价值。

忍不住　受不了

13. 看到这么漂亮的花,妹妹________伸出手去想摘一朵。

14. 说着说着,她________哭了起来。

15. 我饿得________了,赶快找个地方吃点儿饭吧。

16. 他________这儿的艰苦生活,所以辞职了。

躲　藏

17. 快说,你把东西________哪儿了?

18. 看见我进来,他就把书________在背后了。

19. 看见我进来,他就________开了。

20. 雨下大了,我们到商店________一________再走吧。

欢乐　快乐

21. 我愿意跟朋友一起分享我的________。

22. 大家又唱又跳,尽情地________。

23. 祝你节日________。

24. 圣诞节那天，同学们________地唱歌跳舞，庆祝节日。

（四）给括号中的词语选择正确位置

1. 我实在想 A 不 B 他的 C 名字 D 来了。（起）
2. 过 A 了几天，他才 B 慢慢安下 C 心 D。（来）
3. 这些杂志 A 只能 B 在这儿看，不能拿出 C 图书馆 D。（去）
4. 听 A 他这么一说 B，大家 C 都笑 D 了。（开）
5. 从那边 A 的商店 B 里走 C 一个人 D。（出来）
6. 我希望 A 这只气球 B 能飘 C 大海 D 去。（过）
7. 他已经 A 着急的 B 了，你不要 C 再 D 催他了。（够）
8. A 我相信，只要 B 努力 C，成功的机会 D。（有的是）
9. 学习要 A 慢慢来，B 我们不可能 C 吃成 D 个大胖子。（一口气）
10. 看见他 A 出现在我的面前，B 我 C 不敢相信 D 自己的眼睛。（几乎）
11. 你 A 别 B 着急，事情 C 会有办法 D 解决的。（总）
12. A 想了半天，B 我好容易 C 把答案 D 想出来。（才）
13. A 红色 B 在汉民族 C 社会文化生活中有 D 重要的地位。（着）

（五）给下列句子选择适当的趋向补语（可多选）

出 开 来 去 上 下 起

1. 我和玛丽交________了朋友。
2. 我想________了离开家时妈妈对我说的话。
3. 我听________了他对我的不满。
4. 孩子见到妈妈就哭________了。
5. 这间屋子能放________两张床。
6. 这顿饭就用________了我一个月的工资。

7. 这束鲜花是你的男朋友刚才送________的。

8. 改革开放后,这儿的农民过________了好日子。

(六) 用括号里的词语改写句子

1. 在中国,这样的家庭很多很多。(有的是)

2. 这样的例子有很多。(有的是)

3. 你一个人住这么大一套房子,真是舒服得很。(够……的)

4. 你妈妈一个人把你养大,真是很不容易。(够……的)

5. 音乐一响,同学们就随着音乐跳起舞来了。(……开了)

6. 一见到我,奶奶就拉着我的手说起话来了。(……开了)

7. 我看了一会儿电视,就睡着了。(V 着 V 着)

8. 这个故事你都讲了那么多次了,我差不多都能背出来了。(几乎)

(七) 用括号里的词语完成句子

1. 听到这个消息,________________________。(愣)

2. 我不去了,________________________。(别扭)

3. ________________________,我再想别的办法。(为难)

4. 她病得很重,________________________。(几乎)

5. 你去找他就行了,________________________。(打招呼)

6. 人太多了,________________________。(好容易)

7. ________________________,突然下起了大雨。(V 着 V 着)

8. 看见他可笑的样子,________________________。(V 开)

9. 这个故事太感人了,________________________。(V 开)

10. 听了外婆的话,________________________。(忍不住)

（八）综合填空

一张　一副　欢笑　欢欢喜喜　忙开　兴高采烈　各式各样　丰盛

今天是爷爷的七十岁大寿。我们全家__①__地给爷爷热闹一下。一大早，妈妈就__②__了，她要给爷爷准备一桌__③__的饭菜。我们给爷爷准备了__④__的生日礼物。爸爸给爷爷买了一本书，妈妈给爷爷织了一条厚围巾，妹妹送给爷爷__⑤__眼镜，我给爷爷送的是__⑥__彩色照片。我们全家__⑦__地举杯祝爷爷健康长寿，屋子里充满了__⑧__。

（九）回答下列问题

1. “我”不愿让父母参加自己的生日晚会，你认为“我”的做法对吗？

2. 父母认为孩子不让自己参加他（她）的生日晚会是“不要爸爸妈妈了”，这种看法对吗？

3. 你长大之后，是愿意和朋友一起过生日还是愿意跟父母一起过生日？

4. 你认为对一个人来说，生日有什么意义？

六　副课文

十六岁的生日

刘夏的生日快到了。现在中学生过生日很讲究，很流行开生日 party、送礼物等。刘夏要过的是十六岁生日，花季来了。

刘夏想好好儿庆祝一下，请些同学来开个家庭生日会。刘夏把想法告诉妈妈，妈妈同意了。她让刘夏明天去请同学来，还说她会送给刘夏一样礼物，外婆也会来。

刘夏心情刚刚兴奋起来，又一下子沉下去。妈妈说外婆也来，刘夏不是不欢迎长辈参加，只是她更想和同学们在一起庆祝、狂欢。同学在，家里人也在，那场面肯定有些别扭。刘夏有点儿为难了。

妈妈仍然微笑地看着她。终于，刘夏吞吞吐吐地说：“我们班同学开生日会……只是同学参加……家里人都让出来的。”

妈妈愣住了，满脸的微笑也僵住了。刘夏心里也不是滋味。不过，最后妈妈还是说:“我和外婆晚一点儿回来给你过生日。”刘夏别别扭扭地笑了。

下午,刘夏刚准备请同学到她家里去,这时,江老师陪着一些人进了教室:“这是教育学院的老师,他们想做个调查。”其中一位说:“希望大家配合我们做个调查,在这张纸上写下母亲的生日。”

小纸条发到手。“你妈妈生日是什么时候?”“不知道。”“哪个会注意妈妈的生日呢?”许多同学都回答不出来。

全班只有一两个同学写得出母亲的生日。调查人员直摇头。江老师语重心长地说:“你们当中没有人不记得自己的生日吧?可是却很少有人记住母亲的生日!要知道,你的生日就是妈妈的受难日。感谢给了我们生命的母亲,这才是过生日的意义。”

刘夏的眼睛湿了。

放了学,刘夏急急忙忙赶回家,她想堵住将要“躲”出去的妈妈。但是当她到家的时候,家里没有人,茶几上摆了一个大蛋糕和一条雪白的连衣裙,妈妈已经“躲”开了。

刘夏心里非常难过,为了自己的生日 party,她把妈妈赶出去了。

妈妈这会儿在哪里?该吃晚饭了,妈妈一定还饿着肚子……刘夏十分不安,一会儿看手表,一会儿看墙上的石英钟,大有度日如年的感觉。

八点多钟,外婆、妈妈回来了。妈妈见蛋糕没动过,觉得很奇怪。当刘夏告诉妈妈,她想和她们共同分享这十六岁的生日蛋糕时,妈妈的眼睛顿时湿润起来。

切蛋糕时,刘夏端起酒杯,送到妈妈的面前。刘夏第一次认为生日是两个人共有的。“妈妈,谢谢你!”刘夏动情地说。

是啊,又长大了一岁,对生日又有了深一层的认识和理解。生日,对母亲、对孩子都是一个值得纪念的日子。

(据郁秀《花季·雨季》)

练习

1. 刘夏开始时打算怎么过生日?她为什么觉得为难?
2. 刘夏的生日最后是怎么过的?

第二课 蚂蚁与蓝蝶

提示 欧洲蓝蝶是一种非常美丽的蝴蝶，可惜的是这种蝴蝶在英国已经绝种了。经过科学家的调查发现，这种蝴蝶的灭亡和两种蚂蚁有关。这个故事告诉我们，世界是一个统一的整体，如果其中一个环节损坏了，就会出现想象不到的结果。

一 生词语

1. 蚂蚁 mǎyǐ（名） ant / 一种黑色小昆虫，在地下活动：一只蚂蚁、小蚂蚁
   蚂—码
2. 蝴蝶 húdié（名） butterfly / 一种昆虫，有四个翅膀：花蝴蝶、白蝴蝶
3. 随后 suíhòu（副） follow, soon after / 一件事在另一件事后发生
4. 绝种 juézhǒng（动） become extinct / 生物没有后代、灭亡：快要绝种了
5. 灭亡 mièwáng（动） be destroyed / 不再存在：已经灭亡、灭亡了
6. 万万 wànwàn（副） absolutely / 无论如何，绝对（用于否定）：万万没想到
7. 导致 dǎozhì（动） cause; bring about / 引起不好的结果：导致失败、导致火灾
   ≈造成
8. 成千上万 chéngqiān-shàngwàn thousands and thousands of / 形容数量很多，作定语、谓语：成千上万的观众
9. 死亡 sǐwáng（动） die / 失去生命：已经死亡、面对死亡
10. 昆虫 kūnchóng（名） insect / 一种动物，身体较小，有的有翅膀，如蚂蚁、蜜蜂等
11. 紧密 jǐnmì（形） closely, compact / 联系紧、不可分：紧密团结
12. 枚 méi（量） copypiece / 小的、薄的物体的量词：一枚邮票、一枚戒指、一枚奖牌
    枚—权
13. 其 qí（代） it / 指前面说到的人或事，他、他们、他的、他们的
14. 腹 fù（名） abdomen / 肚子：腹部、腹痛
15. 分泌 fēnmì（动） excrete; secrete / 从生物体内排出某种物质的过程：分泌唾液
    泌—秘

16. 液体 yètǐ(名)　liquid / 能流动、没有形状的物体，如水、油、酒等

>固体　气体

17. 味 wèi(名)　flavour, odor / 气味：一股香味、什么味儿

>甜味　咸味　苦味　酸味　臭味

18. 气味 qìwèi(名)　flavour, odor / 鼻子闻到的味儿：一股很香的气味

≈味道

19. 可口 kěkǒu(形)　delicious / 好吃：可口的饭菜、很可口

20. 白 bái(副)　for nothing / 不付出金钱或劳动却得到好处：白吃、白拿

21. 幼小 yòuxiǎo(形)　young / 没长大的，未成年的：幼小的身体

幼—功

22. 忠实 zhōngshí(形)　true, faithful / 真诚可靠：忠实的朋友、忠实的读者

23. 守卫 shǒuwèi(动)　guard / 守在身边保护：守卫边疆、守卫着祖国

24. 四周 sìzhōu(名)　all around / 某个事物的前后左右：房子四周

≈周围

25. 转移 zhuǎnyí(动)　divert, transfer / 从一个地方移到另一地方：转移地方

26. 来临 láilín(动)　come / 刚刚来到：春节来临、迎接新年的来临

≈来到

27. 经受 jīngshòu(动)　undergo, withstand / 承受：经受不住、经受不了

28. 大自然 dàzìrán(名)　nature / 生命存在的客观世界、自然界：热爱大自然

29. 居然 jūrán(副)　actually / 表示没想到：没想到他居然成了歌星

≈竟然

30. 结 jié(动)　connect, join / 结合、连在一起：结成夫妻、结下友谊

31. 生存 shēngcún(动)　live / 活着、存在着：生存环境、生存的需要

32. 毁 huǐ(动)　destroy / 完全彻底地破坏：毁掉、毁了、烧毁

33. 使得 shǐde(动)　cause, make / 引起(结果)：使得交通中断

≈使

34. 相依为命 xiāngyīwéimìng　rely upon each other for life / 互相依靠着生活，谁也离不开谁，作谓语

35. 随即 suíjí(副)　immediately, presently / 一件事在另一件事后立刻发生

≈随后

36. 密切 mìqiè(形)　intimate / 联系多、关系近：密切联系、关系密切

37. 整体 zhěngtǐ(名)　ensemble, whole / 指整个事物的全部：整体设计、一个整体

38. 环节 huánjié(名)　link / 互相联系的几个事物中的一个：一个环节、很多环节

环—坏

39. 损坏 sǔnhuài(动)　damage / 使受到破坏：损坏牙齿、受到损坏

≈破坏

40. 后果 hòuguǒ(名)　consequence / 有害的或不幸的结果：严重的后果、后果很严重
≈结果
41. 难以 nányǐ(副)　hard to / 不容易(去做某事)：难以理解、难以相信
42. 挽回 wǎnhuí(动)　recover / 使变成以前的样子：挽回损失、不能挽回
挽—换

二　课　文

英国的田野上出现了一件怪事：有一种叫欧洲蓝蝶的美丽蝴蝶忽然变少，随后又逐渐消失了。谁也不知道这种美丽的蝴蝶上哪儿去了。

科学家进行了广泛的调查研究，终于发现，那种蓝蝶已经在英国绝种了，而引起蓝蝶绝种的原因，又与两种蚂蚁的灭亡有关。英国人万万没有想到，由于他们破坏了两种蚂蚁的生活环境，导致它们的灭亡。更让他们感到难过和吃惊的是，蚂蚁的死，把成千上万的欧洲蓝蝶也送上了死亡之路，因为这两种昆虫之间生死相连，有着十分紧密的联系。

成熟的蓝蝶较小，差不多只有一枚邮票大小。在幼虫阶段，其腹部分泌出一种液体物质，香味很浓，蚂蚁很喜欢吃。闻到这种气味，蚂蚁就爬到蓝蝶幼虫身上去吃，蓝蝶的幼虫热情地欢迎蚂蚁，为它们提供可口的食物。

当然，蚂蚁并不是白吃，蓝蝶也需要蚂蚁的帮助。当蚂蚁在草地上发现蓝蝶的幼虫时，便马上来照顾这些幼小的生命，它们忠实地守卫在幼虫的四周，保护幼虫。蓝蝶幼虫是吃树叶的，每吃完一片树叶，众蚂蚁就把它转移到另一片树叶上，让它吃个饱。

每当冬天来临，蓝蝶的幼虫经受不住寒冷，蚂蚁就把它们搬进自己温暖舒适的洞里，蚂蚁吃掉蓝蝶幼虫分泌的香甜物质，而把自己的幼虫作为食物送给蓝蝶。

大自然就是这样复杂而有趣，地上爬的蚂蚁和空中飞的蓝蝶，居然结成了同生共死的朋友。推土机把两种蚂蚁生存的环境给毁了，使得蚂蚁从此灭亡，于是，与蚂蚁相依为命的蓝蝶也随即消失，它们仅仅给人们留下了美好的回忆。

25　这个真实的故事对人们的教育是深刻的。它不能不引起我们的思考：世界是一个密切联系的整体，如果其中一个环节损坏了，就会出现意想不到的后果，由此带来的损失是难以挽回的。

（据石旭初《蚁与蝶的生死之交》）

三、重点词语学习

(一) 导致它们的灭亡

“导致”，动词，表示某一事物或行为引起不好的结果；作谓语，后面常带灾难、疾病、战争、死亡、失败、损失等宾语。如：

1. 一个小小的烟头可以导致一场大火。
2. 过多使用塑料餐具可能会导致癌症。
3. 石油资源的分配不均等导致了这场战争。
4. 是我的粗心大意导致了试验的失败，我心里很难过。

(二) 把成千上万的欧洲蓝蝶也送上了死亡之路

“成千上万”，成语，形容数量很多，常作谓语、定语。如：

1. 每年来这儿旅游的人成千上万，多极了。
2. 这个大公司每年接待的顾客成千上万。
3. 这一天，成千上万的学生参加了考试。
4. 这座山上有成千上万种植物。

(三) 蚂蚁的死，把成千上万的欧洲蓝蝶也送上了死亡之路

“死亡”，动词，指失去生命，可以作主语、谓语、定语、宾语。如：

死亡原因　死亡人数　死亡游戏　死亡通知书

1. 战争中死亡天天都在发生。
2. 空气污染导致大量动物死亡。
3. 这次事故死亡7人，重伤42人。
4. 死亡原因还在调查之中，我们不能乱说。
5. 她并不害怕死亡，但害怕自己的死会给亲人带来痛苦。

(四) 有着十分紧密的联系/世界是一个密切联系的整体

“紧密”和“密切”都是形容词，表示人或事物之间联系紧、关系近；都可以跟关系、联系、合作、配合等词语搭配。但“紧密”强调联系紧，不能分；“密切”强调关系近，来往多。常说：紧密团结、紧密相连、紧密结合、来往密切、密切接触。如：

1. 毕业以后，他俩还保持着密切的联系。
2. 这几块骨头连接得很紧密，不能分开。

3. 我们互相帮助,团结得很紧密。

4. 他们关系很好,来往很密切。

5. 你和他没有什么密切接触,应该不会受到感染。

"密切"还可以形容人和事物间的关系,还可以作状语,还有动词的用法。如:

6. 这件事和他关系密切,当然要对他进行调查。

7. 她这几天情绪很不好,你要密切注意她的行动。

8. 这次合作密切了两所大学之间的关系。

(五) 香味很浓,蚂蚁很喜欢吃 / 闻到这种气味,蚂蚁就爬到蓝蝶幼虫身上去吃

"味"和"气味"都是名词,指鼻子闻到的味道,量词用一种、一股。"味"常用在别的词语后边,如:药味、酒味、烟味、香味、臭味。如:

1. 这种香水的味儿很好闻。

2. 她身上有一种淡淡的香味。

3. 他有一股浓浓的酒味,肯定喝酒了。

4. 从厕所里传出一股很难闻的气味儿。

5. 你闻闻,是不是有一种很奇怪的气味?

"味"还指用舌头尝东西得到的感觉。如:

6. 水是无味、无色的液体。

7. 这几天身体不舒服,吃东西总觉得没味儿。

(六) 它们忠实地守卫在幼虫的四周

"四周",名词,指某个事物的前后左右、周围。如:

1. 房屋的四周是绿绿的草地,很漂亮。

2. 公园四周都建起了高 2 米的墙。

3. 我走在路上,四周没有一个人,心里突然紧张起来。

4. 他向四周看了看,没发现一个熟人。

(七) 每当冬天来临……

"来临",动词,表示"来到",多用于书面语;可以作主语、谓语、宾语,作谓语时不能带宾语。如:

1. 节日的来临让孩子们感到欢乐和幸福。

2. 机会来临了,她却想放弃。

3. 春天来临了,花开了,草绿了。

4. 让我们一起迎接新年的来临吧。

(八) 推土机把两种蚂蚁生存的环境给毁了

"毁"是动词,作谓语;指完全彻底地破坏,常用于被动句。如:

1. 我看你不是为他好,你是想毁了他!

2. 第二次世界大战期间,很多建筑物都被毁了。

3. 用不正确的方式去爱孩子会毁了他们。

4. 由于酒后开车，他出了交通事故，一个幸福的家庭就这样给毁了。

（九）推土机把两种蚂蚁生存的环境给毁了，使得蚂蚁从此灭亡

“使得”和“使”的意思差不多，表示引起某种结果；“使”比“使得”更常用。“使得”多用于已经发生的事情、已经出现的结果，前面不能有否定词；“使”不受这样的限制。如：

1. 下雨使得大家都不能出门了。
2. 工厂加强管理，使得产品质量不断提高。
3. 这件事使得大家对他有了新的认识。
4. 长时间盯着电脑会使你的视力越来越差。
5. 这个消息并不使人感到吃惊。

（十）如果其中一个环节损坏了，就会出现意想不到的后果

“损坏”，动词，表示使受到破坏，失去应有的作用；多用于具体事物，如机器、用品、道路、财物、身体器官等。如：

1. 不注意口腔卫生，容易损坏牙齿。
2. 放东西的时候要小心一点儿，别把它损坏了。
3. 你损坏了公物，当然要赔。
4. 汽车在这次事故中完全被损坏了。

四　语法学习

（一）随后又逐渐消失了/与蚂蚁相依为命的蓝蝶也随即消失

“随后”和“随即”都是表示时间的副词，都作状语，表示后一个行为或情况跟着前一行为或情况发生。“随后”强调事情发生的先后顺序，有“然后”的意思；“随即”强调时间很短，有马上、立刻的意思。如：

1. 你先去公司，我们随后就到。
2. 他回日本待了4年，随后又来到了中国。
3. 听天气预报说明天有雨，随后气温会下降。
4. 他去大使馆办完手续，随即又返回了公司。
5. 他才说了几句话，随即便被叫走了。

“随后”可以和“马上”、“赶快”、“不久”等词语连用，后面还可以有逗号；“随即”不能这样用。如：

6. 我先回家收拾一下行李，随后马上赶往机场。
7. 我是5月份过来的，随后不久，老李也来了。

8. 李明第一个到，随后王强和刘力也到了。

（二）英国人万万没有想到，由于他们破坏了两种蚂蚁的生活环境，导致了它们的灭亡

"万万"，表示语气的副词，作状语，用在否定句中，表示对情况的强调。如：

1. 我万万没有想到我最好的朋友欺骗了我。
2. 考试的时候，要仔细检查，万万不能粗心大意。
3. 这件事很重要，你万万不可马虎。
4. 我万万想不到他会做出这样的事情。

（三）其腹部分泌出一种液体物质

"其"，代词，指代前面提到的人和事，相当于"他"、"他们"、"他的"、"他们的"；多作定语、宾语，多用于书面语。如：

1. 动词和形容词都可以作谓语，但其用法有很大不同。
2. 老张住院了，请尽快通知其子女。
3. 根据玫瑰花的颜色，可以将其分为五种。
4. 请分析这几组近义词，详细说明其差异。

（四）蚂蚁并不是白吃，蓝蝶也需要蚂蚁的帮助

"白"，副词，作状语，表示不付出金钱或劳动却得到好处，多修饰单音节动词。如：

1. 大家都讨厌白吃白喝的人。
2. 白得来的钱，我们不能要。
3. 这种东西你就是白给我，我也不要。

"白"还常表示所做的事情没有达到目的，或没有取得应有的效果。如：

4. 工人白做了半年的工，一分钱也没得到。
5. 突然下起大雨，外面晾的衣服白洗了。
6. 朋友不在家，我白跑了一趟。

（五）让它吃个饱

"吃个饱"是口语中常用的格式，意思就是"吃饱"，后面不能带宾语；其中的"个"不表示具体意思。"个"前面的动词多是单音节的，如：吃、喝、玩、踢、哭、笑等；"个"后面的词语多是够、饱、光、痛快、明白等形容词。如：

1. 遇到几十年没见的老同学，我们一定要喝个痛快。
2. 你让他自己静一静，让他想个明白。
3. 现在可以不看电视，但是考完试以后你得让我看个够。
4. 他太渴了，杯子里的水被他喝了个光。

（六）地上爬的蚂蚁和空中飞的蓝蝶，居然结成了同生共死的朋友

"居然"，副词，表示事情出乎意料、没有想到，指本不应该或不可能发生的事

情发生了,不容易办到的事情办到了。如:

1. 我真没想到他居然会做出这种事,真让人失望。
2. 他小小的年纪,居然有这么大的本事,真令人吃惊。
3. 他这么多天没吃东西,居然没饿死。
4. 真没想到,居然是李平得了第一名。

(七) 推土机把两种蚂蚁生存的环境给毁了

在口语中,"把"字句的动词前常加"给",组成"A 把 B+给+动词……"。"给"在这里没有具体意思,只起加强语气的作用,也可以省去。如:

1. 谁也没想到,暖水袋也能把人给烫伤了。
2. 他一进门就开电视机,把大家都给吵醒了。
3. 工厂排出的废水把这条河给污染了。
4. 李医生把我的病给治好了。
5. 放心吧,他已经把你的事情给办好了。

(八) 于是,与蚂蚁相依为命的蓝蝶也随即消失

"于是",连词,用于"A,于是 B"结构,表示 B 紧接着 A 发生,而且 B 的出现往往是 A 引起的。如:

1. 我俩爱好相同,于是很快成了朋友。
2. 回到家,感到很累,于是我没吃饭就睡觉了。
3. 星期天没事儿做,于是我就待在家里看电视。
4. 主人提议干杯,于是大家都举起了酒杯。

(九) 它不能不引起我们的思考

"不能不"用双重否定表达肯定的语气,意思是一定要这样、不这样不行。如:

1. 长城在工具不发达的古代被修建起来,这不能不说是建筑史上的奇迹。
2. 他是我最好的朋友,我不能不帮他啊。
3. 按规定,散会后大家都必须离开会场,我也不能不离开。
4. 这么重要的事,我不能不告诉她。

(十) 由此带来的损失是难以挽回的

"难以",修饰双音节动词或动词性短语,多用于书面,表示不容易做某事。"难以"修饰的双音节动词主要有:理解、表达、决定、解决、形容、相信、发展、提高、经受等。如:

1. 对于玉梅的选择,很多朋友都觉得难以理解。
2. 我心中的感激之情难以用语言来表达。
3. 环境污染问题目前还难以得到彻底解决。
4. 他这次考试竟然得了第一名,实在令人难以相信。
5. 你再这样下去,后果是难以想象的。

五 练 习

(一) 给下列汉字注音并组词

秘	挽	码	即
泌	换	蚂	既
功	蓝	环	灭
幼	篮	坏	灾
结	居	权	密
洁	局	枚	蜜

(二) 选词填空

经受 绝种 环节 忠实 后果 分泌 香味 气味

1. 这件事情要认真对待,否则,__________十分严重。
2. 备课是教学的一个重要__________。
3. 老远就闻到一股__________,做什么好吃的了?
4. 几天没洗澡了,他身上有一股难闻的__________。
5. 现在许多珍贵的动植物都__________了,真让人遗憾。
6. 我是雨果(Victor Hugo)的__________读者,他的每一部小说我都读过。
7. 在幼虫阶段,蓝蝶腹部会__________出一种液体,香味很浓。
8. 他难以__________这么大的失败,最后选择了放弃。

整体 大自然 守卫 挽回 转移 来临 可口 幼小

9. 士兵们日日夜夜都__________在这个小岛上。
10. 为了__________病人的注意力,我们开始给她讲故事。
11. 能吃到这么__________的饭菜,他感到很满足。
12. 我认为这样做影响了公司的__________利益。
13. 两年来,他们为国家__________经济损失四百多万元。

14. 童年的可怕经历给她__________的心灵造成了巨大伤害。

15. 走进美丽的__________，你会感到特别轻松，可以忘掉一切烦恼。

16. 圣诞节__________，商店的生意越来越好了。

(三) 分析下列近义词，选择恰当的词语填空

四周　周围

1. 要想当作家，你要先学会观察__________的人、__________的事。

2. 这个城市的__________有很多小型的电脑公司。

3. 古代房子的房顶是树叶连接成的，__________用树干撑着，没有墙。

紧密　密切

4. 他和这场交通事故有__________的关系，一定要仔细调查。

5. 我们要__________结合自己的实际情况，有效地开展这次活动。

6. 他们是老同学，一直来往很__________。

7. 只要大家__________团结起来，共同努力，就一定能战胜困难。

随即　随后

8. 我们先去北京，__________去天津。

9. 参观了故宫之后，马克__________就乘出租车回家了。

10. 听到这个消息，小王愣了一下，__________又马上露出了笑容。

气味　味道

11. 这个菜的__________不错。

12. 听了他的话，我心里总有一种说不出的__________。

13. 狗在两米外的地方就能闻出主人的__________。

灭亡　死亡

14. 这种疾病的__________率非常高。

15. 他躺在床上，静静地等待着__________。

16. 由于敌人的侵略，那个国家很快就__________了。

(四) 给括号里的词语选择合适的位置

1. 这件事也不会 A 让你 B 干,总会 C 有好处 D 给你的。(白)
2. 他们 A 几天 B 没有 C 喝水吃饭了,D 还活着。(居然)
3. 小王 A 没有 B 想到,C 自己 D 也能得到一等奖。(万万)
4. 正是因为空气中 A 有氧的存在,B 才 C 人类能够 D 生存下去。(使得)
5. 他很 A 担心,B 刚下飞机,C 就赶往 D 医院。(随即)
6. 这个故事 A 告诉 B 我们的道理 C 让我们 D 深思。(不能不)
7. 明天就开 A 学了,今天就让 B 他玩儿 C 痛快 D 吧。(个)
8. 我不 A 小心 B 踢翻了水盆,C 把她的鞋 D 弄湿了。(给)
9. A 玫瑰花不仅可供人欣赏,B 花瓣 C 还可以用 D 来泡茶。(其)
10. 他居然 A 获得了 B 冠军,C 实在让人 D 相信。(难以)

(五) 用括号里的词语回答问题

1. 你为什么这么恨他呢?(毁)
2. 他们兄弟俩从小没有父母,这么多年是怎么生活的呢?(相依为命)
3. 香港歌星王菲的歌迷多吗?(成千上万)
4. 这条河原来很清的,现在怎么都变黑了?(导致)
5. 他为什么会被罚款?(损坏)
6. 你们村子的环境怎样?(四周)

(六) 用括号里的词语改写句子

1. 使用之前没看说明书,我把新买的 DVD 弄坏了。(把……给)
2. 这场大雨淋湿了我的衣服。(把……给)
3. 这可是件大事,我们一定要重视。(不能不)
4. 这关系到公司几百人的利益,我们必须调查清楚。(不能不)
5. 这只是一个普通人的婚礼,没想到市长也来了。(居然)

6. 孩子既然喜欢吃西瓜,就让他吃够为止。(个)

7. 钱都被小偷偷走了,我这三年的工作等于没干。(白)

8. 小偷没有想到,自己早就被警察发现了。(万万)

9. 一个人不努力工作,就很难获得真正的幸福。(难以)

10. 她的善良和聪明让大家都很喜欢她。(使得)

(七) 用括号里的词语完成句子

1. 对不起! 是我不小心________________________。(把……给)

2. 欣赏着这美丽的山和水,________________________。(不能不)

3. 他平时学习不好,没想到这次考试________________________。(居然)

4. 这道题小学生都会做,你这个大学生居然不会做,我看____________
________________。(白)

5. 他觉得自己的儿子是值得信任的,________________________。(万万)

6. 夜很深了,酒吧的音乐太吵,________________________。(使得)

7. 我平时工作很忙,没有时间陪父母,________________________。(于是)

8. 今天是奥运会开始的第一天,________________________。(成千上万)

9. ________________________________,不能再用了。(损坏)

10. 工厂的废水流入河中,________________________。(导致)

(八) 综合填空

成千上万　给　居然　四周　万万　把

杰克是世界著名的歌唱家,有很多歌迷。他的每场演唱会都有__①__的观众来观看。杰克第一次在中国举办演唱会的时候,他__②__没有想到,中国__③__有那么多人喜欢他。演唱会结束的时候,歌迷们非常激动,从台下跑到舞台上来,要和杰克握手。为了保证杰克的安全,几名警察守卫在杰克的__④__,不让歌迷靠近。但是歌迷太多了,__⑤__警察都__⑥__推倒了。

(九)回答下列问题

1. 为什么蓝蝶的绝种和蚂蚁有关?

2. 蚂蚁和蓝蝶怎样相依为命?

3. 这个故事告诉我们什么道理?

(十)听写一段课文

六 副课文

鹿与狼的故事

20世纪初,美国亚利桑那州北部有一个大森林,里面长满了各种各样的花草树木,生活着各种各样的动物。其中,大约有四千只鹿生活在那里,而凶恶的狼则是鹿最大的敌人。

美国总统罗斯福很想让森林里那些可爱的鹿得到保护。他宣布这个森林将成为鹿的保护区,并决定由政府出钱请猎人到那里去消灭狼。于是,森林中到处都是猎人的枪声。经过二十五年的猎杀,一共有六千多只狼被杀死。森林中其他以鹿为捕食对象的动物也被杀了很多。得到特别保护的鹿成了这个森林唯一的主人。在这个“自由王国”中,它们自由自在地生长,自由自在地啃食树木,过着没有危险、食物充足的幸福生活。

很快,森林中的鹿增多了,总数超过了十万只。十万多只鹿在森林中东咬西咬,比较矮的植物被吃光了以后,鹿开始啃小树,小树又被吃光以后,鹿又开始咬大树的树皮……一切能被鹿吃的食物都被鹿吃光了。森林中的植物一天天在减少。

终于有一天,灾难来临了。先是有一些鹿饿死了,接着又是疾病流行,无数只鹿消失了。两年之后,鹿群的总量由十万只迅速减少到四万只。到1942年,整个森林中只剩下不到八千只病鹿。

罗斯福万万想不到,他下令捕杀的恶狼居然也是森林的保护者!尽管狼吃鹿,它却维护着鹿群数量的稳定。为什么呢?这是因为,狼吃掉一些鹿后,就可以将森林中鹿的总数控制在一个合理的范围,森林也就不会被鹿群吃光。同时,被狼吃掉的多数是病鹿,这又有效地控制了疾病对鹿群的威胁。而罗斯福下决心要保护的鹿,一旦数量超过森林可以承受的限度,就会给森林带来巨大的灾难。也就是说,过多的鹿也会毁了这片森林。

这个故事告诉我们,生活在同一地球上的不同生物之间是相互联系的。只根据人类单方面的认识去判断动物的好坏,有时会犯严重的错误。森林中既需要鹿,也需要狼。人们必须尊重动物,尊重整个生物界中的这种相互关系,如果偏要人为地割断这种关系,损坏其中的一个环节,所引起的结果都是我们不能挽回的。

(据《鹿与狼的故事》)

练习

1. 狼被杀光以后,森林中发生了什么事情?
2. 罗斯福错在哪里?
3. 你知道类似的故事吗?请讲给大家听。

第三课　谚语选读

提示　谚语是汉语中一种特殊的语言形式，具有鲜明的民族特色。它来自民间，是人民群众的口头创作。学会使用谚语不仅可以提高语言表达能力，而且可以更深刻地了解中国文化。

一　生词语

1. 谚语 yànyǔ（名）　proverb / 群众中流行的、通俗的、格式固定的话，说明一个道理或经验

   >俗语　成语

2. 巴掌 bāzhang（名）　palm of hand / 手、手掌：打了他一巴掌
3. 目睹 mùdǔ（动）　see for oneself / 亲眼看到：亲眼目睹、目睹了一切

   睹—赌

4. 仁义 rényì（名）　benevolence and righteousness / 善良、友爱和公正
5. 记性 jìxing（名）　memory / 脑子里保留事物印象的能力，记忆力：记性好、记性差
6. 笔头 bǐtóu（名）　pen point, ability to write / 指写字的笔或写作的能力
7. 非 fēi（副）　not / 不是：非言语所能表达、非正式学生
8. 之 zhī（助）　用在定语和中心语之间，组成偏正词组，相当于"的"：音乐之声、老年之家
9. 寒 hán（形）　cold / 冷：寒风、寒冬
10. 瓜熟蒂落 guāshúdìluò　success will come when conditions are ripe / 瓜熟了，瓜蒂自然脱落，比喻条件成熟了，事情自然会成功，作谓语、定语
11. 水到渠成 shuǐdàoqúchéng　success will come when conditions are ripe / 水流到的地方自然形成一条水道，比喻条件成熟了，事情自然会成功，作谓语、定语
12. 俗 sú（名）　custom / 长期形成的社会习惯：风俗、习俗

13. 亲 qīn(名)　relative / 亲戚，亲人：远亲、近亲
14. 邻 lín(名)　neighbor / 住处离得很近的人或家庭：邻居、邻国
15. 洪水 hóngshuǐ(名)　flood / 下雨突然形成的、能造成灾害的巨大水流：发洪水
≈水灾
16. 提防 dīfang(动)　be wary of / 小心防备：提防他、提防小偷
提(tí)交
17. 必 bì(副)　certainly, must / 必然、肯定：必胜、每场必到
18. 勤 qín(形)　diligent / 做事努力，不偷懒：勤学苦练、手勤腿勤
19. 径 jìng(名)　pathway / 小路，达到目的的方法：小径、曲径
20. 涯 yá(名)　border; waterside / 水边，也指远处的界限：天涯、无涯
21. 舟 zhōu(名)　boat / 船：一叶小舟、轻舟
≈船　舟—丹
22. 少壮 shàozhuàng(形)　young and vigorous / 年轻力壮
23. 徒 tú(副)　come to nothing / 空空的，没有作用的：徒伤悲、徒劳
24. 伤悲 shāngbēi(形)　sad, sorrowful / 伤心难过：十分伤悲
≈悲伤
25. 虚 xū(形)　false / 空的，假的：虚假、虚情假意
26. 实 shí(形)　real / 满的，真的：实心实意、实话、实情
27. 疑 yí(动)　doubtful; disbelieve / 不相信，怀疑：深信不疑
28. 门道 méndao(名)　way to do something / 门路，做事的好方法：有门道
29. 村 cūn(名)　village / 村庄、村子：山村、村民
30. 言 yán(名)　speech; word / 话：发言、言语
31. 吃亏 chī//kuī　suffer losses / 受到损失，受到伤害：没吃亏、吃大亏
>吃苦　吃惊　吃力
32. 不宜 bùyí(副)　misfit / 不适合、不适宜：不宜多吃、不宜种苹果
宜—宣
33. 迟 chí(形)　late / 慢，晚：来迟了、迟迟不来
34. 彼 bǐ(代)　that, those / 对方、那：知己知彼
⟷此
35. 战 zhàn(动)　war / 打仗、战斗：百战百胜、不战而胜
36. 光阴 guāngyīn(名)　time / 时间：一寸光阴、光阴似箭
≈时间

二 课 文

一个巴掌拍不响。
耳闻不如目睹。
买卖不成仁义在。
身正不怕影子歪。
5 好记性不如烂笔头。
耳听千遍，不如手做一遍。
冰冻三尺，非一日之寒。
瓜熟蒂落，水到渠成。
人外有人，天外有天。
10 百里不同风，千里不同俗。
远亲不如近邻，远水不解近渴。
晴带雨伞饱带粮，洪水未来先提防。
画龙画虎难画骨，知人知面不知心。
车到山前必有路，船到桥头自然直。
15 书山有路勤为径，学海无涯苦作舟。
香花不一定好看，会说不一定能干。
少壮不努力，老大徒伤悲。
耳听为虚，眼见为实。
用人不疑，疑人不用。
20 人往高处走，水往低处流。
会看的看门道，不会看的看热闹。
旧的不去，新的不来。
过了这个村，没有这个店。
不听老人言，吃亏在眼前。
25 事不宜迟，夜长梦多。
知己知彼，百战百胜。
有多大的脚，穿多大的鞋。
十年树木，百年树人。
一寸光阴一寸金，寸金难买寸光阴。
30 长江后浪推前浪，一代更比一代强。

三 重点词语学习

(一) 一个巴掌拍不响

这句话多比喻单方面的问题不会引起矛盾冲突，产生矛盾的双方都是有过错的；还可以比喻一个人干不成大事，做事需要大家的共同努力。如：

1. “一个巴掌拍不响”，不是他一个人的错，你也有不对的地方。
2. 你要是不和他吵，他一个人也吵不起来，“一个巴掌拍不响”嘛！
3. 俗话说“一个巴掌拍不响”，咱们一起干，总比一个人干效果要好。
4. “一个巴掌拍不响”，大家联合起来，才能把这事做好。

(二) 买卖不成仁义在

仁义，指善良、友爱、公正，这里指感情和友谊。这句话的意思是：买卖虽然没有做成，但双方的感情和友谊还在。常用来强调买卖双方良好的合作关系。如：

1. “买卖不成仁义在”，虽然这次生意没谈成，以后还可以再合作。
2. “买卖不成仁义在”是中国传统的商业道德。
3. 咱们生意做得成是朋友，做不成也是朋友，“买卖不成仁义在”嘛。

(三) 瓜熟蒂落，水到渠成

蒂，瓜和茎相连的部分。这句话的意思是：瓜熟了，瓜蒂就会自然脱落；水流到了，就自然形成水渠。比喻条件、时机成熟，事情就能成功。常用来说明自然会发生的事情。如：

1. 不要着急，时候到了会有结果的，“瓜熟蒂落，水到渠成”嘛。
2. 这几年他干得不错，这次升为经理是“瓜熟蒂落，水到渠成”的事。
3. “瓜熟蒂落，水到渠成”，你们谈了几年恋爱，该结婚了。

(四) 车到山前必有路，船到桥头自然直

这句话的意思是：车到了山前自然会有路上去，船到了桥边自然会放直船身过去。比喻事到临头总会有解决的办法。常用来劝人不要太担心眼前的事情。如：

1. 你不要太着急，“车到山前必有路，船到桥头自然直”，事情一定会解决的。
2. “车到山前必有路，船到桥头自然直”，不要总是为以后的事情发愁。
3. 我想事情会有办法的，“车到山前必有路，船到桥头自然直”嘛。

(五) 书山有路勤为径，学海无涯苦作舟

径，指小路，比喻达到目的的方法；涯，指水的尽头。这句话的意思是：勤奋是通向书山的路，刻苦是通往学海的船，要获得知识，必须勤奋刻苦。如：

1. 俗话说：“书山有路勤为径，学海无涯苦作舟。”只有勤奋刻苦，才能学好汉语。
2. 老师总是用“书山有路勤为径，学海无涯苦作舟”这句话来鼓励我们。

(六) 少壮不努力,老大徒伤悲

少壮,指年轻力壮;老大,指老年;徒,空空地、没有作用地。这句话的意思是:年轻力壮的时候不努力,到了老年只会空悲伤。常用来劝年轻人要努力学习,如:

1. 小时候父母常教育我:“少壮不努力,老大徒伤悲。”
2. “少壮不努力,老大徒伤悲”,年轻的时候不好好学习,等老了后悔就来不及了。
3. 我们要牢记“少壮不努力,老大徒伤悲”这句话,勤奋学习,努力工作。

(七) 耳听为虚,眼见为实

虚,指假的;实,指真的。这句话的意思是:听到的不一定是真的,亲眼看到的才是真的。用来说明要亲眼看一看,不要随便相信别人。如:

1. 别人说的我不信,我要亲自去看看,“耳听为虚,眼见为实”嘛。
2. 常言说“耳听为虚,眼见为实”,你可千万不能轻信别人说的话。
3. 中国有句俗话“耳听为虚,眼见为实”,我们公司的这次活动就是要让消费者“眼见为实”。

(八) 不听老人言,吃亏在眼前

这句话的意思是:如果不听老人的意见或建议,很快就可能遇到麻烦和困难。用来强调老人有丰富的阅历和社会经验,年轻人要虚心听取他们的建议。如:

1. 他深信“不听老人言,吃亏在眼前”这句话,在做重要决定前,都会跟父母商量。
2. 你要多听听长辈们的意见,“不听老人言,吃亏在眼前”啊!
3. 我没听父亲的意见,结果失败了,看来“不听老人言,吃亏在眼前”这句话一点儿都没错。

(九) 知己知彼,百战百胜

己,自己;彼,对方。这句话的意思是:对对方和自己的情况都有很好的了解,就不会失败。“知己知彼”还可以单独使用。如:

1. 将军深知“知己知彼,百战百胜”,所以战斗前总会充分了解对手的情况。
2. 在激烈的市场竞争中,我们公司只有做到知己知彼,才能百战百胜。
3. 在谈判中要做到知己知彼,才有可能成功。

(十) 十年树木,百年树人

树,动词,意思是培育、培养。这句话的意思是:培育树木需要十年,而培育人才需要百年。形容培养人才十分不容易,要作长期打算。如:

1. “十年树木,百年树人”,培养一个工程师可不容易。
2. 俗语说“十年树木,百年树人”,教育是一项长期的工作。
3. 常言说“十年树木,百年树人”,培养人才确实不容易。

四 语法学习

(一) 买卖不成仁义在/ 身正不怕影子歪 /瓜熟蒂落，水到渠成

以上这些句子都是紧缩句，由两个分句紧缩而成。特点是：用单句的结构形式表达复句的内容，省略了关联词语，中间没有语音停顿。“买卖不成仁义在”就是“虽然买卖没有做成，但是仁义还在”；“身正不怕影歪”就是“只要身体正，就不怕影子歪”；“瓜熟蒂落”和“水到渠成”就是“如果瓜熟了，瓜蒂就会自然脱落”、“如果水流到了，就会自然形成水渠”。又如：

1. 知人知面不知心。(虽然了解一个人的外表，但是却不了解他的内心)
2. 晴带雨伞饱带粮。(即使是晴天也要带雨伞，即使吃饱了也要带粮食)
3. 车到山前必有路。(只要车到了山的跟前，自然就会有路上去)
4. 船到桥头自然直。(只要船到了桥边，自然就会放直船身过去)
5. 用人不疑，疑人不用。(如果要用这个人，就不要怀疑他；如果对这个人有怀疑，就不要用他)

(二) 好记性不如烂笔头/耳听千遍，不如手做一遍/ 远亲不如近邻

“不如”，动词，常用于“A 不如 B”格式，表示 A 的程度低，B 的程度高，A 比不上 B；后面常接表示积极意义的形容词。如：

1. 他汉语说得很好，我不如他。
2. 坐火车不如坐飞机快。
3. 我的房间不如他的房间干净。
4. 老年人的记忆力一般不如年轻人好。

(三) 冰冻三尺，非一日之寒

“非”，副词，用于书面语，表示否定，相当于“不是”。如：

1. 这是一个非官方的中文网站。
2. 这件事非你我所能解决。
3. 手势是一种非语言的交际方式。
4. 这是非卖品，只能赠送给顾客。

(四) 冰冻三尺，非一日之寒

“之”，书面语，在这里是助词，用在定语和中心语的中间，作用相当于“的”。“之”后常是单音节词。如：

中秋之夜　希望之光　老年之家　无价之宝　音乐之声

1. 他们虽然是姐妹，但长得一点也不像，性格上的相似之处也很少。
2. 商家的信誉是无价之宝，是市场竞争中最重要的武器。
3. 他们一家三口都是运动员，称得上是“体育之家”。

4. 知识是无价之宝。

"之"还可以放在主谓短语的主语之后,使它成为偏正短语,多作主语。此时不可用"的"替换。如:

中国之大　试题之难　规模之大　成绩之好　地位之高

5. 这个工程规模之大是前所未有的。

6. 他的成就之高是一般人想不到的。

7. 他的表演之精彩让人惊叹。

另外,"之"还可以作代词,指前面提到的人或事物,作宾语,相当于他(她、它)、他(她、它)们。如:

8. 北京队的队员又踢进了一个球,大家无不为之叫好。

9. 牡丹,中国人称之为富贵花。

(五) 车到山前必有路,船到桥头自然直

"必",书面语,副词,常用在单音节的动词或形容词前。在这里表示必然、肯定的意思,"必"还可以表示"必须"的意思。如:

1. 对于我的问题,他有问必答。

2. 看来这次比赛我们必败无疑了。

3. 这几场演出,他每场必到。

4. 深圳是从这里去香港的必经之地。

(六) 香花不一定好看,会说不一定能干

"不一定",副词,作状语,与"说不定"相近,都表示不能肯定。但"不一定"主要表示不大可能,可能性不大;而"说不定"主要表示有可能,可能性大。如:

1. 你不要等他了,今天他不一定会来了。

2. 你还是再等一会儿吧,他说不定会来的。

3. 我就不带伞了,今天不一定会下雨。

4. 你还是带伞吧,今天说不定会下雨。

"不一定"还可以表示商量、吩咐,意思是"不一定要";还可以作谓语,表示自己的看法。如:

5. 他去就行了,我就不一定去了吧。

6. 天气预报说今天会有雨,我看不一定。

(七) 事不宜迟

"不宜",副词,表示不适合,不适宜。常用作状语。如:

1. 这种水果不宜多吃,吃多了对身体不好。

2. 你的病还没有完全好,不宜太累。

3. 南方天气太热,不宜种植苹果。

4. 病人正在休息,不宜打扰。

(八) 对偶

“对偶”是汉语中常用的一种修辞手法。它是由两个结构相同或基本相同、字数相等、意义上密切相连的语句构成。对偶句音节整齐匀称，读起来节奏感强，便于记忆背诵。中国传统的诗歌、对联等常用这种修辞手法。如：

1. 瓜熟蒂落，水到渠成。
2. 人外有人，天外有天。
3. 百里不同风，千里不同俗。
4. 远亲不如近邻，远水不解近渴。
5. 画龙画虎难画骨，知人知面不知心。
6. 书山有路勤为径，学海无涯苦作舟。
7. 耳听为虚，眼见为实。
8. 人往高处走，水往低处流。
9. 十年树木，百年树人。

五 练 习

(一) 给下列形似字注音并组词

瓜	彼	虚	宣	赌	丹
爪	披	虎	宜	睹	舟

(二) 给下列加线的字注音

别扭	少壮	长发	几乎	欢乐	为难
别人	少数	长大	几岁	音乐	因为

(三) 选择合适的词语填空

俗　非　宜　必　舟　彼　虚

1. 最近天气不太好，不__________出去爬山。
2. 谈判之前一定要知己知__________。
3. 父母并__________不关心你，而是希望你能学会独立生活。
4. 每个地方都有自己不同的风__________习惯。

5. 湖面上有一叶小＿＿＿＿＿朝岸边漂来。

6. 你说的这些都是＿＿＿＿＿的,应该说些实的。

7. 春节向长辈拜年是＿＿＿＿＿不可少的礼节。

目睹　吃亏　提防　洪水　门道　记性　笔头

8. 学修车学了这么久,有没有看出点＿＿＿＿＿来?

9. 他的＿＿＿＿＿很厉害,半个小时就能写出一篇好文章来。

10. 现在老了,＿＿＿＿＿越来越差了,常常忘事。

11. 下了好几天的大雨,＿＿＿＿＿淹没了大片土地和房屋。

12. 他亲眼＿＿＿＿＿了那场事故的全过程。

13. 他总是觉得别人都得了很多好处,就他一个人＿＿＿＿＿了＿＿＿＿＿。

14. 这个人不可靠,你要＿＿＿＿＿着点儿。

(四) 近义词填空

晚　迟　迟到

1. ＿＿＿＿＿是一种不礼貌的行为。

2. 他的病已经是＿＿＿＿＿期了,治不好了。

3. 现在后悔已经＿＿＿＿＿了。

光阴　时间

4. ＿＿＿＿＿不早了,我该走了。

5. 我们要珍惜每一寸＿＿＿＿＿。

6. ＿＿＿＿＿似箭,一年的＿＿＿＿＿很快就过去了。

必　必然　必须

7. 要学习汉语,词典是＿＿＿＿＿不可少的。

8. 不努力就会落后,这是＿＿＿＿＿的结果。

9. 要办好这件事,＿＿＿＿＿大家一起努力。

(五) 完成下列谚语

1. ________不成________在。

2. 一个巴掌________。

3. 瓜熟________,水到________。

4. 百里________,千里________。

5. ________不努力,________徒伤悲。

6. 耳听________,眼见________。

7. 冰冻三尺,非________。

8. 书山有路________,学海无涯________。

(六) 选择合适的关联词语改写下列谚语

如果……就……　　只有……才……　　因为……所以……

虽然……但是……　　只要……就……　　……否则……

1. 少壮不努力,老大徒伤悲。

2. 知己知彼,百战百胜。

3. 不听老人言,吃亏在眼前。

4. 事不宜迟,夜长梦多。

5. 过了这个村,没有这个店。

6. 旧的不去,新的不来。

7. 知人知面不知心。

8. 车到山前必有路。

9. 有多大的脚,穿多大的鞋。

(七) 给括号中的词语选择适当的位置

1. 上课时 A 老师说话 B 太快,不然学生 C 很难 D 听清楚。(不宜)

2. A 这件事情他 B 知道,你 C 别 D 去问他了。(不一定)

3. 回国 A 前,B 他买了 C 很多 D 礼物。(之)
4. 当时的情景 A 太感 B 人了,C 言语 D 所能形容。(非)
5. 这件 A 事 B 并 C 我 D 一个人能决定的。(非)
6. 阅读能力我 A 比大卫 B 强,但口语能力 C 我 D 他。(不如)

(八)用合适的谚语回答下面的话

1. 真倒霉!我的自行车又丢了。
2. 这里有很多习惯都跟我的家乡不一样呢。
3. 玛丽的汉语就说得很好了,想不到还有人比她说得好!
4. 这几个年轻老师教得不错,不比老教师差!
5. 就去玩儿一天,明天再开始学习有什么关系呢?
6. 你怎么每次上课都那么认真地记笔记啊?
7. 我原以为他是一个诚实的人,真没想到他竟然会骗我。
8. 妈妈让我多穿件衣服,我没听,结果受了凉,有点儿发烧。
9. 真担心明天的考试,不知道能不能考好。
10. 你为什么每次都亲自去工地察看情况呢?
11. 我觉得我们之间的矛盾都是由他一个人造成的。
12. 你怎么从来都不怀疑你的职员呢?
13. 很抱歉,因为种种原因,这次不能买你们的产品了。
14. 他总在背后说你的坏话,你怎么也不去跟大家解释一下呢?

(九)根据意思写出相应的谚语

1. 三尺厚的冰不是一天的寒冷而冻成的,比喻事情的形成有一个逐渐变化的过程。( )
2. 比喻条件、时机成熟,事情就能成功。( )
3. 比喻有多大能力,做多大事情。( )
4. 指买卖虽然没有做成,但双方的感情和友谊还在。( )

5. 人都想地位高，就好像水总是往低的地方流一样。

( )

6. 内行看的是方法和窍门，而外行只会看表面的热闹。

( )

7. 听别人讲一千遍，也不如自己动手做一遍。( )

8. 对对方的情况和自己的情况都有很好的了解，就不会失败。

( )

9. 指强中有强，能人之外还有能人，劝人不要骄傲自满。

( )

10. 远处的亲戚比不上旁边住的邻居，远处的水不能马上解渴。

( )

11. 再好的记忆力时间一长也会忘记，不如用笔记下来可靠。

( )

12. 比喻顺利时也要想着不顺利的时候，凡事要想到以后的事。

( )

13. 指只有自己行为端正，就不怕别人批评或造谣。

( )

14. 事情要抓紧，不应当拖延。比喻时间拖长了，事情容易发生变化。

( )

15. 年轻力壮的时候不努力，到了老年只会空悲伤。

( )

16. 画龙画虎最难画里面的骨头，了解人的内心最难。

( )

(十) 选择词语填空

__①__是人民群众口头流传的固定的语句，它常用简单__②__的话来反映深刻的道理。谚语并__③__是由某一个学者创造的，__④__来源__⑤__人民群众。人们根据自己的生活__⑥__概括出需要注意的事情，并逐渐形成固定的说法。恰当地运用谚语可以使语言活泼风趣，__⑦__文章的表现力。比如老师让学生抓紧时间好好学习，就常常会告诉学生“一寸__⑧__一寸金”。

	A	B	C	D
①	A. 谚语	B. 成语	C. 语言	D. 词语
②	A. 风俗	B. 俗语	C. 通俗	D. 俗气
③	A. 是	B. 非	C. 不是	D. 否
④	A. 但是	B. 可是	C. 于是	D. 而是
⑤	A. 在	B. 从	C. 于	D. 自
⑥	A. 经验	B. 经历	C. 历史	D. 经过
⑦	A. 增进	B. 增强	C. 增多	D. 增长
⑧	A. 时间	B. 光阴	C. 工夫	D. 时候

（十一）背诵谚语，听写其中一些谚语

（十二）说一说你们国家常用的谚语，并解释意思

六　副课文

名人名言

发明是百分之一的聪明加百分之九十九的勤奋。

——爱迪生(美国发明家)

合理安排时间，就等于节约时间。

——培根(英国哲学家)

浪费别人的时间是谋财害命，浪费自己的时间是慢性自杀。

——列宁(苏联政治家)

善于利用零星时间的人，才会做出更大的成绩来。

——华罗庚(中国数学家)

成功=艰苦的劳动+正确的方法+少谈空话。

——爱因斯坦(美国科学家)

一个人的价值,应该看他贡献什么,而不应当看他取得什么。

——爱因斯坦(美国科学家)

如果我看得远,那是因为我站在巨人的肩上。

——牛顿(英国科学家)

无论什么时候也不要以为自己已经知道了一切。不管人家对你的评价有多高,你总要有勇气对自己说:“我是个毫无所知的人。”

——巴甫洛夫(苏联心理学家)

世界上最宽阔的是海洋,比海洋更宽阔的是天空,比天空更宽阔的是人的胸怀。

——维克多·雨果(法国作家)

冬天已经到来,春天还会远吗?

——雪莱(英国作家)

先相信你自己,然后别人才会相信你。

——屠格涅夫(俄国小说家)

友谊能增进快乐,减轻痛苦,因为它能倍增我们的喜悦,分担我们的烦恼。

——爱迪生(美国发明家)

我们之所以爱一个人,是由于我们认为那个人具有我们所尊重的品质。

——卢梭(法国哲学家)

练习

1. 听写几段名言。
2. 请说出你所知道的一些名人名言。

第四课　汉字可以治病

提示　众所周知，语言文字是交际工具。然而，汉字比拼音文字还要多一种功能，它可以治疗失语症。这听起来似乎让人难以相信，但却是真实的。不信，让我们来看看美国心理学家所做的研究。

一　生词语

1. 心理 xīnlǐ（名）　psychology / 人的大脑反映外部世界的过程，如情绪、感觉、思维等：心理问题、心理学
2. 公布 gōngbù（动）　announce / 公开宣布（法律、命令、通知、结果等）：公布成绩、公布名单
   ≈宣布
3. 界 jiè（名）　职业、工作或性别等相同的社会成员的总体：医学界、教育界
4. 信息 xìnxī（名）　information / 消息或情报：新信息、有用的信息
   ≈消息
5. 喜爱 xǐ'ài（动）　like, love / 对人或事物非常喜欢，有兴趣：喜爱熊猫、喜爱北京
   ≈喜欢
6. 预报 yùbào（名）　forecast / 预先报告：天气预报、地震预报
7. 不料 búliào（连）　unexpectedly, to one's surprise / 没有想到
8. 测试 cèshì（动）　test, examine / 通过考试等办法检查人的知识、水平等：普通话测试、测试口语
   ≈测验　考试
9. 证实 zhèngshí（动）　confirm, verify / 证明某种猜想或看法等是真实的、正确的：得到证实
   ≈证明
10. 患 huàn（动）　contract, suffer / 得（病），书面语：患感冒、患肺炎
    患—忠
11. 众所周知 zhòngsuǒzhōuzhī　as everyone knows / 大家全都知道，作定语、谓语或用在句首：众所周知的事情
12. 大脑 dànǎo（名）　cerebrum / 脑的一部分，分左右两个半球

13. 中枢 zhōngshū(名)　centre / 中心：中枢神经

14. 生理 shēnglǐ(名)　physiology / 生物的生命活动和各个器官的功能：生理现象、生理学
　　←→心理

15. 行为 xíngwéi(名)　action, behaviour / 人受思想感情控制所表现出来的活动：正常行为、犯罪行为

16. 一旦 yídàn(副)　once, now that / 要是有一天、如果

17. 血管 xuèguǎn(名)　blood vessel / 身体中血液流通的管道：血管很粗

18. 障碍 zhàng'ài(名)　hinder, obstacle / 挡住前进、使不能顺利通过的事物

19. 损害 sǔnhài(动)　damage, impair / 使事业、利益、健康等受到损失：损害健康、受到损害
　　≈损坏

20. 常见 chángjiàn(动)　common / 经常见到：常见的现象、不常见

21. 患者 huànzhě(名)　patient / 病人：关心患者、患者的要求

22. 颠三倒四 diānsān-dǎosì　incoherent; disorderly / (说话、做事)没有先后顺序，很乱，作谓语、状语、定语：说话颠三倒四
　　倒(dào)茶

23. 甚至 shènzhì(副)　even / 举出突出的例子，强调说明某种情况

24. 疾病 jíbìng(名)　desease, illness / 病(总称)：严重的疾病、疾病控制中心

25. 结果 jiéguǒ(名)　result, outcome / 一定阶段事物发展达到的最后状态
　　≈成果　效果　后果

26. 造成 zàochéng(动)　bring about / 产生(不好的结果)：造成交通事故、造成不好的影响
　　≈引起

27. 探索 tànsuǒ(动)　explore, probe / 想各种办法寻找答案，解决有疑问的问题：探索大自然的规律

28. 精细 jīngxì(形)　meticulous; careful / 非常细致、严密：很精细

29. 形 xíng(名)　form / 形状：圆形、长方形、正方形、三角形

30. 均匀 jūnyún(形)　even, well-distributed / 分配在各部分的数量相同、相隔的距离或时间相等：用力均匀、呼吸均匀、速度均匀
　　≈平均

31. 协作 xiézuò(动)　cooperate / 互相配合完成任务：互相协作、密切协作
　　≈合作

32. 某些 mǒuxiē(代)　certain, a few / 指知道但不说出来的一些人或事物：某些人、某些事

33. 智商 zhìshāng(名)　智力商数，即 IQ，人智力水平的一种根据：智商高

34. 惊讶 jīngyà(形)　surprised, astonished / 感到很奇怪：很惊讶、感到惊讶
　　≈吃惊

35. 否认 fǒurèn(动)　deny, repudiate / 不承认：否认事实、不可否认

36. 假设 jiǎshè(名)　suppose, assume / 科学研究上的一种想象：一种假设

37. 治疗 zhìliáo(动) treat, cure / 用药物、手术除掉疾病:积极治疗、及时治疗
≈治
38. 行 háng(名) line, row / 人或事物排成的"一"字形:排成一行、两行字
行(xíng)为
39. 毫不 háobù 一点儿也不:毫不费力、毫不紧张、毫不注意
40. 费力 fèi//lì need to use great effort / 使用很多力量:很费力、费了很大力
≈吃力
41. 唤醒 huànxǐng(动) wake up, awaken / 叫醒(书面语):唤醒大自然
42. 深远 shēnyuǎn(形) profound and lasting / (影响、意义等)深刻而长远:深远的影响、意义深远
≈深刻
43. 满怀 mǎnhuái(动) be imbued with / 心中充满:满怀信心、满怀喜悦
怀—杯—坏
44. 期待 qīdài(动) expect, await / 充满希望地等待:期待胜利的消息

二 课 文

两年前美国费城的心理学家公布了一例用学汉语的方法治病的试验,引起了医学界、心理学界、语言学界以及信息科学界的广泛注意。

美国费城有一少年,聪明好学,深得老师的喜爱。但有一天,不幸的事情发生了:他父亲叫他看报上的天气预报,他一看,报上的字一个都不认识。已读小学五年级的他怎么连天气预报也看不懂呢?他父亲不相信,带他去看医生。不料,医生经过测试,证实这是真的,并说孩子患了一种叫"失读症"的病。

众所周知,人的大脑有一个语言中枢,是人类语言能力的生理基础,它的作用就是控制人类的语言行为,例如听懂别人说话的意思,正确表达自己的思想。这个中枢一旦因为脑外伤或脑血管供血障碍等原因而受到损害,人的语言行为便出现障碍,常见的有"失语症"。这种患者常常不能用语言正确表达自己的思想,说起话来颠三倒四,复杂一些的内容他们就说不出来,严重的甚至完全不能使用语言。"失读症"是失语症中的一种。这个美国少年怎么会患上这种疾病呢?调查的结果,证实是脑外伤造成的。

传统的看法是:人脑的语言中枢在大脑左半球,只要左半球的这

个中枢受损，就可能发生失语症或失读症，不管他是哪个国家、哪个地区的人。但事实却不全是这样。

科学家经过调查发现，中国和日本患失读症的人要比欧美少得多。这是为什么？经过多次实验，发现了一个极为简单的事实：中国和日本都使用汉字。根据这一发现，科学家进一步实验、探索，发现欧美人使用的是拼音文字，他们认记字的发音和意义使用的只是大脑左半球。而中国人、日本人使用汉字，对大脑的利用精细得多，左半球认记字音字义，右半球认记字形（连字义），而且左右两半球均匀协作。这就是为什么中国、日本失读症患者少的原因。

更为有趣的是，美国科学家对中国和美国儿童的阅读能力和某些方面的智商做比较实验，发现中国儿童的智商要高得多。开始他们很惊讶，但这是不可否认的事实。他们研究了各种可能的原因，最后才较为清楚地看到，其中一个重要原因是中国儿童学的是汉语、汉字，因此他们大脑的左右半球从小就得到更充分、更均匀的锻炼。

根据汉字与大脑两半球的这种关系，费城的心理学家做了一个假设，能不能用学汉语、汉字的方法来治疗失读症呢？他们首先教这位美国少年学汉语、汉字。试验正式开始了：在一张纸上，上行写英语句子，下行写同意思的汉语句子，要这位美国少年看着汉字读出英语句子来。这位美国少年毫不费力便把英语句子念出来了。试验初步成功了。要知道他原来单看英语是念不出来的，所以试验证明这种治疗失读症的方法是有效的。

不过这个试验有一个问题，即汉语句子只起“唤醒”英语句子的作用，不等于把病治好了。以后的实验表明，这一问题是可以解决的，因为在不断的作用下，患者能慢慢恢复英语的阅读能力。这些实验先后在法国等国家进行，都获得了初步的成功。

汉语、汉字的学习和使用，可以使人们更充分、均匀地使用大脑两半球，意义是非常深远的。已有人提出用学习汉语、汉字的方法提高西方儿童的智商和能力。此外，还有其他一些想法和研究，我们满怀信心地期待着这些成果。

（据《澳门日报》“汉语可以治病”）

三 重点词语学习

(一) 美国费城有一少年,聪明好学,深得老师的喜爱

在这个句子里,"深"是副词,表示程度,相当于"很"、"十分",用在单音节动词前。如:

1. 他虽然远在他乡,但一直深爱着自己的祖国。
2. 发生这样不幸的事情,我们深表同情。
3. 他深知问题的严重性。
4. 他的歌深受听众的喜爱。

"深"多作形容词,基本意思是从上到下、从外到里的距离大。如:

5. 河水刚才还很浅,现在变深了。
6. 那个山洞很深,我不敢进去。

"深"还有"深刻"的意思,还常用来形容感情好、颜色浓、离开始的时间久。如:

7. 这件事对他的影响太深了。
8. 他俩是大学同学,感情很深。
9. 这件衣服颜色太深了。
10. 夜深了,周围静悄悄的。

"深"还常常跟别的语素组合成词语,如:深刻、深远、深厚、深奥、深夜、加深。

(二) 美国费城有一少年,聪明好学,深得老师的喜爱

"喜爱",动词,意思是对人或事物有兴趣,非常喜欢,跟"讨厌"相对。如:

1. 我特别喜爱小动物。
2. 红色是汉民族特别喜爱的一种颜色。
3. 杰克天真活泼,大家都喜爱他。
4. 乒乓球运动在中国受到人们的普遍喜爱。

"喜爱"和"喜欢"意思相近,有时可以互换。但"喜爱"强调爱的感情,对象一般是具体的、好的或可爱的人或事物;"喜欢"强调愉快、高兴的心情,对象还可以是不好的行为或抽象事物。"喜欢"的后面还可以是动词、动词性短语或形容词,"喜爱"的后面一般是名词。如:

5. 他喜欢打架,老师经常批评他。
6. 我喜欢打篮球,他喜欢踢足球。
7. 我不喜欢热闹,喜欢安静。

(三) 医生经过测试,证实这是真的

"测试",动词,表示通过一定的手段和方法检查学习成绩、知识、能力等,跟"测验"意思相近。但"测验"多是在学校进行,对象一般是学生,如:单元测验、课

堂测验、小测验;“测试”不一定在学校进行,对象不一定是学生。如:

1. 中小学教师都要参加普通话水平测试。

2. 我给你看一条手机短信,是关于心理测试的,很有意思。

3. 口语考试主要测试学生的口语表达能力。

4. 我们要先测验你的汉语水平,然后才能给你分班。

(四) 医生经过测试,证实这是真的/所以试验证明这种治疗方法是有效的

“证明”、“证实”在这里都是动词,意义相近,都表示说明人或事物的情况。但“证明”强调明白、清楚,多指用具体可靠的材料来说明人或事物的情况怎么样或得出一个结论;“证实”强调真实,多指通过实践、调查说明原来的看法或预想的结论等是真的、对的,与事实相符合。另外,“证明”可作定语,“证实”不能作定语;可以说“做证明”,不可以说“做证实”。如:

1. 叶子黄了,说明缺水了。

2. 我认识她,我可以证明她是从家里跑出来的。

3. 人们猜想她是从家里跑出来的,不久猜想就被证实了。

4. 实验的结果证实了我们之前的判断。

5. 报名的时候需要带哪些证明材料?

6. 他昨天的确来找过你,我可以给他做证明。

(五) 因为脑外伤或脑血管供血障碍而受到损害

“损害”,动词,意思与“损坏”相近,常作谓语,也可以作“受到”、“造成”的宾语。但“损害”表示使事物受到一定的破坏和损失,多用于事业、利益、关系、健康、身体、视力、名誉等抽象事物;“损坏”强调坏了,失去了原有的作用,多用于公物、机器、用品等具体事物。如:

1. 灯光太暗时看书,会损害视力。

2. 这种行为已经损害了我们两国之间的关系。

3. 这一行为给消费者的利益造成了极大的损害。

4. 空气污染严重,人们的健康受到了严重的损害。

5. 车子撞到了墙上,车灯损坏了。

6. 机器使用时间过长,就会受到损坏。

(六) 人的语言行为便出现障碍

“障碍”,名词,指挡住前进、使不能顺利通过的事物,如:交通障碍、障碍物;常用于抽象意义,前面有表示事物性质特点的定语,如:文化障碍、语言障碍、交际障碍、心理障碍、学习障碍等。如:

1. 障碍跑是一种运动项目,它将长跑和跨越障碍结合起来了。

2. 留学生除了语言有障碍,还常常遇到文化障碍。

3. 他们克服了各种障碍,终于取得了成功。

(七) 常见的有失语症

"常见",动词,表示经常有、经常见到,可以作谓语和定语。如:

1. 这种东西现在已经不常见了。
2. 这种现象在中国很常见。
3. 用手机玩游戏时有哪些常见问题?如何解决?
4. 这篇文章介绍了夏天常见的疾病。

(八) 调查的结果,证实是脑外伤造成的

"结果",名词,表示在一定阶段事物发展达到的最后状态,与成果、效果、后果有所不同:"成果"指工作或事业上的收获,"效果"指某种行动、方法、事物产生的作用或影响,"后果"指坏的结果。"成果"是褒义词,"效果"和"结果"是中性词,"后果"是贬义词。如:

1. 大家争论了半天,也没有什么结果。
2. 好成绩是努力学习的结果。
3. 这样下去,是不会有好结果的。
4. 这位科学家在心理学研究方面取得了不少成果。
5. 用这种方法治疗失读症,效果很好。
6. 如果你不好好学习,后果是严重的。
7. 这个地方一旦发生火灾,后果真是难以想象。

(九) 而且左右两半球均匀协作

"均匀",形容词,表示分配在各部分的数量相同、相隔的距离或时间相等,如:呼吸均匀、速度均匀、颜色均匀、涂均匀、擦均匀、刷均匀;可以作谓语、定语、状语,作定语或状语时一般带"的"或"地"。如:

1. 这套家具的颜色不太均匀。
2. 爸爸睡着了,发出均匀的呼吸声。
3. 使用之前,要先把油均匀地涂在上面。
4. 她脸上的粉擦得不均匀,很难看。

(十) 这位美国少年毫不费力便把英语句子念出来了

"费力",动宾短语,表示要使用很多力量,常作状语、谓语,中间可以放入一些词语,如"费了很大力"、"费了不少力"、"费一些力"、"费点儿力"。如:

1. 他病得很重,说话很费力。
2. 我的汉语基础不太好,在中级班学习有些费力。
3. 要把钢琴搬上去,可得费不少力。
4. 我费了很大的力才把这件事办好。

(十一) 意义是非常深远的

"深远",形容词,与"深刻"意思相近,都可以作谓语、定语,但意思和用法又有不同："深刻"表示达到事情或问题的本质的，或者表示内心感受很深，可以用于内容、看法、意义、体会、印象、影响等；"深远"表示深刻而长远的，一般只用于意义和影响。"深刻"还可以作状语、补语，"深远"不能。如：

1. 计划生育的政策对于中国的发展具有深远的意义。
2. 第一次比赛，对一个运动员的一生有着深远的意义。
3. 这篇文章内容很深刻，值得好好读一读。
4. 经过大家的批评教育，他已深刻地认识到了自己的错误。
5. 没想到，他能把问题分析得这么深刻。

四 语法学习

（一）怎么连天气预报也看不懂呢？

"连……也(都)……"，固定格式，用来强调说明某件事情或某种情况。如：

1. 听到这个好消息，他高兴得连话都说不出来。
2. 我最近太忙了，连看电视新闻的时间也没有。
3. 他怎么了？连我都不认识了？

另外，"连……也(都)……"还可以与"不但"、"何况"等组成表示递进的结构。如：

4. 不但别人讨厌他，就连他的妻子和孩子也不喜欢他。
5. 这篇文章连中国人都觉得不好懂，何况外国人。

（二）他父亲不相信，带他去看医生。不料，医生经过测试，证实这是真的

"不料"，副词，表示没想到、事先没有估计到，多用于书面语。如：

1. 我本来想去外地旅游，不料公司临时有事，所以没去成。
2. 他们本来打算好好在北京玩几天，不料，刚到北京玛丽就病了。
3. 我以为陈强的病不严重，不料，他得的是癌症。

（三）这个中枢一旦因为脑外伤或脑血管供血障碍而受到损害，人的语言行为便出现障碍

"一旦"，副词，用在主语之前或之后，在句中提出某种假设条件，意思相当于"如果有一天"，后面说明这种条件如果实现的话，将会有怎样的结果，常用"一旦……就……"的格式。如：

1. 一旦战争爆发，就会给人们带来巨大的灾难和痛苦。
2. 一旦事情有变化，我会立刻通知你。
3. 坏习惯一旦养成，就很难改掉。
4. 手术一旦失败，病人就会很危险。

(四) 复杂一些的内容他们就说不出来，严重的甚至完全不能使用语言

“甚至”，副词，强调说明某种情况，可以用在“连……也/都……”的前面。如：

1. 奶奶的病情越来越重，现在甚至都起不来床了。
2. 大家都很激动，有的同学甚至流下了眼泪。
3. 他一点儿进步也没有，甚至连最简单的日常会话也听不懂。
4. 我最近心情不好，甚至连话也不想说。

(五) 这个美国少年怎么会患上这种疾病呢？

“患上”是动词短语，表示已经得了某种疾病。“上”用于动词之后，表示某件事或某个状态开始并持续，如：

1. 麦克爱上了一个漂亮的日本姑娘。
2. 来自日本的田中和来自美国的琼斯交上了朋友。

“上”用在动词后，还表示动作行为有了结果，达到了一定目的或标准。如：

3. 经过三年的努力，他终于考上了理想的大学。
4. 房子还要装修，争取年底住上新房子。
5. 这次活动一定要算上我。
6. 记着，一定要贴上邮票再寄出去。

(六) 发现中国儿童的智商要高得多/要这位美国少年看着汉字读出英语句子来/要知道他原来单看英语是念不出来的

“要高得多”中的“要”表示估计，用于比较，后边大多是形容词，如：

1. 这儿的天气要热得多。
2. 我家离学校要远多了。

“要这位美国少年看着汉字读出英语句子来”中的“要”，意思是要求、让，后边一般是名词+动词，如：

3. 老师要我们下课后留下来。
4. 奶奶要我替她写封信。

“要知道”中的“要”表示必须、应该，后边一般是动词，如：

5. 今天有雨，出门要带上雨伞。
6. 你已经是小学生了，要学会安排时间。

“要”还可以表示希望得到、想(做某事)、需要等意思。如：

7. 我要一碗面。
8. 我要去中国学习汉语。
9. 从我家走路到学校，要二十多分钟。

(七) 这位美国少年毫不费力便把英语句子念出来了，试验初步成功了

“毫不”常与双音节动词或形容词组成四字短语，加强否定语气，如：毫不紧张、毫不注意、毫不犹豫、毫不放松。“毫不费力”就是一点儿也不费力。又如：

1. 他干出这样的事,毫不奇怪。
2. 对他的能力,我毫不怀疑。

五 练 习

(一) 给下列形似字注音并组词

测	日	患	得
则	旦	忠	碍
唤	协	沟	呀
换	伪	均	讶

(二) 朗读并理解下列词语

费力	费事	费神	费心	费劲	费时间
圆形	长方形	正方形	三角形	字形	体形
医学界	教育界	体育界	工商界	新闻界	文学界
深刻	深远	深厚	深情	深夜	深信

(三) 给下列多义词选择合适的义项

A. 要求、请求　B. 应该、必须　C. 表示估计,用于比较

D. 需要　E. 想(做某事)　F. 希望得到

1. 妈妈要小明放学后立刻回家。
2. 从我宿舍到教室,走路要十五分钟。
3. 山上的路很滑,大家要小心!
4. 今天比昨天要暖和一些。
5. 老师要我们认真复习 1～10 课的生词。
6. 我已经决定了,我要去中国留学。
7. 这种手机是最新的,要三千多块。

8. 我要一碗牛肉面，他要一碗饺子。

A. 深刻、深入　B. 颜色浓　C. 很、十分　D. 离开始的时间久

E. 关系密切、感情好

9. 对这个人我有很深的了解。

10. 他们俩是多年的老朋友了，感情很深。

11. 现在已经是深秋了，天气很冷。

12. 给你增加了很多的麻烦，我们深感抱歉。

13. 我深知这件事的重要性，一定会认真去做。

14. 我不喜欢深蓝色。

（四）选择下列词语填空

否认　预报　障碍　假设　均匀　常见　颠三倒四　众所周知

1. 小王和小李是好朋友，这是________的事，你难道还不知道？

2. 汉字是西方人学习汉语的最大________。

3. 改革开放取得了巨大的成就，这是任何人都无法________的事实。

4. 今天真的下大雨了，气象台________得真准。

5. 这只是我们的________，情况究竟如何，要看试验的结果。

6. 学习汉字可以使人________地使用大脑的左半球和右半球。

7. 这个人做事常常________，一会儿这样，一会儿又那样。

8. 这种东西现在已经不________了，很难找到。

某些　期待　协作　唤醒　生理　探索　惊讶　造成

9. 经过多年的研究________，科学家们终于找到了治疗这种疾病的办法。

10. 看见他出现在我的面前，我________得不敢相信自己的眼睛。

11. 运动员明天出发，我们________着他们的好消息。

12. 我们不仅要注意人的________疾病，也要注意心理疾病。

13. 这次事故是汽车速度太快________的。

14. 只要我们密切________,就一定能成功。

15. 这熟悉的环境渐渐________了他的记忆。

16. 我们虽然经历了________不愉快的事情,但感情还是很深厚。

(五)给括号中的词语选择适当的位置

1. A我一定要把这件事B告诉她,C你D同意不同意。(不管)
2. A通过B汉语水平考试,C他就可以D在公司担任翻译了。(只要)
3. 我A以前B学过一段时间汉语,可是C现在D拼音都忘了。(连)
4. 昨天A太热,B今天C凉快D得多。(要)
5. 得了这种病的人A需要半年B才能恢复健康,C严重的D要一年或者更长时间。(甚至)
6. 这个演员A唱得B非常好,C长得也很漂亮,D受观众喜爱。(深)
7. 她A知道了B这件事,C是不会D放过你的。(一旦)
8. 这道题A太容易了,B连C小学生都D会做。(甚至)
9. 让你A休息一会儿,你B怎么又C看D书了?(上)
10. A"治疗"是个B动词,C作用主要是D作谓语。(其)

(六)区别下列近义词,然后填空

行为—行动　期待—等待　结果—成果—效果—后果　深刻—深远

1. 部队在这里停下来,________上级的命令。
2. 我们相信祖国一定会更富强,我们________着这一天的到来。
3. 你看我穿上这件衣服________怎么样?
4. 你去联系的事,________怎么样?
5. 虽然我们在工作上取得了一些________,但也存在不少缺点和问题。
6. 他也没想到这件事会产生这么严重的________,现在后悔也来不及了。
7. 他最近腿受伤了,________不方便。

8. 这种欺骗________是法律和道德所不允许的。

9. 我虽然只去过北京一次，但北京人的热情和友好给我留下了________的印象。

10. 中日两国领导人的这次会谈，对促进中日友好的发展具有______的意义。

公布—宣布　证明—证实　喜爱—喜欢　造成—引起　损害—损坏

11. 他开车前的确没有喝酒，这一点我能够________。

12. 实验的结果________了我们之前的看法。

13. 比赛结束后，张校长向大家________了获奖同学的名单。

14. 我们系每个月都会________学生上课迟到、请假的情况。

15. 中国人结婚时________穿红色。

16. 周杰伦的歌受到了许多青少年的________。

17. 他的粗心给公司________了极大的损失。

18. 老师的话________了同学们的热烈讨论。

19. 照相机已经________了，不能再用了。

20. 吸烟、喝酒都会对身体造成一定________。

（七）完成下列句子

1. 只要认真对待自己的错误，就________________________________。

2. 只要有一定的文化水平，就________________，不管________________。

3. 他连你的名字也没听说过，________________________________。

4. ________________________________，连自己的家住在哪里也不知道。

5. 这件事一旦让他知道了，他________________________________。

6. 这么多的练习，他毫不费力就________________________________。

7. 不管是哪国人，只要________________，就________________。

8. 他太忙了，甚至连________________________________。

9. 他的身体越来越差，甚至________________________________。

10. 我本来打算周末去香港，不料____。

11. 要想过上好日子，____。

12. ____，你能赶上他吗？

（八）综合填空

障碍　结果　心理　均匀　深远　治疗　造成　患者　费力　要

“汉字可以治病”，这听起来似乎令人难以相信，但这却是真实的。科学实验的__①__证明，学习汉语和汉字能充分、__②__地使用左右脑，对__③__因脑外伤或供血__④__而__⑤__的失语症有着积极的作用。__⑥__学家们先后在美国、法国等国家进行了实验，他们让失读症__⑦__学习汉语和汉字，然后__⑧__他们看着汉字读出英语句子。结果，在汉字的作用下，病人能毫不__⑨__地读出英语句子，慢慢恢复英语的阅读能力。实验取得了初步的成功，其意义是非常__⑩__的。我们满怀信心地期待更多更新的研究成果。

（九）请用下列词语各写一段话

1. 障碍　费力　测试　心理　甚至
2. 治疗　患上　证实　结果　毫不

六　副课文

神奇的人脑

人脑是一块有皱纹的灰粉色物质，重约1360克。有了它，人们才有思维、感觉和行为。

近百年来，科学家们一直在努力探索大脑的秘密，并取得了一些可喜的成果。研究发现，如果一个病人大脑左半球受到损害，他尽管说不出所住医院的名称、病房和病床的号码，却认得医院、病房和自己的病床。相反，如果大脑右半球受到损害，病人尽管能说出他所住医院的名称，却找不到自己的病房、病床，也不认识以前的熟人;能说出家里的地址,却找不到自己的家门。可见,人脑的左右两半球有着明确的分工,各有自己的职责。

1981年美国的斯佩里博士证实了人左右脑功能的不同。这一划时代的贡献,使他获得了诺贝尔医学生理学奖。

斯佩里博士的研究成果表明:大脑分为左右两个半球。左脑以控制语言(说话)、理解、逻辑思维和计算活动为主;右脑以控制对形象的感知、记忆,时间概念和空间定位、音乐和想象、情绪和情感等非言语活动为主。左脑被称为"语言脑",右脑被称为"音乐脑"。这一重大发现,对于开发人类智慧具有深远的意义。

人类的祖先在非语言方式下,经历了漫长的石器时代,那个时期以形象思维为特征的右脑活动占主导地位。语言的产生带来了人类左右脑的第一次协调,称为"左脑革命"。"左脑革命"创造了人类的文明。

练习

1. 人的左右脑有哪些不同的功能?
2. "左脑革命"指的是什么?

第五课　年轻真好

提示　年轻时代是人生最美好、最宝贵的时光。年轻人最热情、最活跃、最富有创造性。谁都希望永远年轻，然而年轻只有一次。年轻、年轻人，是一个永远的话题。

一　生词语

1. 窗口 chuāngkǒu(名)　window / 窗前：窗口摆着盆花、从窗口望出去
2. 哨子 shàozi(名)　whistle / 一种能吹出响亮声音的东西，多在体育活动中使用
3. 欢呼 huānhū(名)　cheer, acclaim / 高兴地叫喊：为胜利欢呼、欢呼声
   >欢笑　欢送　欢迎
4. 奔跑 bēnpǎo(动)　run fast / 很快地跑：快速奔跑、奔跑的速度
5. 跳跃 tiàoyuè(动)　jump, leap / 跳：跳跃着
6. 令 lìng(动)　make, cause / 使、让：令人感动、令人生气
7. 游人 yóurén(名)　sightseer, tourist / 出外游玩的人，游客：游人很多
8. 亲热 qīnrè(形)　affectionate / 亲密而热情：亲亲热热、非常亲热
   ≈亲切
9. 山脚 shānjiǎo(名)　the foot of a mountain / 山的最下边：山脚下
   >山顶　山头　山坡　山腰　山洞　山峰
10. 缆车 lǎnchē(名)　cable car / 靠缆绳滑动上下的设备：坐缆车上山
11. 丛 cóng(名)　clump, thicket / 生长在一起的草木：草丛、树丛、花丛
    丛—从
12. 步行 bùxíng(动)　on foot / 走着前进：步行回家、步行上班
13. 红扑扑 hóngpūpū(形)　red / 颜色红得非常漂亮：红扑扑的脸
    >绿油油　黑糊糊　红通通
14. 嘻嘻哈哈 xīxīhāhā(形)　laughing and joking / 笑的声音，形容欢乐的样子，也形容不严肃或不认真，作状语、谓语

15. 疲倦 píjuàn(形)　tired / 累得没有精神：很疲倦、感到疲倦
16. 朝气蓬勃 zhāoqìpéngbó　full of youthful spirit / 形容充满了生命和活力，作谓语、定语、状语：年轻人朝气蓬勃
17. 主角 zhǔjué(名)　leading role / 主要角色或主要演员：女主角、男主角
　　⟷配角
18. 时光 shíguāng(名)　time, days / 时间：快乐的时光、幸福的时光
19. 黎明 límíng(名)　dawn, daybreak / 天快要亮的时候：黎明时分、黎明前
　　≈清晨　⟷黄昏
20. 格外 géwài(副)　especially / 超过平常：格外漂亮、心情格外好
　　≈非常 分外
21. 响亮 xiǎngliàng(形)　resonant / 声音很大很亮：响亮的声音
22. 活力 huólì(名)　vigour, energy / 旺盛的生命力：有活力、充满活力
　　>精力　智力　能力　想象力　影响力
23. 富有 fùyǒu(形)　rich, wealthy / 拥有的财产很多：很富有、富有的家庭
　　≈富裕
24. 浑身 húnshēn(名)　the whole body / 全身：浑身上下、浑身是汗
25. 天下 tiānxià(名)　land under heaven / 指中国或世界：走遍天下
26. 追求 zhuīqiú(动)　seek / 用积极的行动来争取达到某种目的：追求幸福
27. 奇迹 qíjì(名)　miracle, wonder / 想象不到的、不平凡的事情：创造奇迹
28. 创新 chuàngxīn(动)　innovate / 创造新的，有创造性的事情：创新精神、有创新、敢于创新
29. 来日方长 láirìfāngcháng　the coming days would be long / 未来的日子还很长，作谓语：来日方长，以后再谢你
30. 挫折 cuòzhé(名)　setback, reverse / 遇到的困难、失败：面对挫折、不怕挫折
31. 即使 jíshǐ(连)　even if / 就算是，哪怕：即使困难再多，我也不怕
32. 无忧无虑 wúyōuwúlǜ　be light of heart / 一点忧愁也没有，作谓语、定语、状语
33. 随意 suíyì(形)　at will / 随着自己的意思：随意狂欢、太随意了
　　≈随便
34. 在乎 zàihu(动)　care / 放在心上：不在乎、很在乎
　　≈在意
35. 虚度 xūdù(动)　spend (time) in vain / 白白地度过：不要虚度光阴、虚度时光
36. 不顾 búgù(动)　disregard / 不考虑；不照顾：不顾一切、什么都不顾
　　≈不管
37. 为所欲为 wéisuǒyùwéi　do whatever one likes / 想干什么就干什么，作谓语、定语：人不能为所欲为

38. 青春 qīngchūn(名)　youth / 青年时期：宝贵的青春、青春期
39. 人生 rénshēng(名)　life / 人的生存和生活：短暂的人生、改变人生
40. 衰老 shuāilǎo(形)　old and feeble / 年纪大了以后精神、体力不好：很衰老、衰老了
　　衰一衰
41. 皱纹 zhòuwén(名)　wrinkles / 皮肤表面不平的纹：一道皱纹、皱纹很多
42. 心灵 xīnlíng(名)　spirit, soul / 指内心、精神、思想等：美丽的心灵、心灵很纯洁
　　≈心
43. 假如 jiǎrú(连)　if / 假使，如果：假如我是你，我绝不会这么做
44. 未老先衰 wèilǎoxiānshuāi　old before one's time / 还没有老，体力、精力就衰退了，作谓语、定语：他已经未老先衰了
45. 奥秘 àomì(名)　profound mystery / 奥妙神秘：大自然的奥秘
　　≈秘密
46. 专有 zhuānyǒu(动)　exclusive / 独自占有：专有名词、个人专有
47. 在于 zàiyú(动)　lie in, rest with / 决定于，靠的是：生命在于运动

二　课　文

从我家的窗口望出去，近一点儿的是一个宽大的球场，稍远一点儿是清清的麓(lù)湖，再远些是高高的白云山。

三个地方，三道美丽的风景。

篮球场上经常传来比赛的哨子声、欢呼声。年轻人在奔跑，在跳跃，那蓬勃的朝气，那用不完的精力，常常令我羡慕。(5)

远一点儿的麓湖，游人很多，有老年人，也有中年人，然而大多数是年轻人。这些年轻人有的在划船，有的在湖边散步，有的在草地上坐着。他们或者读书，或者争论问题，或者亲亲热热地谈情说爱。

麓湖过去便是白云山。山脚有缆车直通山顶。一日，游白云山，我们几个年纪较大的便坐上了缆车，一群年轻男女却兴高采烈地从树丛中、从山里的小道，步行上山去。他们的头发沾了树叶，满头汗水，满脸红扑扑，仍然嘻嘻哈哈，不知道疲倦。(10)

我十分羡慕那些朝气蓬勃的年轻人——这三道风景的主角。作为上了点儿年纪的人，我常常忍不住要说：年轻真好！

是的，年轻真好。(15)

年轻是生命中最充满朝气、最活跃的时光。

年轻，是每一年的春天，是每一天的黎明。

年轻，是黎明时刚刚升起的太阳。

年轻，是春风中刚刚开放的鲜花。

20　年轻人的笑声格外响亮，年轻人的爱情充满活力。

年轻时最富有，年轻时浑身有用不完的精力，年轻时满怀理想和希望，年轻是探索的大好时光，年轻更热爱自然，年轻可以走遍天下。

年轻是勇敢，是追求。几乎所有伟大的事业都在年轻时开始创造，几乎所有的奇迹和创新都可以在年轻时开始出现。

25　年轻人来日方长。年轻时摔倒了很容易爬起来，年轻时做错事以后还有机会改正。年轻可以热情地追求真理，可以不怕挫折、不怕牺牲，可以向前进去创造未来。

当然，年轻时有笑声也有泪水。所以，即使年轻真好，我们还要说，年轻不是无忧无虑地随意狂欢，不是毫不在乎地虚度光阴，不是不顾后果地为所欲为。(30)

年轻很容易过去，青春不可能常在。

青年、中年、老年，是人生的不同阶段。年轻也会走向年老。然而，皮肤可以衰老，精神却应该永远年轻。

时光可以使眼角挂上皱纹，却不能使心灵挂上皱纹。

35　假如年轻人未老先衰，十八岁也显得衰老；假如老年人有一颗年轻的心，八十岁还显得年轻。这就是年轻的奥秘！

年轻，不只是年轻人所专有。

年轻也属于老年人。

年轻在于心灵。

40　年轻真好！年轻的心灵真好！

（据陈云清《年轻真好》）

三　重点词语学习

（一）那蓬勃的朝气，那用不完的精力，常常令我羡慕

“蓬勃”，形容词，作定语、谓语和状语。形容事业兴旺、精神旺盛、有活力。常

组成“朝气蓬勃”，还可以重叠为“蓬蓬勃勃”。如：

1. 春天到了，到处都是蓬勃的景象。
2. 这些年轻人朝气蓬勃，真让人羡慕。
3. 教育事业正在蓬蓬勃勃地向前发展。

（二）仍然嘻嘻哈哈，不知道疲倦

“疲倦”，形容词，指累得没有精神，常常作谓语、定语、补语，也可作宾语。如：

1. 你疲倦了就休息，不要累着自己。
2. 下班了，疲倦的人们走出了办公室。
3. 工作了一天，我觉得很疲倦。
4. 她爱看书，一看起书来就不知道疲倦。
5. 妈妈是一个不知疲倦的人，每天从早忙到晚。

（三）年轻时最富有

在这里“富有”是形容词，形容财产很多，常作定语和谓语。“富有”还可作动词，表大量拥有，所带宾语多是爱心、活力、同情心等有积极义的抽象事物。如：

1. 他是一个很富有的商人。
2. 他年轻时家里很富有。
3. 她是一个富有爱心的孩子。
4. 几位韩国同学富有活力的表演吸引了大家。

（四）年轻是勇敢，是追求

“追求”，动词，表示通过努力争取达到自己的目的，可作谓语、主语、宾语。如：

1. 年轻人应该追求进步，不要虚度光阴。
2. 我们追求更快更好。
3. 你的追求是什么？
4. 同一个人在不同时期对幸福的理解和对生活的追求会有较大差别。
5. 人活着必须要有追求，如果没有追求、没有理想，会活得很空虚。

“追求”还表示向异性表示自己的爱。如：

6. 她又聪明又漂亮，追求她的人很多。
7. 你应该主动追求她。

（五）不是不顾后果地为所欲为

“不顾”，动词，表示不考虑、不注意的意思，常带宾语。如：

1. 他只顾自己，不顾公司的利益，大家都批评他。
2. 他太伤心了，不顾一切地离开了。
3. 他不顾生命危险，跳到水中把人救了上来。
4. 小伙子什么都不顾了，连忙跳进水里去救落水的孩子。

（六）年轻很容易过去/青年、中年、老年，是人生的不同阶段

“年轻”、“青年”与“年青”，意义相近，都可以作定语。如：青年一代、年轻教师、年青时期。但“年轻”和“年青”都是形容词，可以作谓语，作定语时可以带助词“的”；而“青年”是名词，不能作谓语，作定语时一般不带“的”。如：

1. 你还年青，来日方长，别着急。

2. 我已经不年轻了，身体不比从前了。

3. 年轻一代比他们的父母思想更活跃。

4. 我年青的时候，一顿饭可以吃六个大馒头。

“年青”和“青年”只用于十几至二十几岁的人，不能用于中老年人，不能用于比较句；“年轻”表相对意义的年纪小，可用于中老年人。“年轻”还可用于事物，表事物产生的时间不长，如年轻的城市、年轻的学校。“年青”不能这样用。又如：

5. 他爸爸虽然五十岁了，可看起来还挺年轻。

6. 我们的听力老师比口语老师年轻。

7. 这是一座年轻的城市，充满了活力。

另外，汉语中有“年青”、“青年”、“年轻”，却无“轻年”，需要注意。

（七）年轻在于心灵

“在于”，动词，表示“由……决定”的意思，指出关键的地方，相当于“决定于”、“靠的是”，主语一般是选择格式或正反格式。如：

1. 一个人的表现在于他的行动而不在于他的语言。

2. 去还是不去在于你自己。

3. 生活是不是幸福，并不在于金钱，而在于人的精神。

4. 考试成绩好不好在于你复习得认真不认真。

“在于”还常用来指出事物的本质和重要之处，相当于“就是”。后面可以跟词、短语，也可以跟句子。如：

5. 人们常说生命在于运动。

6. 我们的困难在于我们没有足够的参考资料。

7. 他成功的关键在于他有一颗勇敢的心。

（八）年轻在于心灵/假如老年人有一颗年轻的心

“心灵”与“心”意义相近，不过，“心灵”是书面语言、文学语言，口语一般不用，一般指人的内心、思想、精神等；而“心”在书面语和口语中通用，既可指内心、思想、精神，还可以指人或动物的器官心脏。如：

1. 孩子们的心灵是纯洁的。

2. 姑娘不仅长得漂亮，心灵也很美。

3. 他看起来好像一点儿也不在乎，心里却很着急。

4. 他的心跳得很快，呼吸也很急。

四 语法学习

(一) 稍远一点儿是清清的麓湖

“稍”,副词,表示程度不高、数量不多或时间不长,多用于书面语;常修饰单音节的动词、形容词,这些词语前后常有不、有点儿、有些、一点儿、一些、一会儿等;“稍”还可以用在少数单音节方位词前,组成稍前、稍后、稍左、稍右。如:

1. 请稍等,他马上就到。
2. 地很滑,稍不注意就摔倒。
3. 这件大衣稍长了一点。
4. 这双鞋更便宜,只是质量稍差。
5. 位置低了,稍高一点儿。

(二) 那蓬勃的朝气,那用不完的精力,常常令我羡慕/时光可以使眼角挂上皱纹,却不能使心灵挂上皱纹

“令”和“使”都是动词,与“叫”、“让”一样,都用于兼语句中,其结构形式是“A令/使B……”,意思是A造成了B出现某种状态或行为。“叫”、“让”可以表示请求、要求、命令,“令”和“使”不这样用;“叫”、“令”后面的B一般是人,“让”、“使”后面的B可以是人,也可以是事物。如:

1. 这个消息真的很令人兴奋。
2. 今天老师给我们讲了一个令人感动的故事。
3. 小张说话吞吞吐吐的,令人着急。
4. 这些问题可以叫小王回答。
5. 老师让大家发表不同意见。
6. 你这样做只会使事情变得更复杂。
7. 听人介绍说,这种洗发水能使人的头发又黑又亮。

(三) 一群年轻男女却兴高采烈地从树丛中、从山里的小道,步行上山去

这个句子是一个比较长的单句,包含了多个状语:却、兴高采烈、从树丛中、从山里的小道、步行。在汉语里,动词前边可以有好几个状语,一般来说,它们按照下面的顺序排列:时间+地点+对象+状态+动词。形容词一般离动词最近,副词多用在介词短语之前,也可以在具体的句子里灵活安排。如:

1. 昨天老师在课堂上又把那个问题详细地讲了一遍。
2. 我们都是去年从首尔跟朋友一起坐飞机来广州的。
3. 现在他也许正在教室里给小明辅导功课呢。
4. 昨天几位老师在休息室里热情地同他交谈。

(四) 作为上了点儿年纪的人,我常常忍不住要说:年轻真好

在这里,“作为+名词短语”用来强调人的身份或事物的某种性质,一般放在句子开头，也可以放在主语之后。如：

1. 作为家长，应该对孩子的一切负起责任。

2. 作为学生，我们的主要任务就是学习。

3. 汽车作为一种便利的交通工具当然有其存在的合理性。

“作为”还可以是动词，意思是“当做”；还可以是名词，意思是成绩、贡献等。如：

4. 我把游泳作为锻炼身体的最好办法。

5. 他将来一定会有很大作为的。

（五）年轻人的笑声格外响亮

“格外”，副词，与“特别”意义相近，都可以作状语，但也有不同：“格外”强调程度非常高，超过了平常，含有“比平时更加”的意思；“特别”表示与其他人或事物比较时，特别突出。如：

1. 今天的天气格外晴朗，人们的心情也格外好。

2. 刚运动完，她的脸红扑扑的，显得格外精神。

3. 刘刚喜欢运动，特别喜欢打篮球。

4. 对于我来说，汉语的四个声调里，第三声特别难。

另外，“特别”是形容词，可以作谓语、状语、定语；而“格外”是副词，只能作状语，不能作谓语、定语。另外，“特别”可以用于后一分句句首，表示更进一步，而“格外”不能这样用。如：

5. 我们送给她一份特别的礼物。

6. 他的这种表达方式确实很特别。

7. 她能做一手好菜，特别是川菜。

（六）即使年轻真好，我们还要说，年轻不是无忧无虑地随意狂欢

“即使”，组成“即使 A，也 B”句式，用来强调结果 B 不受假设情况 A 的影响，一定会出现或发生；A 可以是一种极端的情况。如：

1. 即使明天下雨，我们也要去参加活动。

2. 即使你不告诉我情况，我也会知道的。

3. 即使累死，我也不会叫苦。

4. 即使太阳从西边出来，我也不会答应你。

5. 即使你不知道，也应该告诉我。

（七）假如年轻人未老先衰

“假如”，连词，组成“假如 A，就/那么 B”的句式，根据假设的情况 A，得出结论 B，或提出问题 B，此时，“假如”可以省略。“如果”与“假如”意思相同，可用于口语、书面语，“假如”多用于书面语。如：

1. （假如）有什么问题，就来找我。

2. （假如）小张回来了，就让他到办公室一趟。

3. (假如)你不去,那么谁去?

“假如……”末尾可以加“的话”。如:

1. 假如来得及的话,我想先回家一趟。

2. 假如你不来的话,提前告诉我一声。

“假如……(的话)”可以用于后一小句,此时“假如”不能省略。如:

1. 我明天再来,假如你现在有事。

2. 他今天该到了,假如昨天动身的话。

(八) 比喻

比喻是汉语中一种常用的修辞手法。所谓比喻,就是利用性质不同的两个事物之间在某一方面的相似点来打比方,目的是使道理说得更清楚、语言表达更形象,从而给人鲜明的印象。比喻的语言形式一般是“A 像 B”、“A 是 B”。如:

1. 她笑得像阳光一样灿烂。

2. 他走路简直像蜗牛一样慢。

3. 年轻,是每一年的春天,是每一天的黎明。

4. 年轻,是黎明时刚刚升起的太阳。

5. 年轻,是春风中刚刚开放的鲜花。

(九) 排比句

排比句是汉语中常用的一种句式,它是把三个或三个以上结构相同或相似、语气一致、意思有关系的词组或句子排列成一个整体。排比句句式整齐,结构感强,常用于散文、诗歌中,表达强烈的感情,提高表达效果。如:

1. 这些年轻人有的在划船,有的在湖边散步,有的在草地上坐着。他们或者读书,或者争论问题,或者亲亲热热地谈情说爱。

2. 年轻,是每一年的春天,是每一天的黎明。年轻,是黎明时刚刚升起的太阳。年轻,是春风中刚刚开放的鲜花。

3. 年轻时最富有,年轻时浑身有用不完的精力,年轻时满怀理想和希望,年轻是探索的大好时光,年轻更热爱自然,年轻可以走遍天下。

4. 年轻不是无忧无虑地随意狂欢,不是毫不在乎地虚度光阴,不是不顾后果地为所欲为。

五 练习

(一) 给下列形似字注音组词

稍	从	朴	蓬	折
哨	丛	扑	逢	析

纹	衰	末	虚	令
蚊	哀	未	虑	今

(二) 给下列画横线的字注音

主角	别扭	长辈	为难	兴奋
角度	别人	长度	为了	兴高采烈
朝东走	绝种	提防	假如	欢乐
朝气蓬勃	种地	提包	放假	音乐

(三) 朗读并理解下列词语

精力	智力	能力	活力	想象力	影响力	号召力
欢歌	欢闹	欢送	欢笑	欢迎	欢乐	欢喜
山顶	山坡	山峰	山腰	山洞	山脚	山头
时间	时候	时代	时刻	时期	时机	时光
结果	成果	效果	后果	果实	果树	果汁
青年	中年	老年	少年	童年	幼年	青少年

(四) 给下列句子加上两个以上的状语

1. 她拿出课本。
2. 我打电话。
3. 王军修改计划。
4. 冬冬哭了起来。
5. 我看书。

(五) 将下列词语整理成完整的句子

1. 玛丽和丽莎　在教室里　都　每天　晚上　一起　认真地　学习
2. 我们　同学　班　积极　报名　参加　都　运动会
3. 老师　他　课本　说　拿出　了　完　马上　以后　从　书包里

4. 小张　你　大家　意见　讲　过　把　已经　的　地　了　跟　认真

5. 我们　约翰　为　昨天晚上　在　生日　宿舍　晚会　一个　热热闹闹　了　地　举行

6. 我们　同学　办法　成绩　上来　赶　差　要　想　使　的　尽快

7. 请　老王　到　他　我们　看　比赛　足球　家

8. 让　经历　那　次　玛丽　难忘　喜欢　篮球　的　上　了

9. 喜欢　诚实　小丽　老师们　可靠　都

10. 感谢　来　广州　您　支持　我们　工作　的

(六) 选择正确的词语填空

格外　特别

1. 玛丽今天穿了一件新衣服,样子很________。

2. 他今天________高兴,因为他考取了名牌大学。

3. 这几位学生的英语说得很好,________是小张。

4. 肚子饿了,吃起饭来________香。

衰老　老　虚弱

5. 人总有一天会________,最重要的是应该保持心态的年轻。

6. 他的身体还没完全恢复,还很________,得好好休养一段时间。

7. 他一定遇到很不顺心的事,几天不见,显得很________。

8. 太大的压力和不健康的环境会让人提前________。

年轻　年青

9. 李老师比我妈妈________。

10. 2003年10月,教育管理硕士郑铁军正式成为这所________学校的校长。

11. 你________时不努力学习,将来要后悔的。

(七) 解释下列各组近义词,注意它们之间的区别,然后填空

活跃—活力　容易—轻易　刚刚—刚才　在乎—在意　心灵—心

1. 只要家具的式样好,多花点儿钱他也并不________。

2. 今天开会时小李说了些什么，我没________。

3. 小李是我们班最________的同学。

4. 深圳是一个年轻的、充满了________的城市。

5. 你对这件事还没了解清楚，不能________下结论。

6. 这个词很________写错。

7. 他________还在这儿，现在不知道去哪儿了。

8. 玛丽今年________二十岁。

9. 孩子们的________是最纯洁的。

10. 每次考试，我________里都非常紧张。

（八）用适当的词语填空

1. 年轻人的笑声________响亮。

A. 在于　　B. 特别　　C. 通常　　D. 蓬勃

2. 年轻时精力用不________。

A. 尽　　B. 完全　　C. 全部　　D. 够

3. ________你很年轻，也应当珍惜时光。

A. 如果　　B. 由于　　C. 即使　　D. 无论

4. 一个人不应当只考虑自己的利益，却不________别人的利益。

A. 为　　B. 顾　　C. 论　　D. 为了

5. 如果一个年轻人心灵上有了皱纹，心理上已经衰老，我们就说他是____。

A. 来日方长　　B. 无忧无虑　　C. 虚度光阴　　D. 未老先衰

6. 老年人可以有一颗年轻的心，而年轻人________不应当有一颗衰老的心。

A. 则　　B. 也　　C. 但是　　D. 不过

7. ________人应当充满朝气和活力。

A. 年轻　　B. 年青　　C. 青年　　D. 轻年

8. 批评你的目的就________帮助你改正缺点，不断进步。

A. 在于　　B. 在　　C. 就是　　D. 为了

（九）综合填空

1. 想象力①知识②重要。因为知识是有限的，③我们只有知识，没有想象力，④⑤有再多的知识，⑥不能很好地概括世界的一切，从而推动世界的进步。

① A. 和　B. 比　C. 好比　D. 及

② A. 都　B. 又　C. 更　D. 最

③ A. 即使　B. 假如　C. 可是　D. 尽管

④ A. 所以　B. 却　C. 于是　D. 那么

⑤ A. 假如　B. 不然　C. 即使　D. 虽然

⑥ A. 却　B. 而　C. 可是　D. 也

2. 拥有知识宝库就会①你变成一个富有的人，②学会问就是打开知识宝库的一③钥匙。学会问的目的就④学会动脑筋。⑤你学习时会产生无数的问题，而且你会不知⑥地想把它们弄明白，那么，你就会变成一个勇⑦探索的人，一个真正有学问的人。

① A. 令　B. 被　C. 命令　D. 于

② A. 却　B. 于是　C. 几乎　D. 而

③ A. 条　B. 把　C. 支　D. 片

④ A. 在　B. 为了　C. 在于　D. 就是

⑤ A. 假如　B. 即使　C. 可能　D. 尽管

⑥ A. 疲倦　B. 辛苦　C. 瞌睡　D. 累

⑦ A. 在　B. 于　C. 为　D. 被

（十）请模仿例子用括号里的词语完成句子

1. 他们成功的原因____________________。（在于）

2. ____________________，我也不会同意。（即使……也……）

3. ____________________，还是一个人先走了。（不顾）

4. ____________________，但是却过着简单的生活。（富有）

5. ____，就必须好好学习。（假如）

6. 班长的做法，____。（令）

7. 这只是一件小事，____________________________________。（在乎）

8. 今天累了一天，______________________________________。（格外）

9. 跑完了五千米，______________________________________。（浑身）

（十一）请比较下列三组句子，说说各组句中的“是”有什么不同？并请模仿第二组句子的表达方法用括号里的词造几个句子

1. 年轻是生命中最充满朝气、最活跃的时光。

   年轻是探索的大好时光。

   青年、中年、老年，是人生的不同阶段。

2. 年轻，是每一年的春天，是每一天的黎明。（时间是……）

   年轻，是黎明时刚刚升起的太阳。（知识是……）

   年轻，是春风中刚刚开放的鲜花。（老师是……）

3. 年轻是热情地追求真理，是勇敢地不怕牺牲，是向前进去创造未来。

   年轻不是无忧无虑地随意狂欢，不是毫不在乎地虚度光阴，不是不顾后果地为所欲为。

（十二）模仿“年轻真好”这篇文章的写法，写一篇关于时间的文章，用上以下句式和词语

时间、财富、生命、金钱、知识、虚度、消失、珍惜、宝贵、浪费

是……，是……，是……：不是……不是……；假如……也；不是……，而是……；即使……也

我年轻的时候

我们的父亲总是说：我年轻的时候……

我们的母亲也总是说：我年轻的时候……

翻开陈旧的相册，那发黄的照片证明他们曾经朝气蓬勃、年轻漂亮，与今日那一脸的皱纹相比，年轻本身就是美。

不必费时打扮，不必用金钱购买，年轻就有风采，年轻就有活力，年轻就有热情、有胆量，年轻就有很多的希望、很多的路。

年轻往往心高气傲，天不怕，地不怕，往往自以为了不起，谁都不放在眼里。所以，年轻时难免会摔跤，会碰钉子，甚至摔得鼻青脸肿，碰得头破血流。当我们进入中年和老年的时候，再回头看自己，会觉得幼稚可笑。

尽管幼稚可笑，年轻依然可爱，年轻不怕被别人笑话，年轻容易得到谅解，年轻有机会改正错误，年轻有时间重新开始。

年轻，每个人都会拥有，但却只有一次。年轻不是太阳，今天落下明天又会升起；年轻不是鲜花，今年谢了明年又会盛开。年轻是东去的流水，是划过天空的流星，过去了就不会再来。

常听长者们感叹人生如梦，叹息时光催人老。虽然我们现在还年轻，还不必为如梦的人生而感慨、而叹息，我们还有时间，可以放心地去远征，大胆地去尝试，去经受挫折和失败，去追求理想和希望，去赢得成功和欢笑。然而，青春往往很短促，年轻很容易过去，一不小心，它留给你的，只是无尽的悔恨和遗憾。

若干年之后，当我们满头白发时，面对自己的儿孙，我们也会说：我年轻的时候……

但愿这话里没有虚度青春的悔恨，没有一事无成的遗憾，没有两手空空的悲哀。

咳，我年轻的时候……

(据《演讲与口才》同名文章)

练习

1. 指出文章中的比喻和排比句。
2. 你会把年轻比喻成什么？

第六课　诗歌三首

提示　“爱”是诗歌永恒的主题,也是人们生活的主题。恋人之间、朋友之间都有这种美好的情感。爱,是一起走过日日夜夜;爱,是共同追求的梦想;爱,是一种简单的生活……

一　生词语

1. 舞 wǔ(动)　dance / 跳舞:舞动、飞舞
   >舞台　舞剧　舞曲　舞会
2. 时节 shíjié(名)　season, time / 季节、时候:农忙时节、清明时节
   >时期　时刻　时间　时代
3. 地老天荒 dìlǎo-tiānhuāng　till the end of the world, for all eternity / 也说“天荒地老”,指经历极长时间,作谓语、定语
4. 海角天涯 hǎijiǎo-tiānyá　ends of the earth / 天的尽头,海的尽头,比喻很远的地方,作宾语,常说“天涯海角”
5. 就算 jiùsuàn(连)　given that... / 即使,哪怕
6. 海枯石烂 hǎikū-shílàn　strong-willed and determined (often suggesting ever lasting love) / 直到海水干、石头烂的时候,形容经历极长的时间,多用于誓言,作谓语、宾语
7. 唯一 wéiyī(形)　the only, sole / 只有一个,没有第二个:唯一的选择、唯一的孩子
   唯—惟
8. 真心 zhēnxīn(形)　sincere, heartfelt / 心中对人真实、美好的感情
   >信心　爱心　私心　耐心　热心
9. 心中 xīnzhōng(名)　in one's mind / 心里、内心:心中的爱
10. 灿烂 cànlàn(形)　glitter / 光线、颜色明亮鲜艳:灿烂的阳光、灿烂的笑容
11. 星空 xīngkōng(名)　starry sky / 夜晚有星星的天空:灿烂的星空
12. 平凡 píngfán(形)　commonplace / 普通的,没有特别之处的:平凡的人、平凡的生活
    ⟷伟大

13. 把握 bǎwò(动)　hold, seize / 握住，控制：把握机会

14. 全力以赴 quánlìyǐfù　spare no effort / 用所有的力量去做某件事情，作谓语、状语：放心吧，我们一定全力以赴

15. 风雨 fēngyǔ(名)　wind and rain, the trials and hardships / 风和雨，也比喻困难、痛苦：年轻人应当经风雨，见世面

16. 彩虹 cǎihóng(名)　rainbow / 下雨后，天空中有时出现的一种彩带，有红、黄、蓝七种颜色，比喻美好的东西或成功：一道彩虹

17. 但愿 dànyuàn(动)　I wish that / 只希望，只是希望：但愿能找到他

18. 人间 rénjiān(名)　man's world / 人生活的世界：在人间、人间的欢乐

19. 处处 chùchù(副)　everywhere, in all respects / 各个地方，各个方面
　　≈到处

20. 影踪 yǐngzōng(名)　hide or hair / 人或动物行动时留下的影子、痕迹，又叫"踪影"
　　踪—综

21. 笑容 xiàoróng(名)　smiling expression / 笑时脸上的表情：开心的笑容、露出笑容
　　>怒容　愁容

22. 祝福 zhùfú(动)　wish well / 用语言等形式希望对方平安、幸福：祝福你

23. 与众不同 yǔzhòngbùtóng　be out of the common / 跟大家都不一样，作谓语、定语：他的声音与众不同

24. 开心 kāixīn(形)　feel happy, joyful / 心情好，很愉快：很开心、开开心心
　　≈快乐

25. 心里 xīnli(名)　in the mind / 思想里、头脑里：心里着急、他心里难过
　　>眼里　嘴里　口里　屋里　山里

26. 流动 liúdòng(动)　flow / (液体或气体)从一个地方到另外一个地方：空气流动

27. 若 ruò(连)　if / 如果：你若同意，请告知我
　　若—苦

28. 依依不舍 yīyībùshě　unwilling to part (with loved ones) / 非常舍不得离开，作谓语、状语：他依依不舍地离开了广州

29. 感受 gǎnshòu(名)　feeling / 接触事物后受到的影响：感受很深、强烈的感受
　　≈感觉

30. 飘动 piāodòng(动)　flap / (随风或波浪)飞或移动：迎风飘动、在水中飘动
　　飘—漂　>移动　走动　滑动　流动　滚动

31. 莫名 mòmíng(形)　indescribable / 说不出来、说不清楚的：莫名的感动、莫名的悲哀

32. 单纯 dānchún(形)　pure, merely / 简单、不复杂：思想单纯、生活很单纯、单纯的姑娘
　　←→狡猾

33. 悲哀 bēi'āi(形) sorrowful, grieved / 心里难过、伤心:让人悲哀
哀—衷 ≈悲痛 悲伤

34. 担忧 dānyōu(动) worry / 感到忧虑和不安:不必担忧、为他担忧
忧—优 ≈担心

35. 伤害 shānghài(动) harm, injure / 使身体或精神受到损害:伤害身体、伤害感情、伤害友谊
≈损害

36. 肩膀 jiānbǎng(名) shoulder / 人的脖子两边和胳膊相连部分:肩膀很宽

37. 胸口 xiōngkǒu(名) chest, pit / 指胸前心脏的部位,也说"心口":胸口疼

二 课 文

选 择

风起的日子笑看落花,
雪舞的时节举杯向月。
这样的心情,这样的路,我们一起走过。
希望你能爱我到地老到天荒,
希望你能陪我到海角到天涯, 5
就算一切重来,我也不会改变决定。
我选择了你,你选择了我,
这是我们的选择。

走过了春天走过秋天,
送走了今天又是明天。 10
一天又一天,月月年年,我们的心不变。
我一定会爱你到地久到天长,
我一定会陪你到海枯到石烂。
就算回到从前,这仍是我唯一决定。
你选择了我,我选择了你, 15
这是我们的选择。

真心英雄

在我心中，曾经有一个梦，
要用歌声让你忘了所有的痛。
灿烂星空，谁是真的英雄，
平凡的人们给我最多感动。
5 把握生命里的每一分钟，
全力以赴我们心中的梦，
不经历风雨，怎么见彩虹，
没有人能随随便便成功。

再没有恨，也没有了痛，
10 但愿人间处处都有爱的影踪。
用我们的歌，换你真心笑容，
祝福你的人生从此与众不同。
把握生命里的每一分钟，
全力以赴我们心中的梦，
15 让真心的话和开心的泪，
在你我心里流动。

简单爱

说不上为什么我变得很主动，
若爱上一个人什么都会值得去做。
我想大声宣布对你依依不舍，
连隔壁邻居都猜到我现在的感受。
5 河边的风在吹着头发飘动，
牵着你的手一阵莫名感动。
我想带你回我的外婆家，
一起看着日落，
一直到我们都睡着。

10 我想就这样牵着你的手不放开，
爱能不能够永远单纯没有悲哀。

我想带你骑单车，
我想和你看棒球，
像这样没担忧唱着歌一直走。

15　我想就这样牵着你的手不放开，
爱可不可以简简单单没有伤害。
你靠着我的肩膀，
你在我胸口睡着，
像这样的生活我爱你你爱我。
20　想简简单单爱……

三　重点词语学习

(一) 雪舞的时节举杯向月

"时节"，名词，指季节或从事某种工作或活动的时候。如：

好时节　这个时节　清明时节　深秋时节　收获的时节

1. 春天是旅游的好时节。
2. 下雪的时节，这里的风景非常美。
3. 中秋时节，是月亮最圆最亮的时候。

(二) 这仍是我唯一决定

"唯一"，形容词，意思是只有一个，没有别的。多作定语，有时也可以作谓语。如：

1. 这是你唯一的选择，没有别的选择了。
2. 这是她做出的唯一正确的决定。
3. 姐姐是她唯一的亲人。
4. 这种情况在我们公司是唯一的。

(三) 在我心中，曾经有一个梦 / 让真心的话和开心的泪，在你我心里流动

"心里"和"心中"都可以指头脑里、思想里，可以作主语、宾语、状语、定语。经常可以互换，但也有不同：作"说"、"想"等的状语时，多用"心里"表示自己的想法、看法或者心理活动；"心里"还可以指胸口里面或心情，"心中"不能；"心中"还表示对事物原来就有的想法，"心里"不能；"心里"可以组成"说心里话"，"心中"不能。如：

1. 你说的话我一定记在心中。

2. 我心中的广州不是这样的。

3. 这几天小王心里想着很多事。

4. 我心里有些不舒服,想去看医生。

5. 听她说了这些话,我心里好多了。

6. 说句心里话,我很喜欢这本书。

(四) 灿烂星空,谁是真的英雄

"灿烂",形容词,形容光线、颜色明亮鲜艳,常用于阳光、灯光、笑容,也可以形容前途光明。可以作定语、谓语、状语、补语。如:

1. 今天阳光灿烂,万里无云。

2. 祝愿你万事如意,前途灿烂。

3. 站在领奖台上,姑娘们露出了灿烂的笑容。

4. 校园里的玉兰花开得很灿烂。

5. 她笑得很灿烂。

(五) 平凡的人们给我最多感动

"平凡",形容词,普通的,没有特别之处的。经常作定语、谓语。如:

1. 我是一个平凡的人,只有平凡的经历。

2. 她的工作很平凡,没有什么特别的。

3. 平凡的事业也可以让你变得很伟大。

4. 平凡的人生也是有意义的。

(六) 把握生命里的每一分钟

"把握"在这里作动词,表示握住、控制,对象常常是命运、规律、技巧、未来等抽象的事物。它还有用手拿、握住某个东西的意思。如:

1. 做事情的时候要学会把握规律。

2. 如果人们能把握好机会,就更容易在生意上成功。

3. 男女之间交往时要注意把握分寸。

4. 开车的时候要注意把握好方向盘。

"把握"还可以作名词,表示成功的根据,可靠性。如:

5. 我有把握做好这件事。

6. 小张做什么都很有把握,真厉害。

(七) 但愿人间处处都有爱的影踪

"但愿",动词短语,常用于表达愿望、希望,与"愿"的意义和用法都差不多,常带主谓短语作宾语。如:

1. 但愿你的理想能实现。

2. 但愿社会变得更加美好。

3. 但愿人间不再有悲哀。

但这两个词语也有不同:"愿"常表示对将来美好的希望和祝愿,多用于第二人称和第三人称,一般不用于自己,一般也不用于否定句。"但愿"也表示希望好的结果,同时也担心很可能会出现不好的结果、不希望出现的结果,可以用于自己,也可以用于否定句。如:

4. 愿您健康快乐。

5. 这次考试很难,但愿我能及格。

6. 这么晚他还没回来,但愿他别出事。

(八) 连隔壁邻居都猜到我现在的感受

"感受"在这里是名词,表示接触事物后形成的感想或受到的影响,跟"感觉"一样都可以受"强烈"、"一种"修饰。但"感觉"主要指客观事物的特点性质在人脑中引起的反应。"感受"还常跟深、多、一番搭配,"感觉"常跟准确、对、错搭配。如:

1. 你最好的朋友拿了冠军,你有什么感受?

2. 经历了这些事,我的感受很深。

3. 我有一种很强烈的感受,是改革开放带来了家乡的变化。

4. 我有一种强烈的感觉,晚上一定会有什么事发生。

5. 我感觉头疼,胸口不舒服。

6. 你的感觉很准确,果然是他。

"感受"跟"感觉"一样,都可以作动词,但"感觉"强调的是心里觉得,"感受"强调的是接触和接受。"感受"的宾语一般是名词性短语,"感觉"的宾语一般是形容词短语或句子形式。如:

7. 吃了药以后,病人感觉舒服多了。

8. 我怎么感觉这么热? 开空调吧。

9. 和王经理一起工作,你可以感受到他的真诚和友好。

10. 去广州工作,我才感受到了工作的压力。

11. 我很想去西藏,感受一下青藏高原的魅力。

(九) 爱能不能够永远单纯没有悲哀 / 爱可不可以简简单单没有伤害

"单纯"和"简单"都是形容词,常作定语和谓语。都可以形容人和人的思想,但意思有所不同:"单纯"强调人的思想品质纯正单一,"简单"强调不复杂或者不善于思考问题。如:

1. 梅梅是一个单纯、活泼的小姑娘。

2. 他太单纯了,容易上当受骗。

3. 他是一个头脑非常简单的人,做事从来不考虑后果。

都可以形容事物,但"单纯"多形容想法、生活、事物等单一的,只涉及一个方面;"简单"主要指事物不复杂、不难,容易理解、使用或处理。如:

4. 学校里的生活很单纯,没有社会上那么复杂。

5. 我喜欢简简单单的生活,有吃有住就行了。

6. 请你把那里的情况简单地告诉我,好吗?

(十) 爱能不能够永远单纯没有悲哀

"悲哀",形容词,形容心里难过伤心,常作谓语、定语、状语。如:

1. 听到他遇到车祸的消息,我感到十分悲哀。
2. 看到她悲哀的样子,我也很难过。
3. 刘力悲哀地说:"我实在受不了了。"

"悲哀"还可以作宾语,表示由于某种原因而引起的遗憾、难过。如:

4. 世界上如果没有悲哀,人们的生活就快乐多了。
5. 她的心里只剩下悲哀、悔恨,非常难过。

(十一) 爱可不可以简简单单没有伤害

"伤害",动词,表示使身体或者精神受到损害,可以和动物、人、身体、感情、友谊等搭配,常作谓语,也可以作宾语。如:

1. 小鸟也是有生命的,你不能伤害它们。
2. 不要伤害朋友之间的感情。
3. 这样的教育方式不好,会使孩子幼小的心灵受到伤害。

四 语法学习

(一) 构词法(1):偏正式

汉语里有一些双音节词语,前后两个语素之间是修饰和被修饰的关系,整个词义是以后一个语素为主的。这可以分成两类:

名词性的,有点像定语跟中心语的关系。如:

冰箱　汽车　红色　毛衣　秋天　药房　患者　笑容　游人　老人

谓词性的,有点像状语跟中心语的关系,可以分为动词和形容词两类。如:

动词:苦笑　欢呼　热爱　深思　富有　短跑　微笑　重视　欢迎

形容词:火红　雪白　难看　粗心　鲜红　冰凉　笔直　飞快

这样的构词方式叫偏正式,名词性的偏正式也叫定中式,谓词性的偏正式也叫状中式。

(二) 送走了今天又是明天 / 一天又一天,月月年年,我们的心不变

"又",副词,第一个"又"用在动词"是"的前面,表示重复或继续;第二个"又"的前后重复同一个"一+量词",强调数量多。如:

1. 夏天到了,又可以去海边游泳了。
2. 我想了又想,还是不明白他说的是什么意思。
3. 今天这本书她看了一遍又一遍。
4. 一只又一只的蝴蝶在花园里飞来飞去。

“又”还可以表示两个动作反复出现、几种情况或性质同时存在，还可以加强否定或反问语气。如：

5. 他站起来又坐下，刚坐下又站起来。

6. 比赛马上就要开始了，王强又紧张又兴奋。

7. 我又没说你，你生什么气？

8. 你这样做，又能解决什么问题呢？

（三）就算回到从前，这仍是我唯一决定

“就算”，副词，多用于口语，组成“就算……，也/还……”的句式，表示在某种特别的情况下，结果也不会改变，有强调的作用，相当于“即使”。如：

1. 这本书太有意思了，今晚我就算不睡觉也要读完它。

2. 就算你成功了，也不能骄傲。

3. 明天我要去爬山，就算下雨我也要去。

4. 有了理想就应该去追求，就算有很多困难也不应该放弃。

（四）把握生命里的每一分钟/全力以赴我们心中的梦

“里”和“中”都可以放在名词后，表示具体的物体、处所内部或抽象的范围以内；也可以放在时间词语之后，表示在一定的时间之内。如：

客厅里　剧场里　商场里　水里　山里　眼里　咖啡里

手中　书中　电脑中　家中　心中　生活中　记忆中　话语中

1. 在过去的一年里，她拍了三个广告。

2. 老师要我们写一篇作文“假期里的一件事”。

“里”还可以用在单位、机构名词之后，既可以指机构、单位本身，也可以指机构、单位所在的处所。如：

县里　厂里　公司里　单位里　医院里

3. 他是我们医院里最受病人欢迎的医生。

4. 我住在医院里。

“中”还可以用在表示人的名词之后，表示范围；用在动词和形容词之后，表示过程或状态，如：朋友中、教师中、年轻人中、讨论中、研究中、手术中、调查中、痛苦中。又如：

5. 在我的朋友中，小雨跟我关系最好。

6. 比赛还在进行中。

（五）人间处处都有爱的影踪

“处处”跟“到处”一样，都表示每一个地方，作状语。但“处处”主要表示范围内所有的地方都是这样，使用时前面一般出现表示地点范围的词语；“到处”主要表示所有地方都包括在内，使用范围较广。如：

1. 春节期间，火车站处处都是人。

2. 校园里处处都开满了花，很漂亮。

3. 小张整天到处奔跑，很累。

4. 不要到处扔垃圾。

"到处"还可以指人身体的各个部位，"处处"还可以指事物的各个方面。如：

1. 她手上、脸上到处都是泥。

2. 小李身上到处都是血。

3. 刚到新单位，要处处小心。

4. 父母处处关心他，但他还是不开心。

（六）若爱上一个人什么都会值得去做

"若"，连词，表示假设，相当于"如果"，用于主语的前面或后面。多用于书面语。如：

1. 若你想来深圳，就给我打电话吧。

2. 若你希望自己的人生有意义，就要努力工作。

3. 你若再坚持下去，就一定能成功。

4. 大家若不同意，就算了。

（七）一起看着日落 / 一直到我们都睡着

这两个"着"都用在动词后边，但读音和意思都不同。第一个"着"，读"zhe"，表示动作行为的持续，如：墙上挂着一张画、妈妈拉着孩子的手、那个人一直在看着我。第二个"着"读"zháo"，表示动作行为已实现目的，如：东西已经找着了、书买着了、蜡烛点着了。

五 练 习

（一）辨析下列形似字并注音组词

枯	烂	情	唯	恨	处
估	拦	清	维	很	外
飘	优	纯	膀	若	但
漂	忧	吨	傍	苦	担

（二）朗读下列词语，观察其组成方式并仿照所给词语组词

信心 爱心 良心 ________ ________ ________

家里　屋里　书里　__________　__________　__________

水中　风中　雨中　__________　__________　__________

移动　走动　滑动　__________　__________　__________

(三) 给下列句中画线词语选择适当的义项

1. 就算回到从前,这仍是我<u>唯一</u>决定。

   A. 只有　B. 一个　C. 仅有的一个　D. 结果

2. 希望你能陪我<u>到海角到天涯</u>。

   A. 到海边和天边　B. 到海里和天上　C. 到很远的地方　D. 到永远

3. 她的人生是<u>不平凡</u>的。

   A. 伟大　B. 平静　C. 不一样的　D. 不好的

4. 我们要<u>把握</u>生命里的每一分钟。

   A. 拿住　B. 握住　C. 抓住,利用好　D. 拿着

5. 雪舞的<u>时节</u>举杯向月。

   A. 时期　B. 时候　C. 节日　D. 季节

6. 他们谈了很久,才<u>依依不舍</u>地离开,回到自己的家里。

   A. 开心　B. 不开心　C. 非常舍不得　D. 依然

7. <u>若</u>爱上一个人什么都会值得去做。

   A. 如果　B. 像……一样　C. 因为　D. 即使

8. <u>就算</u>回到从前,这仍是我唯一决定。

   A. 要是　B. 如果　C. 即使　D. 算了

9. 不经历<u>风雨</u>,怎么见彩虹,没有人能随随便便成功。

   A. 大风和大雨　B. 困难和痛苦　C. 刮风和下雨　D. 风中雨中

10. 再没有恨,也没有了痛,但愿人间<u>处处</u>都有爱的影踪。

   A. 好处　B. 处理　C. 到处　D. 相处

11. 他们一起生活了一天又一天，一年又一年。

A. 加强否定或反问语气　　B. 表示数量多

C. 表示几种情况同时存在　　D. 表示两个动作反复出现

12. 你要注意休息，如果累坏了，事业成功了又能怎么样？

A. 加强否定或反问语气　　B. 表示数量多

C. 表示几种情况同时存在　　D. 表示两个动作反复出现

（四）选择恰当的词语填空

看上　喜欢上　走上　说上　过上　选上　坐上　碰上

1. 我和朋友还没________三句话，老王就给我打电话了。
2. 那位美丽的姑娘和那位能干的小伙子________了幸福的生活。
3. 今天我在路上________一位老朋友。
4. 我刚________车，就下雨了。
5. 昨天我朋友去公园玩儿，________了附近的一座房子，想买下来。
6. 因为常常和玛丽一起学习，汤姆________了这个聪明漂亮的姑娘。
7. 小李被________了学生会主席。
8. ________台阶，你可以看见一座漂亮的假山。

时节　唯一　灿烂　平凡　把握　全力以赴　祝福

9. 玛丽各方面都不错，________不好的是有点儿骄傲。
10. 我们阅读文章要善于________重点。
11. 端午________，这正是中国农民最忙的时候。
12. 我们都是________的人，没有特别的地方。
13. 事情到了关键时候，我们需要________才能做好。
14. 姐姐结婚了，我真心地________他们幸福。
15. 今天阳光________，正是春游的好时机。

(五)辨析下列近义词,并选择恰当的词语填空

单纯　简单

1. 约翰的思想比较________,不会欺骗别人。
2. 这件事比较________,不难办。
3. 工作不能________追求数量,还要保证质量。
4. 玛丽真不________,一个人能做好那么多事。

感受　感觉

5. 今天我身体不舒服,________难受。
6. 在这里工作,你可以________到真诚的人际关系。
7. 这件事给我的________就是勤奋的人一定会成功。
8. 没有人和她说话,玛丽________很寂寞。

心里　心中

9. 说________话,我不喜欢她做事的方式。
10. 在中国人的________,春节是很重要的。
11. 我________想,要是我能到中国学习就好了。
12. 我觉得________发慌,很难受,要赶快吃药。

处处　到处

13. 他是个老实人,别________为难他。
14. 刘先生摔倒了,身上________都是水。
15. 要保管好自己的东西,不能________乱扔。
16. 李老师对学生很好,________关心学生。

里　中

17. 昨天省________的领导来我校指导工作了。
18. 春天到了,空气________到处是花的香味。
19. 我们在讨论________找到了解决问题的最好办法。
20. 他从书包________拿出一本书给我。

（六）给括号里的词语选择合适的位置

1. 他们 A 离别之前,B 谈了很久,C 才 D 离开。(依依不舍)
2. A 任何人 B 都有缺点,C 最优秀的人 D 也一样。(就算)
3. A 人间 B 都 C 有 D 真诚的感情。(处处)
4. A 他 B 生病了,C 他 D 会好起来。(但愿)
5. A 你 B 来我家玩儿,C 给我 D 打电话。(若)
6. 我们 A 没有别的 B 办法,这 C 是我们 D 的选择。(唯一)
7. 麦克尔 A 的朋友 B 去世了,他觉 C 得很 D。(悲哀)
8. 男朋友 A 离开了 B,她感到 C 一种 D 的心痛。(莫名)
9. 他看 A 了这辆汽车 B,想 C 买 D 回去。(上)
10. 过了 A 一天 B 一天,他们的日子 C 总是 D 很平静。(又)

（七）用括号里的词语改写下列句子

1. 如果你很骄傲,即使你很优秀,别人也不喜欢你。(就算)
2. 如果你需要帮助,可以打电话给我。(若)
3. 我只希望你的生活充满阳光,充满幸福。(但愿)
4. 为了做好自己的工作,我打算今后要尽所有的力量工作。(全力以赴)
5. 即使你在很远很远的地方,我的心永远和你在一起。(海角天涯)
6. 老张只有一个爱好,那就是听京剧。(唯一)
7. 看了这个故事以后,我觉得有一种说不出来的悲哀和失望。(莫名)
8. 她的人生不能说有很大成就,但是也很充实。(说不上)

（八）给下列句中的“着”注音,并说明其意义

1. 你就在这儿呆着别动。
2. 他的地址我已经问着了。
3. 芳芳正睡着呢,别吵醒她。

4. 我刚睡着,就被他吵醒了。

5. 前面站着的那个人就是张老师。

(九) 用括号里的词语完成句子

1. ______________________________,你一定要告诉我。(若)

2. 读了这篇文章,______________________________。(感受)

3. ______________________________,没人接。(一次又一次)

4. 这场病______________________________。(伤害)

5. 明天是奶奶的生日,______________________________。(祝福)

6. 他对人很好,______________________________。(处处)

7. 听说票很难买,______________________________。(但愿)

8. 我对这件事情不感兴趣,______________________________。(就算)

(十) 综合填空

阅读优秀的诗歌,可以让你从文字中__①__到作者的心灵。欢乐也好,__②__也好;简单也好,复杂也好;__③__也好,暗淡也好;那都是诗人内心的表达。你可以和诗人一起欢乐,一起歌唱,一起难过……。__④__你不能__⑤__到作者的思想感情,你也还可以按照自己的思想去阅读。即使这些你都做不到,你也会在阅读中变得可爱,因为阅读诗歌可以使人变得__⑥__。读诗是一种高贵的精神选择。

① A. 感受　B. 感觉　C. 感情　D. 感想

② A. 快乐　B. 悲哀　C. 伤害　D. 漂亮

③ A. 美丽　B. 平凡　C. 灿烂　D. 难过

④ A. 由于　B. 无论　C. 因为　D. 就算

⑤ A. 掌握　B. 握住　C. 具有　D. 把握

⑥ A. 简单　B. 单纯　C. 孤单　D. 单调

我想有个家

我想有个家，一个不需要华丽的地方，
在我疲倦的时候，我会想到它。
我想有个家，一个不需要多大的地方，
在我受惊吓的时候，我才不会害怕。

谁不会想要家，可是就有人没有它，
脸上流着眼泪，只能自己轻轻擦。
我好羡慕他，受伤后可以回家。
我只能孤单地孤单地寻找我的家。

虽然我不曾有温暖的家，
但是我一样渐渐地长大，
只要心中充满爱，就会被关怀。
无法埋怨谁，一切只能靠自己。

虽然你有家，什么也不缺，
为何看不见你露出笑脸，
永远都说没有爱，整天不回家。
相同的年纪，不同的心情，让我拥有一个家。

练习

1. 听这首歌的录音，背诵这首歌。
2. 请说说这首歌表达了什么内容。

第七课　狡猾的杜鹃鸟

提示　人们通常认为杜鹃是益鸟，它吃害虫，能保护树木。可是，你知道吗？杜鹃鸟的品质很坏，它不仅十分狡猾，而且非常狠毒。应该怎样看待充满矛盾的杜鹃鸟？应该怎样看待充满矛盾的人和事物？

一、生词语

1. 狡猾 jiǎohuá（形）　sly, tricky / 坏主意多，不老实：很狡猾、狡猾的狐狸
   ⟷老实　猾—滑
2. 养育 yǎngyù（动）　nurture / 照顾动植物，使之很好成长：养育孩子
3. 筑巢 zhù//cháo　built nest / 建造鸟的窝：正在筑巢、筑巢的小鸟
4. 孵 fū（动）　hatch / 使鸟类的蛋在适当的温度下变成小鸟：孵蛋、孵小鸡
5. 繁殖 fánzhí（动）　reproduce, breed / 动植物产生新的一代：繁殖下一代、繁殖能力
   殖—值
6. 产 chǎn（动）　give birth to / 人生出小孩或动物生出小动物或卵：产蛋
   >产子　产妇　产房
7. 暗暗 àn'àn（副）　secretly / 不显露出来、不让人知道：暗暗高兴、暗暗喜欢
   ≈悄悄　偷偷
8. 注视 zhùshì（动）　look / 注意地看，关注：注视前方、注视着窗外
9. 等待 děngdài（动）　wait, await / 不行动，直到想见的人或估计会出现的事物或情况出现：等待好消息、等待奇迹
10. 衔 xián（动）　hold in the mouth / 用嘴含着：嘴里衔着、衔在嘴里
    衔—街
11. 敏捷 mǐnjié（形）　quick, nimble / 迅速而灵活：动作敏捷、思维敏捷
12. 美食 měishí（名）　fine food / 精美、好吃的饮食：一种美食、美食家
13. 吞 tūn（动）　swallow / 整个或成块地咽下去：吞下去、吞进肚子里、吞东西
    ⟷吐

14. 不知不觉 bùzhī-bùjué　unconsciously / 没有感觉到、意识到，作谓语、状语：不知不觉我来广州已经一年了

15. 惊人 jīngrén（形）　stonishing / 使人吃惊：惊人的本领、力气大得惊人

>吓人　喜人　动人

16. 壳 ké（名）　shell / 硬的外皮：蛋壳、外壳、硬壳

壳—壶

17. 花纹 huāwén（名）　decorative pattern / 各种条纹和图形：漂亮的花纹

18. 辨别 biànbié（动）　differentiate / 分清事物的特点，加以区别：难以辨别

辨—辩—辫　≈区别　分别

19. 发育 fāyù（动）　grow / 生物逐渐生长成熟：生长发育、发育得很好

20. 啄 zhuó（动）　peck at / 鸟用嘴取食或攻击：啄食、啄米、啄光了

啄—逐

21. 羽毛 yǔmáo（名）　feather / 鸟类身体表面所长的毛：一根羽毛、羽毛丰满

22. 光 guāng（动）　bare, naked / 露出（身体）：光着身体、光脚

23. 喂养 wèiyǎng（动）　feed / 给幼儿或动物东西吃，并照顾其生活：喂养婴儿、喂养小鸡

24. 丰满 fēngmǎn（形）　full, plump / 充足，（身体）胖得匀称好看：很丰满、身材丰满

25. 生母 shēngmǔ（名）　one's own mother / 生身母亲

⟷养母

26. 远走高飞 yuǎnzǒu-gāofēi　be off to distant parts / 远远地离开，到别的地方，作谓语：孩子长大了，要远走高飞了

27. 出世 chūshì（动）　be born / 出生：还没出世、刚出世

28. 排挤 páijǐ（动）　push aside / 利用手段方法使不利于自己的人失去地位或利益：受排挤、排挤别人

≈排斥

29. 幼 yòu（形）　young / 小、未成年的：幼苗、幼虫、幼年

>幼鸟　幼儿　幼童

30. 掀 xiān（动）　lift / 使盖在物体上的东西向上离开：掀被子、掀起盖子

31. 振动 zhèndòng（动）　vibrate /（物体）在原地不断地来回震动：振动大

32. 无情 wúqíng（形）　merciless / 没有感情：这么无情、对他无情

⟷有情

33. 清除 qīngchú（动）　get rid of / 扫除干净，全部除掉：清除害虫、清除掉

34. 独自 dúzì（副）　alone, by oneself / 自己一个人：独自一人、独自在家

≈单独

35. 占有 zhànyǒu（动）　hold / 掌握，拥有：占有大量土地、占有很多资料

>具有　拥有

36. 通常 tōngcháng(形)　general / 一般，平时：通常不会迟到、通常来看、通常的情况
≈经常　往往

37. 益鸟 yìniǎo(名)　beneficial bird / 对人类有好处的鸟：益鸟吃害虫
⟷害鸟

38. 凄惨 qīcǎn(形)　miserable / 凄凉、悲惨：凄惨的歌声、生活很凄惨

39. 愁思 chóusī(名)　melancholy / 忧愁的心情：诗人的愁思

40. 诗人 shīrén(名)　poet / 写诗的人：伟大的诗人、一位诗人
>军人　工人　商人　游人

41. 描写 miáoxiě(动)　describe / 用语言文字表现事物：描写人、描写景色

42. 善良 shànliáng(形)　kindhearted / 心好：很善良、善良的姑娘

43. 品质 pǐnzhì(名)　quality / 思想、认识、性格的本质：品质很好、道德品质
≈品德

44. 恶劣 èliè(形)　very bad / 很坏：恶劣的行为、品质恶劣

45. 坏蛋 huàidàn(名)　scoundrel / 坏人：他是个大坏蛋

46. 评价 píngjià(动)　appraise / 评定人或事物的好坏、水平的高低：作出评价、评价很高
≈评论

47. 厌恶 yànwù(动)　detest, be disgusted with / 不喜欢：令人厌恶、厌恶别人
≈讨厌

二　课　文

杜鹃(dùjuān/cuckoo)养育儿女，与众不同。它不筑巢，不孵蛋，不养育幼鸟，但是它并没有绝种。原来杜鹃在繁殖期间，就事先找好别的鸟巢，如黄莺(huángyīng/oriole)、云雀(yúnquè/skylark)等鸟的巢，作为自己产卵的“产房”。然后它每隔几天就暗暗地到这些巢的附近，静静地注视四周，并做产蛋的准备。有时要等待几个小时，等到巢中的鸟飞走时，它就迅速地飞进去，用嘴衔住巢中的鸟所产的一个蛋，生下自己的一个蛋。它的这些动作很敏捷，不到一分钟的时间就做好，然后又很快把偷的蛋带着飞走，作为美食吞进肚里。杜鹃有时把蛋产在地下，然后用嘴衔起来放到其他鸟的巢里。这样，别的鸟在孵蛋时，也就不知不觉地把杜鹃的蛋一起代孵了。

杜鹃产蛋具有十分惊人的模仿本领，寄主鸟(host bird)产什么颜

色的蛋，它就产什么颜色的蛋，不仅蛋的大小与寄主鸟的相似，就连蛋的颜色与蛋壳上的花纹也相似，寄主鸟很难辨别。

杜鹃的蛋发育很快，往往会比寄主鸟的蛋提前孵出。只要十三天

15 左右，小杜鹃就会啄破蛋壳出来。它这时羽毛没长好，光着身体，两眼没睁开，两腿不会走路，全靠寄主鸟喂养。小杜鹃生长很快，只要十天羽毛便丰满了，这时它的身体就比喂养它的鸟还要大些，再过几天，它就被在附近活动的生母带着远走高飞了。

小杜鹃出世后大约十小时，就有一种特殊的本领，它会排挤和破

20 坏同巢中的幼鸟和蛋。它发现巢中有蛋时，就在蛋的一边轻轻地做着动作，把蛋挤到自己的背上，然后抬起身体，把背上的蛋掀到巢外，使它掉到地下摔碎。如果巢中有了别的幼鸟，它就到这幼鸟的身下，把幼鸟背到身上，然后站直两脚，慢慢挨到巢边，不停地振动小翅膀和身体，无情地把那只可怜的幼鸟摔出巢外。这样将巢里所有的蛋和幼

25 鸟都清除掉，小杜鹃就可以独自占有鸟巢，享受“母亲”的喂养了。

通常，在人们看来，杜鹃是益鸟，它爱吃松毛虫，能保护松树(sōngshù/pine tree)。另外，杜鹃的叫声十分凄惨，能引起人的愁思，因此，常常是诗人描写的对象。在诗人的眼里，杜鹃是一个善良的、令人同情的形象。然而，本文所描写的杜鹃却是个品质十分恶劣的、令人讨厌的

30 坏蛋，而这种描写又是真实的、科学的。那么，究竟该如何评价这充满了矛盾的杜鹃呢？是该喜爱它还是厌恶它？

(据《语文月刊》同名文章)

三 重点词语学习

(一) 静静地注视四周

“注视”，动词，表示注意地看，作谓语。如：

1. 她坐在角落里，密切注视着四处所发生的一切。
2. 老杨眼睛注视着远处，双手紧握，显得十分激动。
3. 我感觉到他在注视着我，心里突然有些紧张。

(二) 它的这些动作很敏捷，不到一分钟的时间就做好

“敏捷”，形容词，跟“迅速”一样，都可以形容人或动物的行动速度快。“敏捷”有灵活的意思，常与显得、看起来等搭配，如果只表示速度快而不表示灵活的时候，不可以用“敏捷”。另外，“敏捷”也可以用来形容思维，但不用于事物。而

"迅速"只是表示速度快、动作快,不可以形容思维,可以用于事物。如:

1. 麦克在篮球场上显得十分敏捷。
2. 他虽然已经70多岁了,但思维仍然十分敏捷。
3. 近几年来,森林旅游业发展十分迅速。
4. 20世纪90年代以来,世界科学技术得到了迅速的发展。

(三) 这样,别的鸟在孵蛋时,也就不知不觉地把杜鹃的蛋一起代孵了

"不知不觉",成语,表示没有意识到,没有觉察到,现在多指未加注意。常组成"在不知不觉中"、"不知不觉中",作状语,也可以单独使用。如:

1. 时间过得好快,在不知不觉中,三个月已过去了。
2. 我发现自己不知不觉中朝着动物园的方向走去,只好赶快换个方向,奔向商场。
3. 好的学习方法会带你不知不觉地走向成功。
4. 不知不觉,我已经来到广州一年多了。
5. 不知不觉2009年就过去了。

(四) 杜鹃产蛋具有十分惊人的模仿本领

"惊人",形容词,表示使人吃惊,常作谓语、定语、补语。如:

1. 现在油价浮动的速度实在惊人。
2. 汽车以惊人的速度向大桥冲过去。
3. 这只幼虎长得很快,食量大得惊人。

(五) 就连蛋的颜色与蛋壳上的花纹也相似,寄主鸟很难辨别

"辨别"和"区别"意思差不多,都表示根据不同事物的特点,认识它们不同的地方,但也有不同:"辨别"主要表示把很接近的事物分开来、弄清楚;"区别"主要表示比较事物之间的差异,找出不同的地方。"辨别"是动词,一般作谓语;而"区别"是动词,又是名词,还可以作主语或宾语。常说辨别一下、辨别出(来)、区别开来,不能互换。如:

1. 请你辨别这两个孩子哪个是姐姐,哪个是妹妹?
2. 由于职业的习惯,他能很快从人群中辨别出小偷。
3. 动词和形容词的用法有很多相似的地方,我很难将它们区别开来。
4. 这两个词在意义上有什么区别?

(六) 它这时羽毛没长好,光着身体,两眼没睁开

"光",在这里是动词,表示露出身体。如:

1. 那个小孩儿光着脚在院子里跑来跑去。
2. 一些男人喜欢在公共场合光着上身,这是不文明的行为。

"光"还可以作名词,表示光线。可以与其他的词构成词语,如:阳光、月光、灯光等,也可以单独使用。如:

3. 教室里的光太暗了,把灯打开吧。

"光"还可以作副词,表示"只",多用于口语。如:

4. 事情这么多,光我一个人怎么能干得完?

5. 光着急有什么用? 赶快想个办法吧。

"光"还可以作形容词,表示物体表面又平又滑,也常与"滑"组成"光滑"。如:

6. 地面很光,小心滑倒。

7. 这张桌子表面很光滑。

"光"作形容词还可以表示一点儿也没有了,常用在动词之后作补语。如:

8. 昨天,他把钱全都花光了。

9. 孩子们把蛋糕都吃光了。

(七) 不停地振动小翅膀和身体,无情地把那只可怜的幼鸟摔出巢外

"无情",形容词,表示没有感情或不留情。如:

1. 我不是一个无情的人,但是这件事我真的帮不了你。

2. 想想看,她竟然说出这样无情的话!

3. 水火无情,这场大火夺去了二十多个人的生命。

(八) 这样将巢里所有的蛋和幼鸟都清除掉

"清除",动词,表示用方法或手段全部除掉或扫除干净,常带宾语和补语。"清除"的对象多是事物或人,主语可以是人,也可以是其他事物。如:

1. 嚼口香糖可以清除牙齿里的脏东西。

2. 新领导上任以后,清除了公司里靠关系进来而又能力很差的员工。

3. 你们几个负责将这些垃圾清除干净。

(九) 本文所描写的杜鹃却是个品质十分恶劣的、令人讨厌的坏蛋

"恶劣",形容词,形容非常坏,多跟双音节词配合使用,可以作定语、谓语,也可以被程度副词修饰。如:

1. 他的话消除了给她留下的恶劣印象。

2. 由于天气恶劣,我们无法准时到达那里。

3. 这些工作人员的服务态度非常恶劣。

(十) 究竟该如何评价这充满了矛盾的杜鹃呢?

"评价"表示分析评定人或事物的好坏、水平的高低,可以作谓语、主语、宾语;一般与高度、公正、全面、合理、很高、很好、一种、一个等词语搭配。如:

1. 如何评价杜鹃,每个人都有自己的看法。

2. 我们是根据工作表现来评价一个员工的。

3. 读者们对他的新书评价很高。

4. 对于他这种恶劣的品行,我不想再多做任何评价。

5. 我认为对他的这种评价是不公平的。

（十一）是该喜爱它还是厌恶它？

“厌恶”，动词，表示不喜欢，多用于书面语；作谓语，还可以作状语。如：

1. 这种行为令人厌恶。
2. 他厌恶地看着眼前发生的事。
3. 我厌恶地看了他一眼，一句话没说就走了。

四　语法学习

（一）然后它每隔几天就暗暗地到这些巢的附近

“暗暗”和“悄悄”都表示不让人发现，作状语。但“暗暗”表示心理活动、感情变化在内心进行，不表现出来，常修饰表示心理和感情的词语。“悄悄”主要表示声音小或动作轻，目的是为了不影响、不干扰别人或不引起别人的注意。如：

1. 看到这种情况，我暗暗吃了一惊。
2. 他完全相信了我的话，我心里暗暗高兴。
3. 其他同学还在考试，玛丽做完了试题，悄悄地离开了教室。
4. 图书馆很安静。我悄悄地走进去，找了个座位坐下。

（二）它就迅速地飞进去，用嘴衔住巢中老鸟所产的一个蛋

“所”，助词，用在能带宾语的动词前，组成“所+动词”短语，其作用相当于一个名词，多用于书面语。如：

1. 这也正是我们所关心的问题。
2. 我所知道的情况并不多。
3. 经过一段时间的学习，大家的汉语水平都有所提高。
4. 回来以后，要把自己的所见所闻写下来。

（三）杜鹃有时把蛋产在地下 / 它就到这幼鸟的身下，把幼鸟背到身上

这两个句子都是“把”字句。当表示某个确定的人或事物，因为某动作而发生位置的移动或关系的变化时，一般都要用“把”字句，句式是“把+名词+动词+在/到/给……+处所”。如：

1. 他们把书放在桌子上就走了。
2. 他马上把这个孩子送进了医院。
3. 看完后，请把书放回原处。
4. 我把书借给大明了。

（四）这样将巢里所有的蛋和幼鸟都清除掉

“将”在这里作介词，意义和用法相当于“把”，一般用于书面语。如：

1. 你可以将你的人生经历写成一部小说。

2. 请将下列词语整理成一个完整的句子。

3. 我不得不将它们一一放弃。

“将”还有副词的用法，表示某种行为或情况不久就要发生，相当于“就要”、“将要”。如：

4. 总统将于6月出国访问。

5. 市政府将在这里建一座公园。

(五) 这样将巢里的所有的蛋和幼鸟清除掉，小杜鹃就可以独自占有鸟巢

“独自”，副词，作状语，表示自己一个人，可以单独使用，也可以跟一人、一个人连用。如：

1. 从十四岁起我就不得不独自生活。
2. 他离开学校后独自在纽约呆了三天。
3. 就他一个人独自在家。
4. 她总是独自一人坐在角落里注视着周围的一切。

(六) 通常，在人们看来，杜鹃是益鸟 /杜鹃的卵往往会比寄主鸟的蛋提前孵出

“通常”和“往往”意思相近，都可以表示按规律和经验，情况都是这样，相当于“一般”；都可以作状语，经常可以互换。但“通常”可以放在句首，可以作定语，还可以表示人的一般认识；“往往”没有这样的用法和意思。如：

1. 这种疾病往往出现在七岁以下的儿童身上。
2. 星期六晚上我们通常出去吃饭。
3. 通常他六点半起床，然后去学校的操场跑步。
4. 在通常情况下，他是不会同意这样做的。
5. 广东人通常认为凉茶可以治病。

(七) 通常，在人们看来，杜鹃是益鸟

“在……看来”，通常作插入语，用来表示看法或观点。如：

1. 在我看来，他的品质非常恶劣。
2. 在这本书的作者看来，幼儿时期是开发孩子智力的大好时期。
3. 在政府看来，新政策不仅是为了节约，而且是为了培育一个新的产业。

五 练 习

(一)给下列形似字注音并组词

少	描	狡	殖
劣	猫	校	植
衔	益	壳	啄
街	奋	壶	逐

(二)用下列词语填空

狡猾　排挤　惊人　无情　注视　评价　善良　霸占

1. 他是一个很______的人，尽管自己的生活不富裕，但还是经常帮助穷人。
2. ______的杜鹃趁黄莺离开的时候，偷偷地把自己的蛋放到了它的巢里。
3. 这个______的人，为了金钱，居然伤害了自己的亲人和朋友。
4. 他在公司得不到重视，反而受到______。
5. 他以______的毅力，带病完成了这部长篇小说的创作。
6. 整个会场的人都在______着他，这使他很紧张。
7. 他们的工作得到了社会各界的高度______。
8. 任何国家都不应该______别国领土。

养育　繁殖　不知不觉　花纹　丰满　凄惨　恶劣　描写

9. 我们一边走一边说话，__________就到了学校。
10. 这个贝壳上的______很特别。
11. 这一环节很重要，因为只有提高羊的______力才能增加数量并提高质量。
12. 一年没见，小姑娘长高了，也______了许多。
13. 他晚年的生活很______，身边没有一个亲人。
14. 他特别善于______人物的内心活动。
15. 没想到服务员的态度这么______，这样的饭店我永远不会再来了。

16. 父母______了我二十几年，我要把这些钱全都送给他们。

（三）选择适当的词语填空

通常　经常　往往

1. 我们在饭店吃饭的时候，______都是先吃后付钱。
2. 我们______到这个球场打球，所以跟这儿的工作人员很熟。
3. ______他都很准时，今天怎么迟到了呢？
4. 这一个月，公司加班是______的事。

敏捷　迅速

5. 年轻人的行动总是比上了年纪的人______。
6. 爷爷虽然 70 多岁了，但思维仍然十分______。
7. 看到这种情况，他______地跑过去，把小孩抱了起来。

辨别　区别

8. 这两种鱼在外观上十分相像，很难______。
9. 你能______出哪幅字是他写的吗？
10. 你能说出形容词和副词用法的______吗？

暗暗　悄悄　偷偷

11. 阅览室里很安静，我______走了进去。
12. 看到他这个样子，我______吃了一惊。
13. 上课的时候，他总喜欢______看小说，不认真听课。
14. 我一看试卷，差不多都是我复习过的，心中______高兴。

（四）给下列句中画线的词语选择合适的义项

A. 发生　　B. 陌生　　C. 没有熟　　D. 生育

1. 这西瓜是生的，不好吃。
2. 《律师法》从今年 7 月 1 日起开始生效。
3. 小李的妻子昨天生了个男孩。

4. 我刚到这里,工作和环境都很生。

A. 光滑　　B. 只、单　　C. 露着　　D. 完了、没有了

5. 这种纸比那种纸光得多。

6. 屋里太热,他脱了衣服,光着背,还是热得很难受。

7. 他一口气把一瓶啤酒喝光了。

8. 这么多东西,光靠你一个人怎么能拿走?

9. 他光会批评别人,从来不承认自己的错误。

A. 减少、降低　　B. 落在后面　　C. 落下来

D. 遗漏　　E. 表示动作的完成

10. 你一定要改掉睡懒觉这个坏习惯。

11. 这个句子里掉了一个字。

12. 她急得直掉眼泪。

13. 后面的同学走快点儿,不要掉队。

14. 这种商品过几天还会掉价。

(五) 把括号里的词语填到句中合适的地方

1. A 杜鹃的蛋和 B 寄主鸟的蛋十分相似,就 C 寄主鸟也 D 很难辨别。(连)

2. 小杜鹃 A 无情地 B 别的幼鸟 C 摔出巢外 D。(将)

3. A 这篇文章 B 描述的杜鹃 C 是一个 D 丑恶的形象。(所)

4. A 对同学们提出的 B 问题,老师 C 都有 D 准备。(所)

5. 我们 A 应该 B 如何 C 看待 D 这种矛盾的现象?(究竟)

6. 在我 A 看 B,费德勒是最 C 伟大的网球运动员 D。(来)

7. 你 A 怎么能 B 让他 C 一个人呆在 D 危险的环境中呢?(独自)

8. A 上午 B 我把手机忘 C 家里了,D 接不了电话。(在)

9. 你 A 想 B 说什么 C 说 D 什么吧。(就)

10. A 这么多活儿,B 我一个人 C 干怎么 D 行呢?(光)

11. 普通的消费者 A 难以 B 辨别 C 这些发票的真假 D。(出)

12. 马克很喜欢A看书,B今天C上街他又D来到了书店门口。(不知不觉)

(六) 综合填空

杜鹃__①__不筑巢,也不喂养自己的孩子,但是它并没有__②__。原来它__③__把蛋生在别的鸟窝里,这样,别的鸟就把杜鹃的蛋__④__自己的蛋一起代孵了。__⑤__杜鹃的蛋和寄主鸟的相似,所以寄主鸟很难__⑥__。为了__⑦__享受"母亲"的照顾,出生不久的小杜鹃就会无情地__⑧__巢中的其他幼鸟和蛋。杜鹃__⑨__是益鸟,但它的这些品质却是十分恶劣的。

① A. 原来	B. 本来	C. 从来	D. 从不
② A. 被消灭	B. 绝种	C. 绝望	D. 死亡
③ A. 偷偷地	B. 暗暗地	C. 静静地	D. 静静
④ A. 以为	B. 认为	C. 充当	D. 当做
⑤ A. 虽然	B. 由于	C. 如果	D. 尽管
⑥ A. 认识	B. 辨别	C. 辩解	D. 辩论
⑦ A. 最早	B. 一起	C. 先	D. 自己一个人
⑧ A. 吃掉	B. 除掉	C. 啄死	D. 打死
⑨ A. 因为	B. 虽然	C. 不但	D. 可是

(七) 根据前后句,完成下列句子

1. 在我看来,________________________________。
2. 我想暑假独自________________________________。
3. ________________________________,我心里暗暗难过。
4. 他注视着远方,________________________________。
5. 桌子上太乱了,你把________________________________。
6. 他没有将危险放在心上,________________________________。
7. 志强想远走高飞,________________________________。
8. 在通常情况下,________________________________。

(八) 用括号里的词语回答问题

1. 杜鹃怎样生儿育女?(代　孵　喂养)
2. 杜鹃产蛋有什么特点?(模仿　相似)
3. 小杜鹃出世后怎么对待巢中其他的蛋和幼鸟?(排挤　清除)
4. 诗人为什么常常描写杜鹃?(叫声　愁思)
5. 诗人笔下的杜鹃跟本文所描写的杜鹃有什么不同?(形象　坏蛋)
6. 为什么说杜鹃是益鸟?(害虫　保护)

(九) 杜鹃是一个充满了矛盾的形象。从其他鸟的角度,从品质上看,它非常坏;但从人类的角度,从作用上看,它又是益鸟。其实,其他动物,甚至人,也存在这种矛盾的现象。应当如何看待这种现象?请谈谈你的看法(200~300字)

(十) 给大家介绍一种动物(300~400字)

六　副课文

杜鹃鸟的传说

杜鹃鸟[1],在中国叫"子归鸟",关于它,有这样一个传说。

以前,在一个村子里,有一户人家,有两个儿子,大的叫大龙,小的叫小龙。大龙是前妻的儿子,后娘非常讨厌他,常常责骂他、为难他,让他做很多粗重的工作。

虽然后娘很偏心,不过,大龙和小龙倒是很合得来,比亲兄弟还好。

狠心的后娘终于想出了一个除掉大龙的坏主意。一天夜里,她把一些黑芝麻炒熟了装在一个黑口袋里,又在一个绿口袋里装上了生的黑芝麻。

第二天清早,后娘对大龙和小龙说:"你们俩一起到南山种黑芝麻,谁的芝麻没发芽,谁就不准回家。"说完,便把黑口袋交给大龙,把绿口袋交给小龙。

上南山的路又长又难走,大龙平日做惯苦工,身体十分强壮,一点儿也不觉得累。小龙却喘着气,流着汗,在后面吃力地跟着。大龙背起小龙的绿口袋,说:"我替你背吧。"

"唉？弟弟的袋子为什么这么重呢？一定是妈妈弄错了，难怪弟弟这么累呢！"善良的大龙不知道这是因为炒熟的芝麻比较轻的缘故，反而同情小龙。

走呀走呀，终于走到南山顶，那里有一大片肥沃的土地，他们准备在这里种芝麻，大龙把黑口袋交给小龙，他想："黑口袋比较轻，芝麻种子一定比较少，弟弟力气小，应该少种一些。"

大龙背起绿口袋，到东边找一块地，种下芝麻；小龙背起黑口袋，到西边去找一块地，种下芝麻。过了些天，只见东边的芝麻都吐出了小青芽。但是，西边小龙的芝麻一粒也没发芽。

有一天，小龙说："哥哥，你的芝麻早就发芽了，食物也早吃完了，你先回家吧！"大龙回答道："不！我不能把你一个人留在山里，我陪你再等等吧！芝麻一定会发芽的。"

两兄弟就这样等呀等的，总也不见这片芝麻发芽。

山下的后娘，天天站在家门口，算着小龙该回家了。但是，却总不见他回来。

一天清晨，村口的大榕树上突然飞来两只奇怪的鸟，张着尖尖的黄嘴，高声叫着："苦啊——咕咕，娘炒芝麻谁知道。"声音又长又尖，好不凄惨。后娘走到树下，想赶跑这两只讨厌的鸟。突然，她看见小鸟的脖子上有一个小香包，正在那里摇呀晃的。"哎呀！这不是我亲手做给小龙戴的吗？可怜的小龙呀！你怎么变成一只鸟回来呢？"后娘大叫一声就昏倒了。

从此以后，这狠心的后娘，每天呆呆地坐在榕树下，不停地喊着："小龙，快回家吧！"大龙和小龙变成的鸟，也天天对着后娘叫道："苦啊——咕咕，娘炒芝麻谁知道。"

后娘一直盼望儿子归来，而归来的却是两只鸟，所以大家后来就把这种鸟叫"子归鸟"了。

（据《东方童话》）

注：

① 杜鹃鸟，也叫"子规鸟"、"子归鸟"。

练习

1. 请复述这个故事。
2. 请把这个故事缩写成300～500字。

第八课　家不是讲理的地方

提示　这是一封家信，是爸爸妈妈在自己女儿要结婚时写给她的。他们在信中告诉女儿一些关于婚姻的经验，希望她婚后生活得幸福、快乐。即将走进生活的年轻人，让我们一起来学习这些宝贵的经验吧！

一　生词语

1. 讲理 jiǎng // lǐ　argue / 讲道理：讲什么理、不讲理
2. 即将 jíjiāng（副）　be about to / 将要，很快就要：即将参加考试、即将毕业
3. 喜讯 xǐxùn（名）　good news / 好消息：传来喜讯、特大喜讯
   讯—迅
4. 婚礼 hūnlǐ（名）　wedding / 结婚的仪式：举行婚礼、参加婚礼
   >结婚　试婚　离婚　复婚
5. 遗憾 yíhàn（形）　regret, pity / 感到可惜、不满意：深感遗憾、太遗憾了
6. 踏 tà（动）　step on / 踩：踏上、踏进
7. 提醒 tí // xǐng　call attention to / 在旁边提出来使人注意：提醒他、提个醒
   醒—配
8. 千真万确 qiānzhēn-wànquè　absolutely true / 形容非常真实：消息千真万确
9. 思索 sīsuǒ（动）　think deeply,ponder / 认真想，思考：思索人生、认真思索
   >思考　思想　思路　思维
10. 阴影 yīnyǐng（名）　shadow / 阴暗的影子，比喻不好的因素：心理阴影、走出阴影
11. 堆 duī（量）　heap / 用于成堆的东西和成群的人：一堆书、一堆人
    堆—难
12. 敌视 díshì（动）　be antagonistic / 把别人看成敌人：敌视对方、受到敌视
    >敌人　敌军　敌方　敌对　敌意
13. 理 lǐ（名）　reason / 道理：有理、没有理、不讲理

14. 付出 fùchū(动)　pay / 交出、拿出;付出代价、付出了很多努力

15. 代价 dàijià(名)　price / 为了得到而付出的东西(时间、钱等):付出代价

16. 算账 suàn // zhàng　argue for compensation / 吃亏或失败后找对方争执:找他算账、算什么账
账—帐

17. 吵闹 chǎonào(形)　noisy / 大声争吵:不要吵吵闹闹、吵闹声

18. 冲突 chōngtū(动)　conflict, contention / 对立双方激烈斗争:双方冲突起来了、发生冲突

19. 地步 dìbù(名)　condition / 指人或者事物处于某种处境、状况:这种地步

20. 惊醒 jīngxǐng(动)　be awoken / 指突然受惊醒来,也指突然受到刺激明白了某个道理:惊醒了我、让我惊醒了
>惊奇　惊慌

21. 宽容 kuānróng(形)　tolerant / 不计较,能够原谅别人:很宽容、宽容一些

22. 一生一世 yìshēngyíshì　whole life / 一辈子:一生一世的爱

23. 越…越…yuè ...yuè ...　the more ... the more ... / 表示程度随着条件的变化而加深:越走越远、越看越想看

24. 期望 qīwàng(动/名)　expect, expectation / 等待和盼望:期望成功、有很多期望
>期待

25. 从中 cóngzhōng(副)　therefrom / 从里面:从中受益、从中吸取教训

26. 安宁 ānníng(形)　peaceful / 形容生活、心情平静:安宁的生活、不得安宁

27. 其实 qíshí(副)　in fact / 实际上

28. 养成 yǎngchéng(动)　cultivate / 慢慢地形成(习惯等):养成习惯

29. 给予 jǐyǔ(动)　give, accord / 给:给予帮助、给予同情、给予关心

30. 珍惜 zhēnxī(动)　treasure, cherish / 觉得很珍贵并且很爱惜:珍惜生命、珍惜时间、珍惜友谊
惜—借—错

31. 彼此 bǐcǐ(代)　one another, each other / 这个和那个,双方:彼此之间

32. 信赖 xìnlài(动)　trust, confide / 相信并依靠(某人):值得信赖、很信赖

33. 日益 rìyì(副)　day by day / 一天比一天、越来越:日益提高、日益加深

34. 牢固 láogù(形)　firm / 结实,不容易坏:牢固的基础、友谊很牢固
牢—牵

35. 思念 sīniàn(动)　miss, think of / 不能忘记,想念:思念家乡、思念亲人
≈想念

36. 进而 jìn'ér(连)　and then / 进一步

37. 疼爱 téng'ài(动)　be very fond of, love dearly / 关心喜爱:疼爱孩子
疼—痛

38. 惦记 diànjì(动)　remember with concern, worry about / 心里总是想着某件事:惦记着家人、惦记这件事、惦记你
≈思念

39. 股 gǔ(量)　whiff / 用于长条形的东西或液体、气体、气味、力气：一股力量、
　　股—般　一股冷气
40. 暖流 nuǎnliú(名)　warm current / 温暖的气流、水流，还指温暖的感觉：一股暖流
41. 匆忙 cōngmáng(形)　hasty, hurried / 急急忙忙：走得太匆忙、匆忙离开
　　≈急忙　赶忙
42. 扑面 pūmiàn(动)　blow on the face / 迎着脸来：春风扑面而来
　　扑—补
43. 吵架 chǎo // jià　quarrel / 争吵：吵过架、吵了一架
　　吵—沙—炒—抄
44. 算是 suànshì(动)　considered to be / 可以看成、当做：我们算是校友
45. 衷心 zhōngxīn(形)　heartfelt / 从内心发出来的：衷心祝愿、衷心的感谢
　　衷—哀

二 课　文

萍儿：

爸妈听到你即将结婚的喜讯，真为你高兴。远隔千里，我们不能参加你的婚礼，感到非常遗憾。你是我们的女儿，相信你能理解爸妈的心情。

萍儿，我们只是天下最平凡的父母，我们的孩子也只是人间最平凡的女儿，我们不要求太多，只是盼望我们的孩子踏上婚姻之路后，能一路平安。

在这里，给你一点儿我们生活的体会。

首先要提醒你：家绝不是一个讲理的地方。这句话听起来很没有道理，但却是千真万确。这句话是真理，是多少夫妻、多少家庭在经历了多少痛苦和思索后得出的结论。

当夫妻之间开始讲道理的时候，家里便开始出现阴影。两人都会不知不觉地各抱着一大堆所谓的道理，敌视对方，伤害对方。不知有多少夫妻，为了表面的一个“理”，最后只好伤心地分手，付出沉重的代价。他们不知道：家不是讲理的地方，不是辩论、算账的地方，在家

15 庭中讲道理是很可怕的。

那么,家应该是什么地方?

萍儿,我们年轻的时候,也回答不了这个问题,也像许多夫妻那样,为一点儿小事情大吵大闹。那一年为了一件不大的事情,我们发生了冲突,结果大吵一场,甚至闹到要离婚的地步。直到有一天,一位
20 朋友在他孩子的婚礼上说"希望你们白头到老,永远相爱"时,"爱"这个字就像一声春雷惊醒了我们:是的,家绝不是讲理的地方,家是个宽容的地方,家应该是讲爱的地方。

爱一时容易,爱一生一世却不容易。这里面有许多东西需要我们去总结和体会。

25 其次,我们要告诉你:婚姻是个空盒子,你必须往里面放东西,才能取回你要的东西;你放得越多,得到的也就越多。

很多人结婚时,对婚姻有许多期望,期望从中得到富贵、安慰、爱情、安宁、快乐、健康。其实婚姻开始的时候,只是个空盒子。走到一起的两个人,一定要养成一个习惯,去给予对方、去珍惜对方,彼此关
30 心、彼此信赖,这样,那只空盒子里的东西才会日益丰富起来,夫妻之间的感情才会日益加深和牢固。

空盒子里最先放的应该是"思念","思念"是两个人有了感情之后,进而互相关心、互相疼爱、互相惦记的一种情绪。"思念"是疲倦时通向家里的一条小路,是冬天里的一股暖流,是匆忙推开家门后扑面
35 而来的饭菜香味……

空盒子里还要放进"艺术",婚姻生活的艺术。在婚姻中需要讲艺术的地方无处不在:生气有艺术,吵架有艺术,说话有艺术。

婚姻的盒子里,除了"思念"和"艺术"外,还有许多东西都可以放进去,这需要你自己去发现。

40 萍儿,这封信就算是爸妈给你的结婚礼物。衷心希望我们的祝福能带给你欢乐和幸福。

爸爸、妈妈

2009年5月24日

(据《读者》同名文章)

三　重点词语学习

(一) 远隔千里,我们不能参加你的婚礼,感到非常遗憾

"遗憾",形容词,表示因失去某个机会而感到可惜或不满意;常作谓语、状语,可以用在感叹句中。如:

1. 没有去国外上大学,她觉得很遗憾。
2. 发生这样的事情,我感到很遗憾。
3. 我只能遗憾地说,你并不适合这份工作。
4. 去了北京没有去长城,太遗憾了!

"遗憾"还可以表示抱歉、对不起。还有名词的用法,作主语和宾语。如:

5. 很遗憾,你要的书已经没有啦!
6. 很遗憾,今天我不能参加你的晚会。
7. 这件事成为他永久的遗憾。
8. 我最大的遗憾是没能抓住那次机会去国外留学。

(二) 我们发生了冲突,结果大吵一场,甚至闹到要离婚的地步

"地步",名词,指人或者事物处于某种处境、状况或达到的程度,常常组成"到……的地步"。如:

1. 小李穷到了靠借钱过日子的地步。
2. 没想到他们的关系会差到现在这种地步。
3. 事情已经到了这个地步,太糟了。
4. 我看书学习永远也达不到入迷的地步。

(三) "爱"这个字就像一声春雷惊醒了我们

"惊醒",动词,表示突然受惊醒来,在这里指突然受到刺激明白了某个道理;常常作谓语,多带补语。如:

1. 他的这句话将我惊醒,我要开始新的生活。
2. 外面的吵闹声将我惊醒。
3. 这一段工作压力太大,晚上经常突然从梦中惊醒。

(四) 走到一起的两个人,一定要养成一个习惯

"养成",动词,表示慢慢地形成某个习惯。如:

1. 几年来,他养成了散步的习惯。
2. 她的好习惯都是从小养成的。
3. 你要早睡早起,不要养成睡懒觉的习惯。

(五) 走到一起的两个人,一定要养成一个习惯,去给予对方、去珍惜对方……/这封信,就算是爸妈给你的结婚礼物

"给予"和"给"都表示使对方得到某种东西,都能带双宾语。有时能互换。"给予”用得比较少，多用于书面语；“给”用得很多，口语和书面语都用。如：

1. 感谢贵校给予我们很大的支持。

2. 感谢你给我这么多帮助。

“给”的东西可以是具体的，也可以是抽象的；“给予”的不能是具体的事物。“给予”多直接带动词宾语，“给”的宾语多是事物名词或人。如：

3. 我把那辆旧车给他了。

4. 对这些优秀学生要给予奖励。

5. 章经理对工人们的工作给予了肯定。

（六）走到一起的两个人，一定要养成一个习惯，去给予对方、去珍惜对方……

“珍惜”，动词，表示觉得特别宝贵而重视和爱护；常用于幸福、健康、友谊、感情等抽象事物，也可以用于所爱的人。如：

1. 我们要学会珍惜友谊。

2. 你要珍惜这个机会，好好学习。

3. 他们非常珍惜那段来之不易的感情。

4. 这么好的妻子，你要懂得珍惜。

（七）彼此关心、彼此信赖

“彼此”，代词，表示这个和那个，双方。可以作主语、宾语、定语、状语。如：

1. 他们关系不好，见面时彼此都不打招呼。

2. 我们是好朋友，不要分彼此了。

3. 这次旅行加深了我们彼此之间的了解。

4. 我们在一个地方工作，可以彼此关心、照顾。

（八）空盒子里最先放的应该是“思念”/“思念”是两个人有了感情之后，进而互相关怀、互相疼爱、互相惦记的一种情绪

“惦记”和“思念”都有记在心里、放心不下的意思。“惦记”是经常记在心里，不放心”；“思念”是记在心里，希望见到。如：

1. 我在中国一切都很好，只是心里总惦记着父母。

2. 我很思念家里的亲人。

“惦记”的对象是具体的人、动植物，也可以是事情；“思念”的对象一般是具体的人、动植物或祖国、故乡等，不能是事情。如：

3. 你别总是惦记着工作，好好休息吧。

4. 家里的一切都很好，不用惦记。

5. 在国外生活的人多数会思念自己的祖国。

（九）“思念”是匆忙推开家门后扑面而来的饭菜香味

“匆忙”，形容词，表示人的动作行为很急、很快，含有时间紧急的意思；可以重叠为“匆匆忙忙“，可以受程度副词的修饰，可以作定语、状语、补语、谓语。如：

1. 匆忙之中,我竟然忘拿车票了。

2. 小李把东西给我,就匆匆忙忙地坐车走了。

3. 我们走得太匆忙,连饭都没有吃。

4. 因为太匆忙,我忘了带手机。

(十) 这封信,就算是爸妈给你的结婚礼物

"算是",动词,意思是可以看成、当做,"A 算是 B",意思是说可以把 A 看成、当做 B。如:

1. 我们在同一所学校学习过,也算是校友了。

2. 他现在也算是个名人了,经常上电视。

3. 这次考试很难,我在班上算是成绩好的了,可也只得了 71 分。

四 语法学习

(一) 复杂定语的顺序

在一个定中短语中,有时有几个定语,如"一个高大的人"、"那边那个美丽的姑娘"等,这样的定语叫多项定语。

一般情况下,多项定语的顺序是"谁的/哪儿的+这/那+数量+怎样的+什么 + 中心语"。如:

1. 这是昨天买的那条又便宜又漂亮的丝绸长裙。

2. 这是一双质量非常好的皮鞋。

3. 玛丽的那几本中文小说放哪儿了?

4. 我们学校的三个女生参加了这个活动。

(二) 爸妈听到你即将结婚的喜讯,真为你高兴

"即将",副词,将要、很快就要,作状语,用于书面语。如:

1. 朋友即将回国,我们为他送行。

2. 大学毕业了,我们即将开始新的生活。

3. 困难即将过去,胜利就在前方。

(三) 家绝不是讲理的地方

"绝",副词,意思是一定、完全,常用在否定词前面作状语,加强否定。如:

1. 你这样做绝没有好结果。

2. 感情的问题绝非金钱所能解决。

"绝"还有极、最的意思,修饰少数单音节形容词或大部分、大多数。如:

3. 这是一个绝好的机会,你一定不要放弃。

4. 我的这个建议绝大多数同学都赞成。

(四) 这句话听起来很没有道理，但却是千真万确

“千……万……”，固定结构，形容非常多。“千”和“万”之后为意义上相互联系的单音节字词，如：

千言万语　千山万水　千军万马　千辛万苦

千家万户　千呼万唤　千变万化

1. 此时此刻，我心中有千言万语，却一句话也说不出来。
2. 事情是千变万化的，要有思想准备。
3. 走过了千山万水，经过了千难万险，孙悟空他们终于到了取经的地方。

(五) 你放得越多，得到的也就越多

“S 越 A，越 B”(S=主语)，表示在程度上 B 随着 A 的变化而加深，意思相当于“越来越”；“越”前面还可以有不同的主语。如：

1. 她越长越像她姐姐了。
2. 工作中，你付出得越多，获得的就越多。
3. 你越这样，别人越不相信你。

(六) 其实婚姻开始的时候，只是个空盒子

“其实”，副词，意思是“实际上”；可以用来引出和上文相反的意思，表示下文说的情况才是真实的，用在复句后一个分句的开头。如：

1. 大家都认为他错了，其实他是对的。
2. 老黄说这里离学校很远，其实很近。
3. 她们认为自己发音很好，其实并不是这样。

(七) 这样，那只空盒子里的东西才会日益丰富起来

“日益”，副词，跟“越来越”一样都表示“一天比一天更……”，作状语。“日益”用于书面语，“越来越”用于口语。“日益”后面一般带双音节动词和形容词，“越来越”的后面一般不带双音节动词，但可以修饰单音节形容词。如：

1. 改革开放以来，人们的生活水平日益提高。
2. 在医生的治疗下，她的健康状况日益好转。
3. 小伟越来越懂事了，你就放心吧。
4. 这个学期我努力学习了，成绩越来越好。

五 练　习

(一) 给下列汉字注音并组词

讯　账　惜　醒　怀　爱

迅　帐　借　配　坏　受

吵 衷 牢 堆 股 扑
沙 哀 牵 难 般 补

(二) 熟读下列词语并理解其意思

惊醒 惊奇 惊慌 惊喜 惊讶 惊人 吃惊
千真万确 千山万水 千变万化 千辛万苦 千家万户
一生一世 一心一意 一草一木 一言一行 一针一线
一股暖流 一股冷气 一股香味儿 一股臭气 一股力量
一堆礼物 一堆书 一堆东西 一堆道理 一堆沙子

(三) 选词填空

婚礼 阴影 地步 彼此 付出 期望 惦记 珍惜

1. 事情到了这个__________,我已经帮不了你了。
2. 我们要__________宝贵的时间。
3. 下星期我同事结婚,我们都要参加她的__________。
4. 别__________家里的事情,一切都很好。
5. 那次交通事故给她的心里留下了__________。
6. 我__________有一天你能来北京。
7. 在工作中,一个人__________得越多,收获就越多。
8. 朋友之间应该互相关心、__________帮助。

算是 即将 疼爱 信赖 安宁 匆忙 其实 进而 日益

9. 由于时间很紧,所以玛丽走得很__________。
10. 为了参加__________举行的篮球赛,他们每天都在练习。
11. 地球上的污染__________严重,我们要注意保护地球。
12. 麦克尔是一个值得__________的朋友,你可以叫他帮你。
13. 这些东西是送给你的,__________我送给你的生日礼物。
14. 汤姆觉得自己说汉语说得不好,__________他说得很不错了。

15. 父母都很＿＿＿＿＿自己的孩子。

16. 世界上大多数人都希望过＿＿＿＿＿的生活。

17. 凯特想先学习汉语，＿＿＿＿＿学习中国传统医学。

（四）分析下列近义词的异同，并选择恰当的词语填空

匆忙　急忙

1. 快迟到了，＿＿＿＿＿之中竟然忘了带手机。

2. 他一见我，就＿＿＿＿＿问道："你看见张伟了吗？"

3. 我走得太＿＿＿＿＿了，来不及跟你打招呼了。

4. 听到外面有人叫我，我＿＿＿＿＿跑出去一看，原来是大力。

给予　给

5. 这个活动很重要，希望你们＿＿＿＿＿支持。

6. 我送＿＿＿＿＿玛丽一本书。

7. ＿＿＿＿＿她一支笔和一个笔记本，让她做作业。

8. 这个故事＿＿＿＿＿了我们很多有益的启示。

珍惜　爱惜

9. 我们要＿＿＿＿＿粮食和水，不要浪费。

10. 人要学会＿＿＿＿＿自己，要学会照顾自己。

11. 小张很＿＿＿＿＿她和麦克尔的友谊。

12. ＿＿＿＿＿时间就是＿＿＿＿生命。

惦记　思念

13. 很长时间没有回家了，她真的很＿＿＿＿＿亲人。

14. 虽然离开了家，但她一直＿＿＿＿＿着家里的事情。

15. 到国外几个月后，她就开始＿＿＿＿＿祖国和家乡了。

16. 别＿＿＿＿＿我，我一切都很好。

(五) 给括号中的词语选择正确位置

1. 朋友 A 离开 B，我们为他 C 举行 D 告别晚会。(即将)
2. A 看起来他们 B 是朋友，C 他们根本 D 不认识。(其实)
3. 我们 A 在一起 B 工作、一起生活，C 感情 D 增加。(日益)
4. 你 A 一定 B 弄错了，他 C 不会 D 做出这样的事情。(绝)
5. 张力 A 把 B 东西交给 C 我，D 就走了。(匆忙)
6. 我想 A 学好汉语 B 以后，C 学习 D 中国文化。(进而)
7. 我们 A 在同一地方 B 做生意，C 很了解 D 对方。(彼此)
8. 许多人 A 希望得到友情，B 进而 C 得到快乐和帮助 D。(从中)
9. 在生活中，我们 A 要 B 学会 C 观察、思考和体验 D。(去)
10. 明天我 A 要 B 去北京出差，C 能为你 D 做点儿什么吗？(就)
11. A 我送 B 玛丽 C 一本书作为 D 生日礼物。(给)
12. 我 A 在这个学校 B 学习过，C 可以 D 你的校友了。(算是)

(六) 用所给词语组成句子，注意定语的顺序

1. 的 借 了 旧 一个 笔记本 的 一台 她 电脑 同学
2. 高中 他 那 位 从 的 北京 早上 昨天 来 走 了 同学
3. 的 借 从 资料室 你 那本 书 英语 还 吗 了
4. 一 姑娘 位 漂亮的 小伙子 热情的 那个 爱 了 上
5. 我 朋友 从 那儿 借 了 有意思 一本 中文 非常 的 小说
6. 桌子上 一盒 巧克力 放 着 的 吃 最 我 爱 蛋糕

(七) 用括号里的词语改写句子

1. 听到你比赛获奖的好消息，我真高兴。(喜讯)
2. 我非常信任他，他也信任我。(彼此)
3. 我们很相信张老师，什么事情都对他讲。(信赖)
4. 我说的这件事的确是非常真实的，不会是假的。(千真万确)

5. 相爱一段时间很容易，相爱一辈子很难。（一生一世）

6. 听了这个故事，我从故事里得到了很多启发。（从中）

7. 随着我对安娜的了解，我渐渐地更喜欢她了。（越……越……）

8. 这个公司的发展很快，变得一天比一天强大。（日益）

（八）用括号里的词语完成句子

1. ________________，我已经毫无办法了。（地步）

2. 我们认识很多年了，________________。（彼此）

3. 他学习不错，________________。（算是）

4. 明天早上九点我们要开会，________________。（提醒）

5. 我们应该指导孩子的成长，________________。（养成）

6. 经过一年的努力，________________。（即将）

7. 许多人看人只看外表，________________。（其实）

8. 约翰对他的女朋友说："________________。"（一生一世）

9. 外面吵闹声很大，________________。（惊醒）

10. 孩子在外地上学，________________。（惦记）

（九）根据上下文完成下列句子

1. ________________，可是后来越听越觉得有趣。

2. 真遗憾，________________。

3. 我走得太匆忙了，________________。

4. 你别惦记我了，________________。

5. ________________，一定要给予鼓励。

6. ________________，你一定要好好珍惜。

（十）综合填空

家确实不是讲理的地方。夫妻之间讲起理来，关系就变得紧张了，两个人的感情生活也就会蒙上__①__，因为"讲理"就有可能争论，争论很可能会变成__②__，到了这种___③___,什么幸福、安宁都没有了。___④___,夫妻之间应该多一些理解和___⑤___,多一些___⑥___和关心。这样,感情就会___⑦___好,生活质量也会___⑧___提高。

① A. 影子	B. 阴影	C. 快乐	D. 欢乐
② A. 吵架	B. 吵闹	C. 热闹	D. 麻烦
③ A. 地方	B. 地址	C. 地点	D. 地步
④ A. 因为	B. 即使	C. 因此	D. 然而
⑤ A. 快乐	B. 争论	C. 宽容	D. 同情
⑥ A. 信赖	B. 关心	C. 伤害	D. 遗憾
⑦ A. 日益	B. 越	C. 越来越	D. 进一步
⑧ A. 越来越	B. 越	C. 日益	D. 的确

(十一) 回答下列问题

1. 课文中说:“婚姻是个空盒子,你必须往里面放东西,才能取回你要的东西;你放得越多,得到的也就越多。”你认为应该往婚姻里放些什么?

2. 你认为怎样才能让自己的家庭变得幸福?

六 副课文

婚姻考验青年

有位名人是这么评价婚姻的:“婚姻能培养忠贞、坚强、忍耐、温柔和其他种种单身所不需要的美德。”

我就具有许多美德。经过仔细分析后,我不得不承认,这些美德无一不是婚姻这一“温床”培养出来的。我的这些美德第一次受到欣赏,是向一家美国公司的台湾分公司求职时,在二百多位应聘者中,我居然被选中,被任命为分公司的业务副经理。

选中我的是分公司经理, 他后来解释对我欣赏的原因:“我们公司的人事政策,是尽量重用已婚的年轻人,因为已婚的人大都比较稳重、踏实,有耐心、有毅力、有责任感,善于与人相处,能容忍不同的意见,受得了委屈,这些美德正是公司各级管理人员所必需的。在这次的应聘者中,你恰好是最年轻的已婚者,所以我选中了你。”

经理本人也是因同样理由而受到重用的。他那时才三十岁,比我大三岁。但由于早婚的缘故,他看起来却像四十岁。他和我一样,具有已婚男人的许多美德。

后来,我到了美国,才更加体会到美国社会对已婚男女重视的程度。不但美国政府机构、公司、银行喜欢重用已婚男女,而且一般大众也对已婚男女非常信任。在历届美国总统当中,据说只有一位是单身汉,而这位单身汉上任的第一件事,就是给自己娶一位第一夫人,这样才算得到了大众的信任。

基辛格曾经是华盛顿市有名的单身汉,他在当上国务卿之后,也不得不赶快娶一个老婆,赶快买一幢房子,这才算消除了舆论对他的不满:“无恒妻、无恒产者无恒心,这样的人怎么能够担负国务卿的重任呢?”

所以,我要在这里劝告所有的单身人士:如果你们缺乏美德,主要是缺乏婚姻的锻炼。如果想做一名现代的好公民,就必须下决心,勇敢地跳进婚姻的“温床”,然后在“温床”上努力培养各种美德。有了美德,才可以进一步担负起治国平天下的重任。如果孟子能活到今天的话,我相信他一定会说:“天将降大任于是人也,必先使他结婚。”

(据《读者》同名文章)

练习

1. 为什么“我”能顺利地被公司选中担任分公司的业务副经理?
2. 你认为婚姻能培养人的美德吗?能培养人的哪些美德?

第九课　花中之王——牡丹

提示　各个国家都有自己喜欢的花卉，这些花卉往往具有特定的含义。牡丹，是中国的传统名花之一，从古到今，一直深受人们喜爱。在这篇文章中，你将了解到牡丹的象征意义和有关牡丹的传说。

一　生词语

1. 王 wáng（名）　king, head of a group / 国王或同类中地位最高的：女王、蜂王
2. 牡丹 mǔdan（名）　peony / 花名：红牡丹、白牡丹
3. 观赏 guānshǎng（动）　enjoy the sight of / 观看欣赏：观赏花卉、观赏金鱼
4. 花卉 huāhuì（名）　flowers and plants / 花草：有名的花卉、各种花卉
   卉—奔
5. 花朵 huāduǒ（名）　flower / 指由花瓣、花心等组成的花冠：鲜艳的花朵
6. 色彩 sècǎi（名）　color / 颜色：各种色彩、明亮的色彩
7. 鲜艳 xiānyàn（形）　bright-colored / 颜色新鲜明亮：鲜艳的花朵、色彩鲜艳
8. 美称 měichēng（名）　good name / 赞美的称呼：香港有"东方之珠"的美称
9. 华丽 huálì（形）　gorgeous / 美丽而有光彩：华丽的衣服、华丽的酒店
10. 高贵 gāoguì（形）　noble / 道德水平高或地位高：高贵的品质、高贵的国王
11. 姿态 zītài（名）　posture / 身体的姿势、样子：姿态很美、动人的姿态
    ≈姿势　姿—资
12. 象征 xiàngzhēng（动）　symbolize / 用具体的事物表示某种特殊的意义：象征意义、象征着爱情、爱情的象征
13. 富贵 fùguì（形）　wealth and rank / 有钱又有地位：富贵人家、富贵的生活
14. 种植 zhòngzhí（动）　plant / 种：种植花卉、种植果树
    种（zhǒng）子
15. 传说 chuánshuō（名）　legend / 口头流传的故事或说法：民间传说

16. 无比 wúbǐ（副） incomparable / 没有别的能相比：艳丽无比、无比幸福

17. 怒 nù（动） anger / 生气、发脾气：大怒、发怒

18. 贬 biǎn（动） reduce /（价值、地位等）降低：从城市贬到山区、从厂长贬为工人

贬—泛

19. 反而 fǎn'ér（副） on the contrary / 用在复句中的后一分句，表示跟所想的结果相反

≈反倒

20. 茂盛 màoshèng（形） flourishing / 植物生长得又多又好：十分茂盛、茂盛的花草

茂—成

21. 虽 suī（连） though / 虽然，用在表示转折关系句子的开头

22. 赞美 zànměi（动） praise / 称赞，夸奖：赞美大自然、赞美她、热情赞美

23. 坚贞不屈 jiānzhēnbùqū remain faithful (steadfast) and unyielding / 立场坚定不改变，不向恶人低头，常作谓语、定语

24. 如同 rútóng（动） like / 好像，多用于比喻：草原如同绿色的大海

25. 王冠 wángguān（名） imperial crown / 国王戴的帽子：形状像王冠一样

26. 瓣 bàn（名） petal / 组成花的一片一片的东西：花瓣、蒜瓣、橘子瓣

瓣—辨—辫—辩

27. 光彩照人 guāngcǎizhàorén be very bright-coloured and dazzling / 形容人或事物十分美好，令人注目，作谓语、定语、补语

28. 世代 shìdài（名） for generations / 好几代，好几辈人：世代相传、世世代代

29. 培育 péiyù（动） foster, breed / 使幼小的生物发育成长：培育新品种、培育幼苗

≈培养 养育

30. 珍贵 zhēnguì（形） valuable / 价值高、意义深刻，很难得到：非常珍贵、珍贵的友谊

≈宝贵

31. 勤劳 qínláo（形） hardworking / 努力工作，不怕辛苦：勤劳的人民、勤劳的双手

32. 纯 chún（形） pure / 成分单一，没有杂质：味道很纯、纯金、纯紫

33. 艳丽 yànlì（形） bright-colored and beautiful / 鲜艳美丽：色彩艳丽

34. 王后 wánghòu（名） queen / 国王的妻子

35. 四面八方 sìmiàn-bāfāng all around / 指周围各地，作宾语、定语：从四面八方跑来、来自四面八方、四面八方的人

36. 记载 jìzǎi（动） put down in writing / 把事情写在文章或书里：真实地记载、详细记载

≈记录

37. 气氛 qìfēn（名） atmosphere / 一定环境中能给人强烈感觉的精神或景象：紧张的气氛、节日的气氛、气氛很热烈

38. 场面 chǎngmiàn(名)　occasion / 一定地点、环境中有特点的情景：激动的场面、热烈的场面
39. 适宜 shìyí(形)　suitable / 十分合适：不适宜、很适宜、温度适宜
　　≈适合　宜—宣
40. 栽种 zāizhòng(动)　sowing / 把植物的幼苗种到土里：栽种牡丹、栽种果树
　　≈种　栽—裁—载
41. 如此 rúcǐ(代)　in this way / 这样：年年如此、如此美丽
42. 施肥 shī//féi　apply fertilizer or manure / 给植物上肥料：给蔬菜施肥
43. 浇 jiāo(动)　irrigate, water / 把水洒在植物或土地上：浇水、浇花
　　浇—绕—烧
44. 用心 yòng // xīn　diligentiy, attentively / 集中注意力(做某事)
　　>用力　用功　用法　用品
45. 心思 xīnsi(名)　mood / 脑筋，思考的能力：费心思、花心思、用心思
46. 末 mò(名)　last, end / 某一段时间的最后：周末、年末、三月末
　　末—未
47. 梅花 méihuā(名)　plum blossom / 梅树的花，初春开花，花很香，有红色、黄色等
48. 持久 chíjiǔ(形)　lasting / 长时间保持不变：不能持久、效果持久
49. 前后 qiánhòu(名)　from beginning to end / 一件事从开始到结束的过程：会议前后开了五天
50. 接连 jiēlián(副)　in succession / 一次紧接着一次：接连不断、接连收到几封信
　　≈连续
51. 药物 yàowù(名)　medicine / 药，能防治疾病的物质：药物治疗
52. 高血压 gāoxuèyā(名)　hypertension / 一种疾病：高血压患者

二　课　文

中国是一个花的国家，具有观赏价值的花卉有数千种之多，可以说到处都是花的海洋。在这叶绿花香之中，人们能真正体会到生活的丰富多彩。

牡丹是中国的传统名花之一，它花朵大，香味浓，色彩鲜艳，有“花中之王”的美称。牡丹华丽高贵，姿态动人，象征着富贵、繁荣、幸福，又被称为“富贵花”，千百年来，一直深受人们喜爱。

牡丹种植历史悠久，全国各地普遍都有种植，其中河南洛阳的牡

丹最为有名，因此有“洛阳牡丹甲天下①”之说。关于洛阳牡丹，从前还有这样一个传说：本来长安的牡丹是最多最好的。唐朝时，有一年冬天，女皇帝武则天下了一道奇怪的命令：“明朝游上苑，火急报春知。花须连夜发，莫待晓风吹。”②第二天，百花齐放，灿烂无比，只有牡丹不开花。武则天大怒，下命令把牡丹贬到洛阳。谁知牡丹到了洛阳，不但没干枯，反而长得更加茂盛，更加鲜艳，从此牡丹花也叫洛阳花了。这个传说虽不可信，但却赞美了牡丹坚贞不屈的高贵品质。

牡丹的品种有三百多个，最为人们喜爱的要算姚黄与魏紫了。姚黄的形状如同王冠一样，颜色近于鹅黄，每朵有三百多瓣，花瓣光彩照人，清香扑鼻。据说在很久以前，有户姓姚的人家，世世代代种植牡丹，培育出这个珍贵的品种，为了纪念这勤劳的一家人，人们叫它“姚黄”。“魏紫”也是同样因人而得名，魏紫的颜色为纯紫，花瓣重叠，艳丽无比。人们把“姚黄”和“魏紫”称为牡丹花的“王”和“王后”。

早在唐宋时，人们就有观赏牡丹花的风俗习惯。每到牡丹开花时，人们从四面八方来到长安、洛阳城中买花、赏花，格外热闹。不少诗文都记载了这种热烈的气氛和场面：“唯有牡丹真国色，花开时节动京城。”③“花开花落二十日，一城之人皆若狂。”④

牡丹花虽好，却不容易种植，每年仅9~10月间适宜栽种，而且需要七八年才能开花。不仅如此，牡丹既怕冷，又怕热，施肥、浇水都得特别用心。如果掌握不好，即使费了很多心思也难使它开花。

牡丹在春末夏初时开花，花期短，只有三五天，没有梅花、菊花(júhuā)开得持久，即使有早开、中开和晚开的品种，它们开放的时间前后加起来，也不过接连二十来天。

牡丹不仅有很高的观赏价值，根皮还可以用作药物，可以治疗发热、吐血、高血压等疾病。

(据郭榕《花文化》)

注：

① 洛阳牡丹甲天下：“甲天下”表示天下第一，“洛阳牡丹甲天下”的意思是说洛阳的牡丹花是天下最美丽的花。

② 明朝游上苑，火急报春知。花须连夜发，莫待晓风吹：这首诗的意思是明天早上我要去皇宫的花园游玩，赶快报告给春天知道，所有的花今天晚上就必须开放，不要等到明天早上的风来催促。

③ 唯有牡丹真国色，花开时节动京城：这是唐代诗人刘禹锡的诗，意思是：只有牡丹花是真正漂亮的花，牡丹开花的时候，整个京城都轰动了。

④ 花开花落二十日，一城之人皆若狂：这是唐代诗人白居易的诗，意思是：牡丹开花的二十天中，全城的人都高兴得好像发狂一样。

三　重点词语学习

(一) 香味浓，色彩鲜艳，有"花中之王"的美称

"色彩"是颜色的总称，指红、白、黄、绿、黑等多种颜色。可以作主语、宾语。如：

1. 我觉得这幅画的色彩有点儿单调。
2. 这件上衣的色彩太深了。
3. 我不喜欢这么鲜艳的色彩。

"色彩"还可以比喻事物、思想、感情的特点、风格。如：

4. 我们要用歌声为生活增加一些欢乐的色彩。
5. 这是我在云南买的围巾，民族色彩很浓。

(二) 姚黄的形状如同王冠一样

"如同"，动词，多用于比喻，表示人或事物之间有相同或相似点，相当于"好像"。如：

1. 她俩的关系非常好，如同一对亲姐妹。
2. 孩子们又唱又跳，如同过节一样高兴。
3. 天上的月亮如同一个大圆盘，又圆又亮。
4. 无边的草原如同绿色的大海，那么宽广，那么美丽。

(三) 世世代代种植牡丹，培育出这个珍贵的品种

"培育"，动词，意思是使幼小的生物生长发育；用于人时，指关心教育儿童、青少年，使其健康成长。如：

1. 农业研究所正在培育一种新的水稻品种。
2. 这些幼苗还得好好培育一段时间。
3. 在老师们的辛勤培育下，我们才取得了今天的成绩。

"培养"和"培育"意思相近，但"培养"主要表示教育和训练人，使其掌握本领和技能，或具有某种素质、能力、感情、习惯兴趣等，一般不用于动植物。如：

4. 不要培养孩子的坏习惯。
5. 王亮有能力，却不骄傲，公司打算好好培养他。
6. 学校十分重视对年轻教师的培养。

(四) 培育出这个珍贵的品种

"珍贵" 表示很难得到、价值高、意义深刻。可以作谓语和定语。多形容动物、植物、文物、照片、纪念品、资料等具体事物,也可以形容感情、友谊等抽象事物。如:

1. 熊猫是我国珍贵的动物之一,是国宝。

2. 这份资料很珍贵,要好好保存。

3. 儿子送给我一个珍贵的礼物,是他亲手做的。

4. 对我来说,友谊是最珍贵的。

(五) 人们从四面八方来到长安、洛阳城中买花、赏花

"四面八方",成语,表示地方,指周围各地;可以作定语、主语和宾语。如:

1. 从这里看,四面八方都是山。

2. 我们班的同学来自四面八方。

3. 人们从四面八方向市中心跑去。

(六) 不少诗文都记载了这种热烈的气氛和场面

"场面"指在一定的地点和环境中有特点的情景,多指较盛大、隆重的情景:

热烈的场面　激动的场面　盛大的场面

1. 舞会的场面很热烈,大家都很开心。

2. 春节的时候,到处可以看到欢乐的场面。

3. 大家谁也不说话,场面十分尴尬。

"场面"还特指电影、电视、戏剧中由布景、音乐和人物组成的生活情景、画面。如:

4. 电影《英雄》中的武打场面很精彩。

5. 这个电视剧中感人的场面很多。

(七) 每年仅 9~10 月间适宜栽种

"适宜"形容词,意思是十分合适,常用来表示符合某种条件,或者在某一情况下合适。多作谓语、定语。如:

1. 儿童不适宜玩这种游戏。

2. 这块地适宜种花生。

3. 我觉得这时候去打扰他不太适宜。

4. 这里的气候对草莓的生长不太适宜。

(八) 不仅如此,牡丹既怕冷,又怕热,施肥、浇水都得特别用心

"如此",代词,指代上文提到的人或事,作谓语、状语,相当于"这样"。"如此"多用于书面语,"这样"用于书面语、口语。如:

1. 她经常如此,一生气就不吃饭。

2. 于勇每天早上 6 点去跑步,天天如此,年年如此。

3. 在如此短的时间内完成任务是不可能的。

4. 真没想到他的生活如此困难。

"如此"与"这样"在用法上也有一些不同:"这样"可以作主语和定语;作状语时,可以修饰动词性词语。"如此"不能作主语,较少作定语;作状语时,只能修饰形容词。如:

5. 这样就行了,你不用再改了。

6. 没想到他是这样一个人。

7. 你这样做是不对的。

(九) 施肥、浇水都得特别用心

"用心"强调做某事不但注意力集中,而且投入了感情;"用心"可受副词很、非常、更、特别等修饰,可作谓语、补语。如:

1. 这是母亲用心为孩子煲的汤。

2. 信写得不好,却能看出他是用心写的。

3. 这位女作家非常用心地体验生活,她写出来的小说很受欢迎。

"用心"还可以用作名词。如:

4. 你的建议用心是好的,但是很难做到。

5. 你一定要明白妈妈的良苦用心呀。

(十) 即使费了很多心思也难使它开花

"心思",在这里指脑筋,即思考的能力,常说用心思、费心思、花心思;"心思"可以指自己内心的想法,或愿意做某事的心情、情绪。如:

1. 这件事让他很费心思。

2. 为了把家装修得漂亮一些,他花了很多心思。

3. 17岁女孩儿的心思真让父母猜不透。

4. 他虽不好相处,却没什么坏心思。

5. 他心里正不高兴,没有心思唱歌。

(十一) 牡丹在春末夏初时开花,花期短,只有三五天,没有梅花、菊花开得持久

"持久",形容词,形容某种行为动作或状态持续的时间长,保持得久;可以作定语、谓语、状语。如:

1. 这件事情对他的人生产生了持久的影响。

2. 这种药要按时服用,才会有持久的效果。

3. 他做什么事情都是三分钟的热情,不能持久。

4. 朋友之间相互理解,友谊才会更持久。

(十二) 它们开放的时间前后加起来,也不过接连二十来天

"前后",名词,在这里表示一件事从开始到结束的过程,还可以重叠成"前前后后",作状语。如:

1. 为了治好他的病,家里前后花了几万块钱。

2. 警察处理这次交通事件前后用了五分钟。

3. 这次运动会前前后后开了一个星期。

“前后”还表示某一特定时间的前边和后边一段时间；还可以表示方位，指某一物体的前边和后边。

4. 吃饭前后半个小时，别做太多运动。

5. 他们是2000年前后才搬到这里来的。

6. 我的座位前后都坐满了人。

四 语法学习

(一) 中国是一个花的国家，具有观赏价值的花卉有数千种之多

“有……之多”强调数量很多，相当于“达……之多”。如：

1. 这个大学的留学生有几千人之多。

2. 学校图书馆的书有几百万册之多。

3. 我收藏的邮票有上千枚之多。

(二) 谁知牡丹到了洛阳，不但没干枯，反而长得更加茂盛，更加鲜艳

“谁知”也可以说成“谁知道”，意思是没想到。如：

1. 我以为他早已到了，谁知(道)他到得比我还晚。

2. 我很早就出了门，谁知(道)路上堵车，所以迟到了。

另外，“谁知”还表示不知道的意思，多用在反问句中。如：

3. 我又不认识他，谁知(道)他叫什么名字！

4. 我没看过那个电影，谁知(道)好看不好看！

(三) 谁知牡丹到了洛阳，不但没干枯，反而长得更加茂盛，更加鲜艳

“反而”，副词，表示跟前文的意思相反，或者跟预料中的结果正好相反，用在后一分句的开头。如：

1. 住了一个月医院，他的病不但没好，反而更严重了。

2. 他弄坏了电脑，不但不着急，反而说没关系。

3. 吃药减肥几个月，她不但没瘦，反而更胖了。

(四) 牡丹的品种有三百多个，最为人们喜爱的要算姚黄与魏紫 / 其中河南洛阳的牡丹最为有名

这两个“最为”是不同的：第一句的“最为”是两个词，“最”是副词，表示程度；“为”是介词，表示被动，相当于“被”，常与“所”字配合。第二句的“最为”是一个副词，和“最”的意思一样，表示程度，多用于书面语，修饰双音节形容词。如：

1. 在中国，最为人们所喜爱的花是牡丹和梅花。

2. 刘欢是目前最为人们熟悉的歌手之一。

3. 中国北方都种植苹果,其中陕西和山东的苹果最为有名。

4. 三班同学中,琳达的发音最为准确。

(五)“魏紫”也是同样因人而得名

“因……而……”,固定格式,多用于书面语,表示因果关系。如:

1. 此人因车祸而死亡。

2. 杰克因流行音乐而出名。

3. 运动会因天气原因而推迟。

(六)魏紫的颜色为纯紫,花瓣重叠,艳丽无比

“无比”,副词,作状语或补语,放在形容词、心理动词之前或之后。表示程度非常高,没有什么(谁)能相比,多用于好的方面。如:

无比幸福 幸福无比 无比强大 强大无比

1. 得了世界冠军,他感到无比光荣。

2. 这首诗表达了人们对祖国的无比热爱。

3. 要离开家乡了,我心中感到无比留恋。

4. 一想到明天就要见到多年不见的老朋友,我就兴奋无比。

(七)牡丹花虽好,却不容易种植

“虽”,连词,和“虽然”意思一样,都用于转折复句的前一句,表示承认某种情况;后一句多用“但是、然而、不过、可是”表示转折。但是“虽”只用在主语后,“虽然”既可以用在主语前,也可以用在主语后。如:

1. 排队的人虽多,但是不乱。

2. 虽然排队的人多,但是不乱。

3. 她虽是个小孩子,但很懂事。

4. 虽然她是个小孩子,但很懂事。

(八)它们开放的时间前后加起来,也不过接连二十来天

“不过”,副词,限定范围或数量,前面可以加“只”。如:

1. 她参加工作的时候(只)不过17岁,很多事都不懂。

2. 这么漂亮的衣服(只)不过八十块,买一件吧。

3. 我(只)不过帮了一点小忙,不用谢。

4. 姐姐和我长得很像,(只)不过我比她稍微高一点儿。

(九)它们开放的时间前后加起来,也不过接连二十来天

“接连”,副词,表示一次接着一次,没有间断。作状语,修饰动词或数量短语。如:

接连发生 接连不断 接连几天 接连几次

1. 这句话他接连说了好几遍。

2. 最近家里接连出了几件大事。

3. 接连几天,他都不出门。

五 练习

(一)给下列汉字注音并组词

载	浇	瓣	辩	努	贬	赔
栽	烧	辨	辫	怒	泛	培

(二)选词填空

气氛　场面　心思　象征　用心　传说

反而　接连　前后　珍贵　适宜　勤劳

1. 想把事情做好,就要花点__________。
2. 小美无论做什么事都很__________,做得很好。
3. 这次去桂林旅游,__________共用了五天时间。
4. 看到这样动人的__________,她感动得流下了眼泪。
5. 在中国的传统文化中,龙是中华民族的__________。
6. 听到这个伤心的消息,她没有哭,________大笑起来了,大家都以为她疯了。
7. 这一个月来,奇怪的事__________不断地发生。
8. 口语课上同学们抢着发言,__________很热烈。
9. 这些画非常__________,一定要爱护。
10. 这块地__________种花。
11. 古时候有一个__________的花匠,培育出了牡丹花的名贵品种。
12. 中国民间有许多美丽的__________。

(三)给下列句子画线的词语选择合适的意思

A. 是,动词　B. 被,介词　C. 作为,充当,动词

1. 这种说法已经为人们所接受。
2. 他做的一切并不为大家所理解。
3. 吴华成绩好,又爱帮助别人,所以被大家选为班长。
4. 这套房子每平方米的价格为9000元。

A. 没想到　　　　B. 不知道

5. 谁知他去哪里了！他又没告诉我。

6. 我只听说他出国留学了，谁知去了哪个国家！

7. 他说今天一定来，谁知到现在也没来。

8. 今天上街专门去买词典，谁知跑了几个书店也没买到。

A. 可是，表示转折　　B. 只、仅，表示限定

9. 他获得世界冠军时，不过十八岁。

10. 爷爷已经八十多岁了，不过身体还挺好。

11. 我不过说了他几句，他就闹了半天。

12. 房间虽然不大，不过挺舒服。

(四) 辨析下列近义词并选择恰当的词语填空

持久　长久

1. 再这么下去，你们的感情是不会________的。

2. 他换了不少工作，哪个工作都干不________。

3. ________以来，他们之间已经形成了一种特殊的关系。

4. 你放心，他不会在这里________住下去。

如此　这样

5. 这个词应该________念。

6. 大概只有读书人才对这种事有________兴趣吧。

7. 没想到他会________伤心。

适宜　适合

8. 这样的天气非常________外出游玩。

9. 这件衣服不________你。

10. 你的身体不________做这个工作。

11. 昆明的气候冷暖________，我喜欢昆明。

培育　培养

12. 几十年来，这个小学________出了许许多多的人才。

13. 你们要好好相处，感情是可以________的。

14. 经过几年的试验，他们________出了一种紫色的玫瑰。

最　最为

15. 这个汉字的结构________简单，容易掌握。

16. 红队的行动________迅速，很可能是第一名。

17. 每次都是李静写得________快。

18. 我认为张明的口语________好。

(五) 给括号中的词语选择正确的位置

1. A 明天会 B 发生什么事呢？C 把今天过好 D 才是最重要的。(谁知)

2. 这对 A 年轻夫妇的生活 B 非常幸福 C，让人 D 羡慕。(无比)

3. 他一直 A 不 B 人所注意，C 默默地 D 工作、生活着。(为)

4. A 牡丹花 B 美，C 但开花的时间 D 却不长。(虽)

5. 小华 A 见大家 B 都夸奖他，C 很不好意思 D。(反而)

6. A 他找你 B 可能有什么急事，C 打了好几次 D 电话。(前后)

7. A 大雨 B 下了好几天，C 不知道这个周末的天气 D 会怎样。(接连)

8. 这里的 A 文件有 B 上百份 C，怎么找 D 呢？(之多)

9. A 他的女朋友 B 长得 C 非常漂亮，D 个子有点儿矮。(不过)

10. A 我知道 B 有这么一回事，C 具体情况 D 并不了解。(不过)

11. 这次交通事故 A 是因 B 车速 C 过快 D 造成的。(而)

12. A 他俩 B 常常 C 意见不同 D 而大声争论，甚至吵架。(因)

(六) 用括号里的词语完成句子

1. 天空中一朵朵白云，________________________________。(如同)

2. 今天早上天气晴朗，________________________________。(谁知)

3. 世界上只有中国的西部有熊猫，________________________。(珍贵)

4. 这篇文章从开始写到完成，__________________________。(前后)

5. 我很喜欢这幅画，________________________。（色彩）

6. 雨不但没有停，________________________。（反而）

7. 排球比赛正在进行，________________________。（气氛）

8. 南山上的桃花都开了，________________________。（观赏）

9. 南方水多，________________________。（种植）

10. 在世界各地，玫瑰花________________________。（象征）

（七）综合填空

华丽高贵　象征　光彩照人　都　花朵　无比　前后　赞美

中国人喜爱梅花，从古到今，不知有多少人__①__过梅花。

梅花的__②__比较小，没有牡丹那么__③__，也没有玫瑰那么__④__，但是，春节__⑤__，天气还很冷，别的花__⑥__没开，梅花却开得鲜艳__⑦__。

在中国人看来，梅花__⑧__着勇敢和坚强。

（八）选用下列一组词语写一段话

1. 牡丹 花卉 观赏 花中之王

2. 象征 鲜艳 富贵 光彩照人

3. 栽种 施肥 浇水 心思

（九）回答下列问题

1. 你们国家最有名的花是什么花？象征着什么？

2. 你喜欢什么花？为什么？

六　副课文

送束鲜花表心意

一束鲜花万种情。送花已逐渐成为羊城广州的一种习俗。

送束鲜花表心意，送什么花，很有讲究。许多鲜花有各自不同的含意，一定要根据具体情况来选择。

新春佳节送鲜花，可以送牡丹花、水仙、桃花、金橘、吉祥草等，都含有吉祥之意。给老人送鲜花，最好送长寿花、万年青等，这些花都表示祝愿老人健康长寿。

如果送给恋人，一般都用玫瑰花表达自己的感情，因为玫瑰象征纯洁热烈的爱情。未婚的恋人，可互相赠送红色玫瑰花。

夫妻之间一般赠送合欢花，合欢花的叶片两两相对，合抱在一起，人们把它看成夫妻和好的象征，也可选送黄色玫瑰花。

参加朋友的婚礼，可以送艳丽的月季花，象征着甜蜜的爱情长久不衰；送百合花，表示祝愿新婚吉祥如意；送并蒂莲，象征夫妻恩爱，白头到老。

去看望父母亲，如果单送给母亲，最适宜的是康乃馨，祝福母亲健康平安；如果是送给父母亲，可用一支百合花，三支菊花，加上一些满天星，非常淡雅，含义也很深远。

朋友之间送花多用于表示祝愿、增进感情，送些富贵竹、金橘等盆花比较适宜。

对结婚不久的朋友，可送一些小型花篮，花篮中间插些玫瑰或百合花，也可插些满天星。

给工商界朋友送花，可以送杜鹃花、大丽花、常青藤等，象征着前程万里、事业发达。

朋友过生日，不妨送一束火红的石榴花、鲜艳的月季花，这些花象征吉祥如意，前途光明。

送花还要注意花的数量。中国的传统习惯是一束花的支数最好成双成对。节日里，千万不要送单黄色或单白色的花。

扎花也有学问，一定要下紧上松，这样花束就会丰满、美观。

献花之前应揭去包装纸，夫妇俩一起去做客的话，由男方将花献给女主人；女主人应加以赞美并表示感谢，也可以低头闻一下花束，表示自己很喜欢，并将花插在花瓶里，放在显眼的地方。

(据《羊城晚报》同名文章)

练习

说说你们国家送花的习惯。

第十课　高贵的秘密

提示　精明的商人从非洲引进了一种名贵的花。他非常爱惜这种花，舍不得将种子分给别人，只在自己的花园里种植培育。可结果却令商人灰心失望。这是为什么呢？

一　生词语

1. 精明 jīngmíng（形）　astute, shrewd / 非常细心、聪明、灵活：很精明、精明的商人

2. 商人 shāngrén（名）　businessman / 从事商业活动的人：大商人
   >军人　好人　主人　恋人　死人

3. 千里迢迢 qiānlǐtiáotiáo　far far away; from afar / 形容路途非常遥远，常作谓语、状语：他千里迢迢来到中国
   迢—造

4. 遥远 yáoyuǎn（形）　distant, remote / 很远：遥远的地方、遥远的山村

5. 引进 yǐnjìn（动）　introduce from elsewhere / 把外地或外国的人员、资金、技术等用到本国、本地：引进人才、大量引进外资

6. 名贵 míngguì（形）　famous and precious / (东西)很有名，价值很高：名贵的字画、非常名贵
   ≈宝贵　珍贵

7. 价钱 jiàqian（名）　price / 商品卖出的价值：价钱高、卖个好价钱

8. 亲朋 qīnpéng（名）　relatives and friends / 亲戚朋友：亲朋好友

9. 向来 xiànglái（副）　all long, the whole time / 从过去到现在一直：向来严格、向来如此
   ≈从来

10. 大方 dàfang（形）　generous / 对于财物不计较，不小气：大方得很、对人很大方
    ⟷小气

11. 舍不得 shěbude（动）　be loath to part with or leave / 很爱惜，不想放弃或离开，不愿意花费或使用：舍不得走、舍不得花钱
    ⟷舍得

12. 等到 děngdào（连） by the time; when / 表示时间条件：等到九点再走

13. 出售 chūshòu（动） offer for sale / 书面语，卖：出售商品、降价出售

14. 赠送 zèngsòng（动） give as a present / 把东西送给别人：赠送礼品、赠送给朋友

15. 万紫千红 wànzǐ-qiānhóng a riot of colour / 形容百花齐放，颜色艳丽，常作谓语：春天到了，百花齐放，万紫千红

16. 明媚 míngmèi（形） bright and beautiful / （阳光、笑容等）明亮可爱：阳光明媚、明媚的笑容

17. 夸 kuā（动） exaggerate / 用言语表达对人或人的行为等的喜爱和欣赏，称赞：夸她漂亮、别夸他了
    ≈称赞 表扬

18. 灰心 huī // xīn lose heart; be discouraged / 遇到失败或困难失去信心、情绪低落：有点儿灰心、灰了心

19. 竟然 jìngrán（副） unexpectedly; to one's surprise / 表示没想到或跟所想的不一样
    竟—竞

20. 赚 zhuàn（动） make a profit / 做生意等获得了利益：赚了一大笔钱、没赚到钱
    赚—嫌—谦

21. 退化 tuìhuà（动） degenerate / 生物在进化过程中，一些器官变小、消失或失去原来的功能；也指事物由优变差，由好变坏

22. 百思不得其解 bǎisī bùdé qíjiě remain puzzled after pondering over sth. / 反复思考，仍然不能理解，也说百思不解，作谓语：为什么会这样？我百思不得其解。

23. 请教 qǐngjiào（动） ask for advice; consult / 请求对方帮助、指教：向老师请教、请教专家

24. 为止 wéizhǐ（动） up to; till / 到（某个时间、地方等）结束、停止：到现在为止
    止—上

25. 甚至于 shènzhìyú（连） even / 强调要突出的事例，和“甚至”相同

26. 玫瑰 méigui（名） rose / 一种植物，有刺，花多是红色或白色，很香：一朵玫瑰、玫瑰花
    玫—玖—枚

27. 之类 zhīlèi and so on; and so forth / 这一类，指跟前面所说的人或事物有共同特点的一类：玫瑰之类的花卉、洗衣服之类的家务

28. 沉思 chénsī（动） ponder; meditate / 深深的思考：沉思了很久、沉思不语

29. 根源 gēnyuán（名） source; origin / 使事物产生的根本原因：事故的根源、失败的根源

30. 所在 suǒzài（名） where sth. lies / （事物的原因、性质等）存在的地方：原因所在、幸福之所在

31. 急切(形)　eager / 心情、要求等非常急，到了难以等待的程度：很急切、急切地
≈迫切　盼望
32. 相 xiāng(副)　each other / 互相：相邻、相距太远
>相邻　相爱　相像　相识　相见　相助
33. 种类 zhǒnglèi(名)　kind, sort / 根据事物本身的性质和特点分出的类别：商品的种类、植物的种类
≈品种　类型
34. 花粉 huāfěn(名)　pollen / 花朵里非常细小的颗粒，多是黄色，也有黑色
35. 四处 sìchù(名)　all around / 周围各地，到处：四处打听、去四处走走
≈四周
36. 沾 zhān(动)　be stained with / 因为接触而使液体、粉末等留在某物上：沾上了水、沾满了花粉
沾—粘
37. 阻止 zǔzhǐ(动)　arrest; stop / 使不能前进，使停止：阻止不了、阻止他
阻—组
38. 要 yào(连)　if; suppose / 表示假设关系，如果
39. 上市 shàng // shì　go on the market / (货物)开始在市场上出售：刚上市的西瓜、大量上市、还没上市
40. 抢购一空 qiǎnggòuyìkōng　抢着买东西，一下就买光了，作谓语
41. 发财 fā // cái　get rich; make a fortune / 得到很多钱、财产：恭喜发财、想发大财
42. 高尚 gāoshàng(形)　noble; lofty / 道德水平高、品质好：行为高尚
≈高贵　崇高
43. 无私 wúsī(形)　selfless; disinterested / 不自私：大公无私、无私的人
44. 自身 zìshēn(代)　oneself / 自己本身：自身的原因、自身的安全

二　课　文

一个精明的荷兰(Netherland)花草商人，千里迢迢从遥远的非洲引进了一种名贵的花，在自己的花园里培育，打算培育成功以后卖个好价钱。商人非常爱护这种花，许多亲朋好友向他要，向来大方的他却连一粒种子也舍不得给。他计划培育三年，等到拥有上万株后，再
5 开始出售和赠送。

第一年的春天，他的花开了，花园里万紫千红，那种名贵的花开

得尤其漂亮，就像明媚的阳光，又像华丽高贵的女王，真是人见人夸。第二年的春天，他的这种名贵的花已培育出了五六千株，但他和朋友们发现，今年的花开得没有去年好，花朵略小，还有一点点的杂色。到了第三年的春天，名贵的花已经培育出了上万株，令这位商人灰心失望的是，那些花的花朵竟然变得更小，花的颜色也不如以前那么鲜艳了，完全失去了它在非洲时的那种高贵。当然，他也没能靠这些花赚上一大笔钱。

难道这些花退化了吗？可非洲人年年种植这种花，并没有见过这种花会退化呀！他百思不得其解，便去请教一位植物学家。植物学家来到他的花园看了看，问他："你这花园隔壁是什么？"

他说："隔壁是别人的花园。"

植物学家又问他："他们种植的也是这种花吗？"

他摇摇头说："到现在为止，这种花在全荷兰，甚至于整个欧洲也只有我一个人有，他们的花园里都是些郁金香、玫瑰之类的普通花卉。"

植物学家沉思了一会儿，说："我知道你这名贵之花不再名贵的根源所在了。"

"究竟是什么原因呀？"商人急切地问。

植物学家接着说："尽管你的花园里种满了这种名贵之花，但跟你的花园相邻的地方却种植着其他种类的花卉。众所周知，花粉会通过风四处传播，这样，你的这种名贵之花沾上了旁边花园里其他品种的花粉，所以你的名贵之花就一年不如一年，越来越不高贵了。"

原来如此！商人又问："那么，我该怎么办呢？"

植物学家说："谁能阻止风传播花粉呢？要想使你的名贵之花不退化，只有一种办法，那就是让你邻居的花园里也都种上你的这种花。"

于是，商人把自己的花种分给了邻居。第二年春天花开的时候，商人和邻居的花园几乎成了这种名贵之花的海洋：花朵又肥又大，颜色光彩照人，艳丽无比。这些花一上市，便被抢购一空，商人和他的邻居都发了大财。

在这个世界上，没有一种高贵是独立的。心灵高尚无私，这是我们保持自身高贵的唯一奥秘。

（据《读者》李雪峰同名文章）

三 重点词语学习

（一）千里迢迢从遥远的非洲引进了一种名贵的花

“遥远”，形容词，形容非常远，用于时间和空间；常作定语，也可以作谓语。如：

1. 在遥远的古代，人们对大自然了解得非常少。
2. 在那遥远的地方，有个好姑娘。
3. 这一切都太遥远了，我不愿去想。

（二）向来大方的他却连一粒种子也舍不得给

“大方”，形容词，在这里表示对于财物不计较，不小气；可以作谓语、定语、状语。如：

1. 老王对人很大方，常常借钱给朋友。
2. 我喜欢大方的人，讨厌小气的人。
3. 他大方地借给我两千块钱。

“大方”还常形容说话和动作很自然，常作谓语和状语；还可以表示样式、颜色等让人看了很舒服，觉得很好，常作谓语和定语。如：

4. 演员们的表演自然大方，受到了好评。
5. 见到我，他就大大方方地向我伸出了手。
6. 这件衣服的颜色很大方。
7. 我喜欢这种大方的样式。

（三）向来大方的他却连一粒种子也舍不得给

“舍不得”，动词，指因为爱惜而不愿意买、使用或放弃。作谓语，常带动词性宾语，也可以不带宾语。如：

1. 妈妈从来就舍不得买比较贵的衣服。
2. 这支钢笔我一直舍不得用，因为这是我最好的朋友留给我的纪念。
3. 就要离开学校了，我还真有点儿舍不得呢！

（四）令这位商人灰心失望的是，那些花的花朵竟然变得更小

“灰心”，动宾短语，形容人遇到失败或困难而失去信心、情绪低落。常作谓语，不能带宾语。中间可以插入“了”、“过”，常和“丧气”连用。如：

1. 没考上理想的大学，他很灰心。

2. 碰到这么一点儿困难你怎么就灰了心呢？

3. 这么差的成绩，真让人灰心丧气。

（五）当然，他也没能靠这些花赚上一大笔钱

“赚”，动词，指获得利润，常带宾语和补语。如：

1. 这种生意非常赚钱，但很辛苦。

2. 学校附近的这些商店不知赚了学生多少钱。

3. 忙了一个月，一块钱也没赚到。

（六）我知道你这名贵之花不再名贵的根源所在了

“所在”，名词，指原因或问题存在的地方。一般放在双音节名词的后面，中间可以有“之”。如：

原因所在　希望所在　力量之所在　魅力之所在

1. 北京奥运会是许多中国人的梦想所在。

2. 你的快乐就是我的幸福所在。

3. 培养好下一代，这是我们未来希望之所在。

（七）但跟你的花园相邻的地方却种植着其他种类的花卉／你的这种名贵之花沾上了旁边花园里其他品种的花粉

“品种”和“种类”都指产品、商品、水果、蔬菜等的类别，在这里可以互换。“品种”还专指人工培育的生物，常用好、新、优良等形容，此时不能用“种类”；“种类”还指根据性质或特点对事物、动植物的分类，此时不能用“品种”。如：

1. 那家商店的商品种类少，价格又贵。

2. 这种苹果是新品种，味道不错。

3. 这种鸡是刚培育出来的优良品种，下蛋又多又大。

4. 蝴蝶有不少种类，我只知道这几种。

5. 玩具汽车的种类很多，有电动的，有遥控的。

（八）众所周知，花粉会通过风四处传播

“四处”，名词，指周围各个地方，常作状语、主语和宾语。如：

1. 她四处打听，才找到王明家。

2. 这里四处没有一个人，真有点儿害怕。

3. 他往四处看了看，没发现一个熟人。

(九) 谁能阻止风传播花粉呢?

"阻止",动词,意思是"使……停止",作谓语,常带宾语或补语。如:

1. 刚才他打小强,你怎么不阻止他呢?
2. 老师及时阻止了这种危险的行动。
3. 他决定了的事情,谁也阻止不了。

(十) 在这个世界上,没有一种高贵是独立的/心灵高尚无私

"高贵"和"高尚"都是形容词,都可以用来形容人的品质、品德、人格,但在这里不能互换。"高尚"常指人的道德水平高,行为伟大;"高贵"常指人的社会地位高,生活优越。如:

高尚的思想 高尚的心灵 高尚的精神 地位高贵 出身高贵

1. 这种舍己救人的高尚行为值得我们学习。
2. 她今天打扮得就像一个高贵的公主。

(十一) 这是我们保持自身高贵的唯一奥秘

"自身",代词,指自己本身。常作定语,也可以作介词宾语,还可以跟所指代的名词组成短语作句子成分。如:

1. 你总是看不到自身的缺点,这怎么能进步呢?
2. 不要老是怪别人,要学会从自身找原因。
3. 我觉得城市就像一个人,有其自身的形象和特点。
4. 你能说清楚生命自身的意义和价值吗?

四 语法学习

(一) 构词法(2):联合式

汉语里有一些双音节词语是由两个意义相同或相近的语素并列组合而成。如:

名词:语言 道路 爱好 地位 姿态 亲朋 色彩 气氛 根源 差别
动词:帮助 成立 赠送 阻止 观赏 种植 培育 记载 打算 计划
形容词:美丽 善良 遥远 高大 高尚 高贵 急切 名贵 精明 明媚

有的是由两个意义相对或相反的语素组合而成。如:

开关 东西 高低 买卖 动静 远近 忘记 利害

这样的构词方式,我们叫联合式。

(二) 向来大方的他却连一粒种子也舍不得给

"向来",时间副词,作状语,修饰动词性短语、形容词性短语或小句。如:

1. 老张做事向来认真。

2. 我向来不喜欢去这种热闹的地方。

3. 他向来自我感觉良好。

(三) 他计划培育三年,等到拥有上万株后,再开始出售和赠送

在这里,"等到"作连词,引出时间条件,后面常有再、才、就等词呼应。如:

1. 等到我们赶到火车站,火车已经开走了。

2. 等到你病好了,我就带你到处走走。

3. 等到快考试了,才发现自己什么都没学好。

(四) 今年的花开得没有去年好/花的颜色也不如以前那么鲜艳了

在这里,"没有"和"不如"都用于比较句,构成"A 没有/不如 B+形容词"的句式,可以互换。

但是,"不如"后面可以带名词性宾语,"没有"不能;"不如"多与积极意义的形容词搭配,"没有"还可以跟消极意义的形容词搭配。如:

1. 你的名贵之花就一年不如一年,越来越不高贵了。

2. 大卫的发音不如我,我的听力不如他。

3. 我没有她那么着急,也没有她那么难过。

(五) 令这位商人灰心失望的是,那些花的花朵竟然变得更小

"竟然",副词,表示没想到或跟所想的不一样;用在动词短语或形容词短语前作状语,常与没想到、不料配合。如:

1. 没想到这么重要的事,他竟然都忘了。

2. 听到这个消息,妈妈竟然高兴得哭了。

3. 不料吃了药之后,她的病竟然更重了。

(六) 到现在为止,这种花在全荷兰,甚至于整个欧洲也只有我一个人有

"到……为止"常用来表示一段时间的结束点,"到"与"为止"之间为表示时间点的名词或名词短语;在句中多作状语,有时也可以作谓语。如:

1. 到目前为止,报名人数已经达到了三百人。

2. 到现在为止,你已经丢了四部手机了。

3. 新生入学从 9 月 1 日开始,到 9 月 3 日为止。

"到"的前面还可以有动词 V,"V 到……为止"作谓语。如:

4. 这个学期我们学到 45 课为止。

5. 我要一直解释到你明白为止。

(七) 这种花在全荷兰,甚至于整个欧洲也只有我一个人有

"甚至于",同"甚至",连词,提出最突出的事例,表示更进一层的意思;可以

连接词或短语,也可以连接分句。如:

1. 这首歌很流行,年轻人,甚至于七八岁的小孩子都会唱。

2. 她胆子很小,狗啊,猫啊,甚至于兔子她都害怕。

3. 他不想上班,不想出门,甚至于连话也不想说。

(八) 但跟你的花园相邻的地方却种植着其他种类的花卉

"相",副词,多修饰单音节动词,表示互相有某种关系,如相爱、相比、相差、相反、相会、相见、相距、相识、相似、相同等。如:

1. 我还记得我们第一次相见时的情景。

2. 跟过去相比,我考虑问题更慎重更全面了。

3. 大学四年,他们相识、相知,成为了好朋友。

(九) 要想使你的名贵之花不退化,只有一种办法

"要",连词,表示假设关系,相当于"如果",多用于口语。如:

1. 要有什么问题,就及时跟我联系。

2. 明天要下雨的话,我就不去了。

3. 要想身体健康,你就得注意锻炼。

(十) 在这个世界上,没有一种高贵是独立的

在这里,"在……上"表示在某个范围内,常作状语,也可以作定语。又如:

在会上　在楼上　在山上　在课堂上　在书本上

1. 在会上,有人对目前的奖励制度提出了意见。

2. 安娜在课堂上的表现一直都很好。

3. 这些知识在书本上是找不到的。

"在……上"还常表示在某个方面。如:

在学习上　在生活上　在工作上　在心理上　在感情上

4. 开学以来,王梅在学习上有了很大的进步。

五 练　习

(一) 给下列多音字注音并组词

处 ______　为 ______　种 ______　相 ______

______　______　______　______

发 ______　　给 ______　　恶 ______　　得 ______

　 ______　　　 ______　　　 ______　　　 ______

（二）给下列形似字注音并组词

媚	玫	竞	尚
眉	玖	竟	上
造	沾	赚	阻
迢	粘	嫌	组

（三）分析下列词语的构成方式，并写出跟这些构词方式相同的词语

亲朋　气氛　根源　赠送　阻止　遥远　高尚　急切

____

商人　价钱　种类　花粉　四处　沉思　大方　自身

____

（四）选词填空

所在　根源　引进　出售　请教　沉思　赠送　自身

1. 学校要发展，必须______高层次的人才。

2. 老师，您有时间吗？我有个问题想向您______。

3. 我们要找出问题______，想办法解决它。

4. 这次事故的______就在于人们的交通安全意识不强。

5. 她的______条件并不好，能有今天的成就真的不简单。

6. 听了我的话，他______了很久，才开口说："行，那就这样吧。"

7. 这只大熊猫是中国政府______给美国的。

8. 这些衣服质量有点儿问题，所以才降价______。

沾　夸　之类　名贵　明媚　急切　无私　退化

9. 听了事情的经过后，大家都______小强聪明可爱。

10. 虽然他工作很忙，回到家里，买菜、做饭________的家务活也照样干。

11. 老年人要注意多用脑，防止大脑功能的________。

12. 看见医生走出来，张力________地抓住医生的手问："手术怎么样？"

13. 这对________的手表是我父母送给我们的结婚礼物。

14. 非常感谢贵公司对我们的________帮助，希望我们今后合作愉快。

15. 上了一个上午的课，衣服肯定会________上一些粉笔灰。

16. 想到马上就要见到心上人了，她的脸上露出了________的笑容。

(五) 辨析下列近义词，并选择适当的词语填空

夸　称赞

1. 老师们都________安娜汉语说得好。

2. 中外游客都________长城是伟大的建筑。

3. 别这么________我了，我都不好意思了。

四处　到处

4. 你忙吧，我想一个人去________逛逛。

5. 你去哪里了？身上怎么________都是泥？

6. 我________都看了，没发现什么。

品种　种类

7. 云南的植物________特别多，因此被称为天然植物园。

8. 那家商店电器产品________齐全，而且价钱也便宜。

9. 科学家想培育出更优良的水稻________。

遥远　远

10. 飞机越飞越高，越飞越________。

11. 他们离开了家乡，飞往那个神秘而________的地方。

12. 站在这里________望黄河，黄河就像一条细细的带子。

高贵　高尚

13. 这种________的行为深深感动了我们每一个人。

14. 今天你们家要来什么________的客人？这么认真准备？

15. 他年纪虽小，却有一颗________的心灵。

（六）把括号里的词语放在句中合适的位置

1. A 我没有他 B 傻，C 我才不会 D 做那样的事呢。（那么）

2. A 没想到 B 手术这么成功，才 C 几天，他 D 可以下地走路了。（竟然）

3. A 你是否想过 B 一个人 C 世界上到底 D 为什么而活着？（在）

4. A 你明天 B 有空，C 就 D 过来找我吧。（要）

5. A 她的性格 B 开朗活泼，C 今天怎么一句话 D 都不说？（向来）

6. 我们 A 要努力学习，B 不断提高 C 素质，适应社会 D 的需要。（自身）

7. A 我们还是快走吧，B 下雨 C 再走，那 D 就麻烦了。（等到）

8. A 现在 B 是下班的时间，路上会堵车，C 坐车去还 D 走路去。（不如）

9. 大川和美子都 A 在清华大学 B 学习，C 认识不久，他们就 D 爱了。（相）

10. A 他的病 B 越来越重，现在 C 不但行动困难，D 连饭都不能吃了。（甚至于）

（七）选择下列成语填空

光彩照人　四面八方　千真万确　一生一世　不知不觉　海角天涯

海枯石烂　全力以赴　千里迢迢　依依不舍　远走高飞　百思不得其解

1. 索菲__________来到中国，在这儿没有一个亲人，我们应该多关心她。

2. 时间过得真快，__________我来广州已经一年多了。

3. 我对你的感情直到__________也不会改变，你就相信我吧。

4. 我们相处得很愉快，分别的时候，真有点儿__________。

5. 这个消息__________，是经理告诉我的。

6. 我__________只爱你一个人，不管你富贵还是贫穷。

7. 他现在只想＿＿＿＿＿＿＿,到一个无人认识他的地方去。

8. 无论你走到＿＿＿＿＿＿＿,我的心永远都会陪伴着你。

9. 这次比赛我们要＿＿＿＿＿＿＿,取得好成绩。

10. 这个展览吸引了＿＿＿＿＿＿＿的人们前来参观。

11. 这部电影的女主角＿＿＿＿＿＿＿,吸引了无数影迷。

12. 他为什么要这么做呢？我＿＿＿＿＿＿＿。

(八) 改正下列错句

1. 因下雨而这次比赛推迟到周五下午举行。

2. 要你有什么问题,就打电话跟我联系。

3. 我比他认真一点儿,我的成绩不如他差。

4. 老师既帮助我,又同学们也帮助我。

5. 糟糕,我忘钥匙在房间里了。

6. 他不拥有一个幸福的家庭。

7. 他一解释,就我们都明白了。

8. 你什么时候回国,打招呼我,我送送你。

(九) 用括号里的词语完成句子

1. ＿＿＿＿＿＿＿＿＿＿＿＿＿＿,死亡人数已经达到了 151 人。(到……为止)

2. ＿＿＿＿＿＿＿＿＿＿＿＿＿＿＿＿＿＿＿＿＿＿＿＿＿＿＿＿,就别去了。(要)

3. 他做事太粗心了,＿＿＿＿＿＿＿＿＿＿＿＿＿＿＿＿＿＿＿＿＿＿。(竟然)

4. ＿＿＿＿＿＿＿＿＿＿＿＿＿＿＿＿＿＿＿＿＿,我不同意你的看法。(在……上)

5. 他要参加 HSK,这一段时间从早到晚地复习,＿＿＿＿＿＿＿＿＿。(甚至于)

6. ＿＿＿＿＿＿＿＿＿＿＿＿＿＿＿＿＿＿＿＿＿＿＿＿＿＿,你就放心吧。(向来)

7. ＿＿＿＿＿＿＿＿＿＿＿＿＿＿＿＿＿＿＿＿＿＿＿＿＿＿,一切就晚了。(等到)

8. 他从来不听别人的意见,＿＿＿＿＿＿＿＿＿＿＿＿＿＿＿＿＿＿＿＿。(阻止)

9. ＿＿＿＿＿＿＿＿＿＿＿＿＿＿＿＿＿＿＿＿＿＿＿＿＿,大家很喜欢他。(大方)

10. 我在这里生活了5年，______________________________。(舍不得)

11. 实验失败了，____。(灰心)

12. ____，没发现什么。(四处)

(十) 综合填空

有位精明的商人从＿①＿远的非洲引进了一种名贵的花卉，在自己的花园里用心培育。他＿②＿不得将花种分给亲朋好友，因为他要靠这种花赚＿③＿一大笔钱。可结果却令商人灰心失望。经过几年的培育，这种花的数量虽然已经达到了上万株，但花的品质却一年不如一年。这是为什么呢？商人百思不得其＿④＿。他只好＿⑤＿一位植物学家请教。答案非常简单。这是因为花粉会通过风四处传播，商人种植的名贵之花＿⑥＿上了其他品种的花粉，当然就慢慢退化了。商人最后接受了植物学家的建议，将花种＿⑦＿送给邻居。第二年，他们种植的名贵之花果然光彩照人，艳丽无比。这些花一上市，就被＿⑧＿购一空。商人和他的邻居都发了大＿⑨＿。这个故事告诉我们，要想保持自身的高贵，唯一的奥秘就是心灵要高＿⑩＿无私。

(十一) 根据下列问题写一段话

1. 课文中的商人为什么不愿意将花种分给别人？

2. 如果你是那位商人，你会怎么办？为什么？

六 副课文

人才看得见人才

某广告公司以高效率、高效益著称。据说其招聘人才的方法严格而奇特，但至今没有人知道其中的奥秘。即使那些应聘落选者，对考试经历也是守口如瓶。

刚毕业的我，决定去试一试。要能进这家公司工作，将是很荣幸的一件事。

不料招聘过程竟然很简单：第一轮，所有应聘人员到公司的大会议室，指定一个题目，在规定时间内设计一件作品。所有的考生都能按时完成任务，然后由专家组评审，当天下午即公布进入下一轮考试的名单。

第二轮考试在第二天下午。与前一天一样，也是在大会议室，指定一个题目，在规定时间内设计一件作品，不过应考者少了许多。我心中暗笑：专家组决定我们的命运，老一套了，没什么特别的。

果然，时间一到，收了卷子，全部送到另一间屋子，请专家组评审。不同的是，公司主考官要求我们等待，并送来午餐。

吃饭的时候，我们十个入选者议论起外界对这家公司的传言，觉得好笑：明明是常规考试，却说得那么神秘。也许这就是这家公司吸引人才的一种手段吧。

不足两小时，十份作品都评审完毕。主考官笑眯眯地进来了，将作品发还原作者。然后说：我公司向来重视专家的意见，但你们也为广告设计付出了自己的努力与心血，因此，专家的评分只占此轮考试的50%，另一半分数由你们相互评审。

大家都有些吃惊。然后便按主考官要求，各自带作品上前台展示一次，另外九人则在下边评分，并写出简单的评语。当然，彼此不准交换意见。考场安静极了。

另外九人中，至少有三人的作品令我佩服，我不得不怀着复杂的心情给了他们高分和好的评语。因为我相信：专家的眼光不会比我差，我不能故意去贬低别人。

最终，我被公司录用了，有点意外，更意外的是，令我欣赏的那三个人中，只有一名入选！我简直怀疑专家组和公司的眼光！但随后总裁与我们的首次谈话让我明白了原因所在：最后十位考生，都是专家眼中的优秀人才；而你们之间的相互评审，更能证明自身的能力与素质。能力低的人看不见别人的才华，倒是可以原谅；看不见人才的人才，就很狭隘了。我们不仅需要人才，更需要那些彼此欣赏、相互协作、团结共进的人才。

（据《青年文摘（红版）》同名文章）

练习

1. 要进这家公司工作，需要通过几次考试？
2. 你能说说这家公司选拔人才的方法吗？

第十一课　增强你的不可替代性

提示　现代社会竞争激烈。不管是生活中还是职场上，我们都会面对各种各样的竞争，缺乏竞争力就等于缺少生存能力。如何去竞争，如何在竞争中获胜，这是我们每个人在自己的职业发展过程中必须考虑的问题。这篇文章或许能给我们一些启示。

一　生词语

1. 增强 zēngqiáng（动）　strengthen; enhance / 使更强：增强力量、增强信心
   >增高　增多　增长　增加
2. 替代 tìdài（动）　substitute for / 代替：替代品、用你替代他
3. 职场 zhíchǎng（名）　从事某种职业的活动范围：职场经验、初入职场
   >广场　操场　机场　商场　战场
4. 竞争 jìngzhēng（动）　compete; vie / 跟别人比高低、争输赢：市场竞争、竞争激烈
5. 获 huò（动）　obtain; win / 得到、取得：获胜、获奖
6. 岗位 gǎngwèi（名）　post; station / 一个人在工作中的职位：新的岗位
7. 取代 qǔdài（动）　displace; replace / 排除某人或事物、占有其位置：取代她、被人取代
8. 无法 wúfǎ（动）　unable; incapable / 没有办法：无法解决、无法理解
9. 同事 tóngshì（名）　mate; colleague / 在同一单位一起工作的人：老同事
   >同学　同屋　同伴　同乡
10. 喋喋不休 diédiébùxiū　chatter without stop / 没完没了地说话，说个不停，常作状语、谓语：他喋喋不休，说个没完
    喋—蝶
11. 干扰 gānrǎo（动）　disturb; obstruct / 打扰，给别人带来麻烦或不安：干扰别人、受干扰
    扰—拢
12. 偷懒 tōu//lǎn　loaf on the job; be lazy / 想舒服、省事，逃避应做的事：想偷懒

13. 早晚 zǎowǎn(副) sooner or later / 或早或晚:早晚会知道、早晚都有这一天
14. 暴露 bàolù(动) expose; reveal / 使隐蔽的事物显露出来:暴露目标、暴露出来
15. 废旧 fèijiù(形) 丢掉不用的和陈旧的:废旧物品、废旧的电器
16. 鼠标 shǔbiāo(名) mouse / 计算机的一种输入设备,可以移动,用来控制电脑屏幕上光标的位置:移动鼠标、点击鼠标右键
17. 垫 diàn(名) pad; cushion / 放在床、椅子上的东西,起加高、加厚等作用:床垫、鞋垫
垫—热
18. 牛仔裤 niúzǎikù(名) jeans / 一种腰身紧、裤腿瘦的裤子,多用较厚的布做成
仔(zǐ)细
19. 泄露 xièlòu(动) let out; reveal / 本来应该保密的事被人知道了:泄露秘密、泄露出去
20. 职员 zhíyuán(名) office worker / 机关、企业、学校或社会团体里的工作人员:公司职员、银行职员
21. 忌讳 jìhuì(动) avoid as harmful / 由于风俗习惯或其他原因避免说某些话或做某些事:最忌讳的事情、有很多忌讳
讳—伟
22. 忠诚 zhōngchéng(形) loyal; faithful / 真诚可靠:很忠诚、忠诚的朋友
23. 电子邮件 diànzǐ yóujiàn e-mail / 通过计算机网络接受和发送的信息、信件等:一封电子邮件、发送电子邮件
24. 除非 chúfēi(连) only if; only when / 表示唯一的条件
≈只有
25. 愁眉苦脸 chóuméi-kǔliǎn pull a long face/ 形容忧愁苦恼的样子,作定语、谓语:不要愁眉苦脸的
26. 乐趣 lèqù(名) delight; pleasure / 愉快的感觉:人生的乐趣、充满了乐趣
27. 推脱 tuītuō(动) evade; shirk / 不肯承担(责任):推脱责任、无法推脱
28. 忽略 hūlüè(动) ignore; elide / 没有注意到:忽略了对孩子的教育、容易被忽略
≈忽视
29. 充实 chōngshí(动) substantiate; enrich / 使充足,加强:用知识充实自己
30. 发泄 fāxiè(动) give vent to; let off / 把不满情绪全都表现出来:发泄不满、发泄出来
31. 客户 kèhù(名) connection; custom / 企业称呼作为自己顾客的人或单位:新客户、老客户、大客户
32. 冷静 lěngjìng(形) sober; calm / 遇事不慌,头脑清醒:头脑冷静、保持冷静、冷静下来

33. 无影无踪 wúyǐng-wúzōng　not the least trace was found / 不见了，没有一点儿
　　踪—综　　影子，作补语、谓语：消失得无影无踪

34. 询问 xúnwèn(动)　ask about; enquire / 了解情况或请别人提意见：向学生询问
　　≈问　　情况

35. 是否 shìfǒu(副)　whether or not; whether / 是不是：是否准确、是否忠诚

36. 提交 tíjiāo(动)　submit (a problem, etc.) to / 把需要讨论、决定或处理的问题
　　提出来交有关机构或会议：提交大会讨论、提交学校处
　　理、提交申请

37. 言之无物 yánzhīwúwù　talk endlessly with no substance at all / 文章或言论内
　　容很空，作谓语或定语

38. 多半 duōbàn(副)　probably, most likely / 超过一半以上、很可能：多半是女
　　生、多半会下雨

39. 训 xùn(动)　lecture; teach; train / 严厉地批评和教育：训人、训他

40. 言而无信 yán'érwúxìn　fail to keep faith / 说话不算话，作谓语

41. 信任 xìnrèn(动)　trust; have confidence in / 相信某人：得到信任、信任他
　　≈相信

42. 等候 děnghòu(动)　wait; await / 等着、等待：等候命令、等候出发

43. 承担 chéngdān(动)　bear; undertake / 接受并负责任：承担责任、承担后果

44. 提拔 tíbá(动)　promote; preferment / 挑选合适的人担任更高的职务：被提
　　拔—拨　　拔、提拔他当经理

45. 侵犯 qīnfàn(动)　encroach on; violate / 非法干涉别人，损害其权利：侵犯他
　　人利益、侵犯我

46. 领地 lǐngdì(名)　territory / 一个国家所拥有并管理的全部区域，也指专属于某
　　≈领土　　人或某团体的空间范围：我的领地、公司的领地

47. 何况 hékuàng(连)　much less; let alone / 表示对前面所表达的原因或情况进
　　行补充

二　课　文

当前，职场竞争非常激烈，如何在竞争中获胜，让你的岗位无人可以取代？这是人人关心的问题。如果你能避免以下情况，你就能在激烈的竞争中，让别人无法替代你，让老板无法不用你。

工作时间不要与同事喋喋不休地聊天，工作时间聊天一来会让

5 别人觉得你们闲得没事干,二来会干扰别人的工作,让人讨厌。

老板不在的时候不要偷懒,不要以为老板不在就不知道你偷懒,你那糟糕的工作效率早晚会将你的所作所为彻底暴露。

不要将公司的东西带回家,哪怕是一把废旧的椅子或一个鼠标垫。要知道,任何人都不会喜欢一个爱占小便宜的人。

10 上班时不要打扮得那么奇怪,不要穿半尺厚的鞋子或破洞的牛仔裤,否则你的这种打扮会制造出与工作极不适宜的气氛,让别人无法集中精神工作。

不要为了个人的利益,泄露公司的秘密,作为公司职员,最忌讳做出对公司不忠诚的事情。

15 不要让电子邮件占用你太多的时间,除非有很重要的邮件,否则没必要时时刻刻阅读和处理邮件。过一段时间集中处理多个邮件,更能提高工作效率。

不要每天都是一副愁眉苦脸的样子。要试着从工作中寻找乐趣,试着找出令你感兴趣的工作方式,并试着多投入一点儿热情。

20 不要推脱一些你认为费力或不重要的工作,要知道,你所有的努力与贡献是不会永远被忽略的。

不要满足于自己取得的成绩,要虚心向有能力的人学习,要不断充实自己的专业知识,不断为公司的整体利益做贡献。

不要将个人情绪发泄到公司客户的身上,哪怕是在电话里。即使 25 你心情很糟糕,在拿起电话前,也要先让自己冷静一下,然后语调亲切地接听电话。

不要一到下班时间就消失得无影无踪。如果你没能在下班前将问题解决好,那你必须留下来做完你的工作。如果你不能留下来,那你回家后也应该打电话询问事情是否已得到解决。

30 不要提交言之无物的报告,老板看到这样的报告,多半会扔到垃圾桶里,或者把你叫来,狠狠地训你一顿。

不要言而无信,那样,会让所有与你工作上有关系的人都失去对你的信任,失去了信任,你就失去了一切。

不要总是等候别人的吩咐、按照别人的吩咐做事;不要出了问题 35 就把责任推给别人,自己一点儿责任也不愿承担。这样的表现只能让老板觉得你没有能力、没有责任心，永远不会提拔你。

不要把办公室家庭化，这是不专业的表现，也是侵犯公司领地的行为，更何况公司的客户没几个人愿意知道你的家庭是什么样。

（据《青年文摘》林少波文）

三 重点词语学习

（一）让别人无法替代你，让老板无法不用你

“无法”，动词，意思是没有办法，后面一定要跟动词或动词性短语。如：

无法吃　无法听　无法解决　无法相信　无法知道　无法完成

1. 这种打扮会制造出与工作极不适宜的气氛，让别人无法集中精神工作。
2. 这个菜太咸了，简直让人无法吃下去。
3. 作业太多，我无法按时完成。
4. 他总是变来变去，我真的无法相信他。

（二）干扰别人的工作，让人讨厌

“干扰”，动词，意思是打扰，给别人带来麻烦或不安；作谓语，常带宾语，也可以作主语和宾语。如：

1. 你们这样吵闹，当然会干扰我们学习。
2. 他在看书，你不要去干扰他。
3. 各种各样的干扰使我无法静下心来学习。
4. 希望你不要受别人的干扰，安心工作。

（三）你那糟糕的工作效率早晚会将你的所作所为彻底暴露

“暴露”，动词，表示使隐蔽的事物显露出来，多用于目标、身份、缺点、矛盾、问题等中性或不好的事物；作谓语，常带宾语或补语。如：

暴露身份　暴露目标　暴露缺点　暴露问题　暴露矛盾

1. 这次事故充分暴露了我们工作中存在的问题。
2. 时间一长，他的缺点也就全都暴露出来了。
3. 小心一点儿，不要暴露我们的目标。

（四）最忌讳做出对公司不忠诚的事情

“忠诚”，形容词，形容人诚实可靠，可以组成“对……忠诚”、“忠诚于……”，常作谓语、定语。如：

1. 玛丽对朋友很忠诚，朋友们都信任她。

2. 他是个忠诚可靠的人,这事可以交给他。

3. 我们要忠诚于国家,忠诚于民族。

(五) 要试着从工作中寻找乐趣

"乐趣",名词,指愉快的感觉,常作宾语。如:

1. 跟朋友聊天,当然有很多乐趣。

2. 生活中充满了乐趣,我们要学会享受这些乐趣。

3. 学习外语是我生活中的一大乐趣。

(六) 要不断充实自己的专业知识

"充实",在这里作动词,表示使充足、丰富,加强的意思;作谓语,常带宾语或补语。如:

1. 他喜欢参加各种活动,充实自己的生活。

2. 他通过大量而广泛的阅读来充实自己。

3. 文章的结构不错,但内容还需要充实一下。

"充实"还可以作形容词,表示充足、丰富,多用来形容生活、精神、内容等,常作谓语和定语。如:

4. 虽然每天都很忙,但我觉得生活很充实。

5. 文章要有充实的内容才能吸引读者。

(七) 要先让自己冷静一下

"冷静",形容词,形容人遇事不慌,头脑很清醒;可以作谓语、状语、定语、补语,还可以作宾语。如:

1. 当时我非常不冷静,说了一些不该说的的话。

2. 你先冷静地想一想,然后再作决定。

3. 作为领导,必须要有冷静的头脑。

4. 那天,司机表现得十分冷静,否则后果真的难以想象。

5. 遇到危险时,一定要保持冷静。

(八) 如果你不能留下来,那你回家后也应该打电话询问事情是否已得到解决

"询问",动词,意思是了解情况、请别人提意见,多用于书面、用于正式场合;常作谓语和宾语。如:

1. 座谈会上,校长还询问了同学们的学习和生活情况。

2. 经理向销售人员询问公司的销售情况。

3. 对顾客的询问他们都一一作出了答复。

4. 经过多次询问,警察终于弄清了情况。

(九) 这样,会让所有与你工作上有关系的人都失去对你的信任

"信任",动词,表示相信,愿意把事情交给某人做。常作谓语,所带宾语只能是表示人的名词或代词;还可以作主语和宾语。如:

1. 我信任你,才会把这件事情交给你做。
2. 他是个老实人,总经理对他很信任。
3. 朋友们的信任是对我最大的支持。
4. 公司不能只顾眼前利益,否则就会失去消费者的信任。

(十) 不要总是等候别人的吩咐

动词,跟"等待"意思一样,用法也差不多,但多用于具体的对象;作谓语,常带宾语和补语。如:

等候命令　等候上车　等候登机　等候出发　等候客人　耐心等候

1. 你们做好准备,等候出发的命令。
2. 我在那儿等候了半天也没等到他。
3. 汽车很快就来,请耐心等候。
4. 请乘客们排好队,等候登机。

(十一) 自己一点儿责任也不愿承担

"承担",动词,表示负担(责任、工作、费用等),常带宾语或补语。如:

承担责任　承担任务　承担义务　承担工作　承担医疗费

1. 这件事是我决定的,出了问题由我承担责任。
2. 她这么年轻,怎么承担得起这么沉重的打击?
3. 这里的消费不是太高,我还承担得起。
4. 你撞伤了他,应当承担他的全部医疗费。

四 语法学习

(一) 构词法(3):动宾式和补充式

汉语里有一些双音节词语,前后两个语素之间是支配和被支配的关系,前一个语素表示动作行为,后一个语素表示动作行为支配的对象。如:

司机　无限　美容　夺目　吃力　无聊　有限　无私　无情
注意　毕业　创新　出世　偷懒　发财　算账　无法　为止

这样的构词方式就是动宾式。

汉语里还有一些双音节词语,前后两个语素之间是补充和被补充的关系,后一个语素补充说明前一个语素。如:

提高　选定　超过　养成　造成　证实　说明　记住　遇见
船只　人口　书本　房间　事件　花朵　车辆　纸张　马匹

这样的构词方式就是补充式。

(二) 一来会让别人觉得你们闲得没事干,二来会干扰别人的工作,让人讨厌

"一来……,二来……",常用来一个一个地介绍、说明原因或理由,有时还说"三来……"。如:

1. 不少大学生都想在假期找份工作,一来可以赚点钱,二来可以锻炼自己。
2. 最近一直没跟你联系,一来特别忙,二来心情也不太好。
3. 我认为这个工作不能马上进行,一来准备还不够充分,二来人手也不够,三来暂时也没有那么多资金。

(三) 你那糟糕的工作效率早晚会将你的所作所为彻底暴露

"早晚",副词,意思是或早或晚,强调最后一定会出现某种结果或现象;作状语,后面常跟会、要、得等词语。如:

1. 他俩性格差异太大了,早晚得分手。
2. 你这样不注意身体,早晚会病倒的。
3. 他不听劝告,早晚要吃亏的。

(四) 不要让电子邮件占用你太多的时间,除非有很重要的邮件,否则没必要时时刻刻阅读和处理邮件

"除非A,否则B",表示一定要有条件A,否则就不能产生结果B。如:

1. 除非你来,否则他们一定不同意。
2. 除非你答应我的条件,否则我不会告诉你。
3. 除非有特殊情况,否则她一定会来。

"除非"还可以组成"除非A,才B",相当于"只有",表示一定要有条件A,才能产生结果B。如:

4. 除非你来,他们才会同意。
5. 除非你答应我的条件,我才告诉你。

"除非"还可以组成"结果B,除非A",表示除了条件A的情况,别的情况下都会有结果B。"除非"相当于"除了"。例如:

6. 他一定会来,除非临时有事。
7. 他不会告诉你的,除非你答应他的条件。

(五) 如果你没能在下班前将问题解决好,那你必须留下来做完你的工作。如果你不能留下来,那你回家后也应该打电话询问

"不"和"没"都可以用在能、能够、敢等助动词前,但有区别:"不+助动词"强调主观因素,语气较硬;"没能"强调客观事实,语气较委婉。"不"还可以用在可以、应该、会等助动词前,"没"不能。如:

1. 我病了,不能去上课,你帮我请个假吧。
2. 昨天我有事,没能来开会。

3. 这件事我没敢告诉他，怕他生气。

4. 你不应该说那样的话，弄得大家都不开心。

（六）那你回家后也应该打电话询问事情是否已得到解决

“是否”，副词，作状语，相当于“是不是”，但比较正式，多用在书面语中。如：

1. 不论你是否愿意，都得参加这次活动。
2. 请检查一下这种商品是否合格。
3. 根据录音判断下列句子是否正确。

（七）老板看到这样的报告，多半会扔到垃圾桶里

“多半”，副词，作状语，表示大概、很可能。如：

1. 听他的口音，多半是南方人。
2. 天空中都是黑云，看样子多半会下雨。
3. 我浑身无力，多半是感冒了。
4. 他这时候还没来，多半是迷路了。

“多半”还可以表示所指的人或事物的一半以上。如：

5. 小孩子多半都爱玩儿。
6. 我的朋友们多半都会唱歌。
7. 得这种病的多半是胖子。
8. 我们班多半是女生，男生比较少。

（八）这是不专业的表现，也是侵犯公司领地的行为，更何况公司的客户没几个人愿意知道你的家庭是什么样

“何况”，表示递进关系的连词，常用在复句的后一分句句首，对前一分句所说的原因或理由进行补充；前面可以有副词“更”、“又”。如：

1. 你去接他一下，这个地方不好找，何况他又是第一次来。
2. 咱们好不容易聚在一起，更何况今天是周末，多喝几杯吧。
3. 她刚来这里，人生地不熟，何况又是个女孩子，你要多关心她呀！

“何况 ”还常用于反问句，意思是“更不用说……”。如：

4. 这本教材中级班学都困难，何况初级班？
5. 骑车去那儿差不多要半个小时，何况走路呢？

五 练习

（一）给下列形似字注音并组词

扰　　询　　蝶　　拨　　踪　　热　　讳

扰　　词　　喋　　拔　　综　　垫　　伟

(二) 朗读下列词语并分析其构成方式

职场	岗位	乐趣	整体	同事	敌视	清除	惊醒
漂动	欢呼	增强	竞争	替代	干扰	忽略	充实
忌讳	冷静	忠诚	推脱	祝福	担忧	开心	出世
无情	用心	偷懒	发财	算账	无法	提高	养成
造成	证实	记住	邮件	船只	车辆	纸张	马匹

(三) 选择合适的量词填空

副　场　株　粒　顿　道　股　堆　条　下儿　会儿

一_____种子　　一大_____道理　　一_____暖流

一_____命令　　训了他一_____　　大闹一_____

打扰你一_____　　你冷静一_____　　一_____喜讯

一_____牡丹花　　一_____开心的样子

(四) 选择词语填空

言而无信　言之无物　愁眉苦脸　无影无踪　喋喋不休

所作所为　时时刻刻

1. 车子开得很快,一会儿就________了。
2. 你怎么说就应该怎么做,不要做一个________的人。
3. 你的________令我太失望了,我无法再相信你了。
4. 这些天他总是一副________的样子,肯定是遇到了什么麻烦事。
5. 你对我说的那些话,我________都记在心上。
6. 她一见我,就又开始________地说起她读大学时候的事情。
7. 一篇________的文章怎么会吸引读者呢?

岗位　整体　客户　领地　增强　询问　侵犯　忌讳　提交　暴露　承担

8. 作为部门经理,你应该多跟________交流。

9. 这次成功极大地________了他的自信心。

10. 王强在领导________上已经工作十多年了。

11. 警察向司机详细地________了事故发生的经过。

12. 与西医注重局部不同,中医注重的是________。

13. 你一定要小心,不要________了自己的真实身份。

14. 这次事故的主要责任应该由谁来________?

15. 代表们向大会________了有关工资改革的各种建议。

16. 春节的时候,人们都________说不吉利的话。

17. 我希望有一间自己的小屋,一个属于我自己的________。

18. 商店的这种行为其实________了消费者的利益。

(五) 用括号里的词语完成下列对话

1. A. 小梅怎么还不来啊?

   B. ______________________________。(多半)

2. A. 你常跟朋友聊天吗?

   B. ______________________________。(乐趣)

3. A. 你刚才那么大声说话,吓了我一跳。

   B. ______________________________。(发泄)

4. A. ______________________________。(提拔)

   B. 是吗? 那他应该请我们吃饭呀。

5. A. 你每天都这么忙,不累吗?

   B. ______________________________。(充实)

6. A. 他怎么能这样呢? 我要找他去。

   B. ______________________________。(冷静)

7. A. 你在这儿住得好好的,怎么想搬家了呢?

   B. ____。(干扰)

8. A. 你说,发生了这样的事,我该这么办?

   B. ____。(推脱)

(六)把括号里的词语放在合适的位置上

1. A这件事他B都会知道,C还不如现在就D告诉他。(早晚)
2. 在这场战争中A死亡的B是平民,其中C包括D252名少年儿童。(多半)
3. 那地方A太远了,除非你B跟我C一起去,我D去。(才)
4. 除非你A赶我走,B我C决不会离开D你。(否则)
5. A他今天B是不会来的,C你D亲自去请他。(除非)
6. 言而无信的人A获得B别人的信任,C失去了信任,就D等于失去了一切。(无法)
7. A动物B都这样爱自己的孩子,C何况D是人呢?(又)
8. A如果想参加这个大会,B一定C要D提交申请?(是否)
9. 突然A停电了,我B正好可以偷C懒D,休息一下儿。(一会儿)
10. A现在去B太晚了,C他不一定有空,D我们改天吧。(何况)

(七)辨析下列近义词并选择填空

信任—相信　　平静—冷静　　忠诚—忠实　　等候—等待

取代—替代　　不—没　　干扰—打扰　　询问—问

1. 你是有能力的,你一定要______自己。
2. 我对她非常______,什么事都会跟她说。
3. 谢谢你对我的______。
4. 他______地走进了考场,一点儿也不紧张。
5. 遇到突然发生的事情时,头脑一定要______。

6. 他对教育事业的______真令人感动。

7. 狗是人类最______的朋友。

8. 大家又唱又跳,兴奋地______新年的到来。

9. 请大家排好队,______上车。

10. 总经理详细地______了公司的经营情况。

11. 孩子打电话______妈妈什么时候回来。

12. 医生难以回答病人的______。

13. 有些事情需要你亲自去做,别人无法______。

14. 这种药副作用大,已经被别的新药______了。

15. 我以前说过他很多次,可他就是______听我的话。

16. 昨天我去开会了,______去商店。

17. 你上午______应该对他发那么大脾气,他毕竟还是个孩子。

18. 真对不起,这时候来______您。

19. 你们这样随便大喊大叫,会______比赛的。

20. 你要克服各种______,努力搞好工作。

(八)用括号里的词语完成下列句子

1. 我想做家教,______________________________。(一来……,二来……)

2. ______________________________,我才去。(除非)

3. 他是从来不会缺课的,______________________________。(除非)

4. 我们除非坐飞机去,______________________________。(否则)

5. ______________________________,我已经记不清楚了。(是否)

6. 听说那个电影还不错,____________________,咱们一起去看吧。(何况)

7. 那么难的题你都做对了,______________________________。(何况)

8. 我们别等他了,______________________________。(多半)

9. 他不听我们的意见,______________________________。(早晚)

10. 当时的感受和心情，________________________。(无法)

(九) 综合填空

泄露　职场　增强　竞争　忠诚　多半　信任　无法　替代　获

现代社会，只要你在＿①＿中求生存，就会时时刻刻面临着各种各样的＿②＿与挑战。要想在职场上＿③＿胜，就需要不断提高自己各方面的素质，＿④＿自己的不可＿⑤＿性。当然你还要学会一些在职场中生存的方法和技巧。例如，在公司进行人员调整时，最好能让你的老板看到你对公司的＿⑥＿。忠诚是每一个员工都需要具备的素质，一个向客户＿⑦＿公司秘密或总是对公司不满的员工，是任何老板都＿⑧＿忍受的。另外，注意不要在新年刚开始的时候要求加薪和提高待遇，这样的要求＿⑨＿会给老板留下不好的印象，让他失去对你的＿⑩＿。

(十) 回答下列问题

1. 你最赞同课文中所说的哪些内容？为什么？
2. 你认为在公司工作还应该注意什么？

六 副课文

一面墙改变一个人的命运

沃尔顿收到了著名的耶鲁大学的录取通知书。但是，因为家里穷，他交不起学费，面临失学。他决定趁假期去打工，像父亲一样做一名油漆工。

沃尔顿接到了一单为一大栋房子做油漆的业务，尽管房子的主人迈克尔很挑剔，但给的报酬很高。沃尔顿很高兴地接受了这桩生意。在工作中，沃尔顿自然是一丝不苟，他认真和负责的态度让几次来查验的迈克尔感到满意。

这天，是即将完工的日子。沃尔顿为拆下来的一扇门板刷完最后一遍漆，刚刚把它支起来晾晒。做完这一切，沃尔顿长出一口气，想出去休息一下，不想却被脚下的砖头绊了一下。这下坏了，沃尔顿碰倒了支起来的门板，门板倒在刚粉刷好的雪白墙壁上，墙上出现了一道清晰的痕迹，还带着红色的漆印。沃尔顿立即用切刀把漆印切掉，又调了些涂料补上。可是，做好这些后，他怎么看怎么觉得补上去的涂料色调和原来的不一样,那新补的一块和周围的墙面也显得不协调。怎么办?沃尔顿决定把那面墙再重新刷一遍。

大约用了半天时间,沃尔顿把那面墙刷完了。可是,第二天沃尔顿又失望地发现新刷的那面墙和相邻的墙壁又显得色调不一致,而且越看越明显。沃尔顿叹了口气,决定再去买些材料,将所有的墙重刷。尽管他知道这样做要多花比原来近一倍的本钱,他就赚不了多少钱了,可是沃尔顿还是决定要重新刷一遍。他心中想的是,要对自己的工作负责。

他刚把需要的涂料买回来,迈克尔就来验工了。沃尔顿向他道歉,并如实地将事情和自己内心的想法说了出来。迈克尔听后,不仅没有生气,反而对沃尔顿竖起了大拇指。迈克尔非常欣赏沃尔顿认真负责的工作态度,愿意赞助他读完大学。

就这样,沃尔顿顺利读完了大学,毕业后还娶了迈克尔的女儿为妻,进入了迈克尔的公司。十年后他成了这家公司的董事长。

现在,提起世界上最大的沃尔玛零售公司无人不知,可是没有多少人知道,现在公司的董事长就是当年刷墙的穷小子。一面墙改变了沃尔顿的命运,更确切地说,是他对工作认真负责的态度改变了他的命运。

(据《读者》同名文章)

练习

1. 把这个故事用自己的话讲一遍。
2. 沃尔顿没有按时完成工作时迈克尔为什么信任他、帮助他?

第十二课　梁山伯与祝英台

提示　在中国古代社会里，男女青年不能自由恋爱，婚姻大事必须由父母决定，由此造成了许多爱情悲剧。梁山伯与祝英台的故事，是中国古代四大爱情传说之一，它表现了人们对美好爱情的向往和追求，千百年来，一直被人们讲述着，并且将永远流传下去。

一　生词语

1. 流传 liúchuán（动）　hand down / 传下来或传开来：流传着、流传下来
2. 家喻户晓 jiāyù-hùxiǎo　be known to every household / 每家每户都知道，作谓语、定语：这是一个家喻户晓的故事
   喻—愉—偷
3. 规矩 guīju（名）　rule / 应该遵守的习惯、规则：规矩多、规矩严
   ≈规则
4. 严 yán（形）　strict,severe / 严格，对人要求高：要求很严、标准不严
5. 烦恼 fánnǎo（形）　upset,annoyance / 心情不好：很烦恼、不要烦恼
   恼—脑
6. 路过 lùguò（动）　pass by or through / 路上经过（某地）：路过邮局、路过香港
7. 扮 bàn（动）　be dressed up as / 打扮、装扮：女扮男装、扮成警察
   扮—份—纷
8. 再三 zàisān（副）　again and again / 一次又一次：再三说明、再三要求
9. 严厉 yánlì（形）　severe / 处理事情或对人非常严肃、厉害：严厉的态度
   厉—历　≈严格　严肃
10. 英俊 yīngjùn（形）　handsome / （男性）长得好看而且有精神：很英俊
11. 身份 shēnfen（名）　identity,status / 人在社会上或法律上的地位、资格
12. 女子 nǚzǐ（名）　woman / 女人：女子篮球、女子学校、年轻女子
13. 当面 dāng//miàn　in sb.'s presence / 当某人在场时、面对面：当着他的面、当面道歉

14. 喜鹊 xǐquè(名)　magpie / 一种鸟，传说听到喜鹊的叫声就会有喜事来临

15. 枝 zhī(名)　branch / 植物的主干上分出来的细长部分：树枝、细枝

16. 兄 xiōng(名)　elder brother / 书面语，哥哥：张兄、李兄、杰克兄

17. 领会 lǐnghuì(动)　understand,comprehend / 理解并体会到：领会了、没领会

18. 暗示 ànshì(动)　hint / 不直接说出自己的意思，而是用动作或别的话让别人体会：暗示他、作出暗示

19. 吉祥 jíxiáng(形)　lucky / 幸福，有好运气：吉祥如意、吉祥话
　　祥—详—样

20. 报喜 bào//xǐ　announce good news / 报告好消息：给你报喜、喜鹊报喜

21. 池塘 chítáng(名)　pool,pond / 有水的池子：池塘中、清清的池塘、小池塘

22. 鸳鸯 yuānyāng(名)　mandarin duck / 一种水鸟，多成对生活，常用来比喻夫妻

23. 深情 shēnqíng(形)　with deep emotion / 感情很深地：深情地看着

24. 愿 yuàn(动)　be willing to / 希望实现某种想法或达到某种目的：愿你幸福

25. 形影不离 xíngyǐngbùlí　be after each other like shadows / 像人和影子一样不能分开，形容两个人总在一起，作谓语

26. 可惜 kěxī(形)　pityful,what a pity / 让人觉得遗憾：很可惜、有点儿可惜
　　惜—借　>可怕　可爱　可恶　可笑　可耻

27. 映 yìng(动)　reflect / 因为光线照射而出现物体的形象：映在墙上、映出

28. 明明 míngmíng(副)　obviously / 表示显然是这样、很清楚：明明是这样
　　≈分明

29. 明白 míngbai(动)　to understand / 懂得、了解：不明白道理、明白了

30. 嫁 jià(动)　marry / 女人结婚：嫁人、嫁出去、嫁给他
　　←→娶

31. 再说 zàishuō(连)　what's more / 表示对前面的话补充进一步的情况

32. 门当户对 méndāng-hùduì　a marriage between families of equal social rank / (男女双方)在社会或经济地位上相近，作谓语

33. 穷人 qióngrén(名)　poor people / 没有钱、生活困难的人：帮助穷人
　　←→富人

34. 沉重 chénzhòng(形)　heavy / 很重、不轻松：沉重的打击、心情沉重

35. 打击 dǎjī(动)　hit, strik / 攻击，使人受到挫折：受到打击、打击敌人

36. 万分 wànfēn(副)　very much,extremely / 非常、极其：万分高兴、万分感谢

37. 一连 yìlián(副)　in succession / 动作或情况接连不断出现、一次接一次
　　≈连连

38. 花轿 huājiào(名) sedan / 古时中国人结婚时,女人到男方家乘坐的工具
轿—桥—骄
39. 坟墓 fénmù(名) sepulcher,tomb / 人死后埋葬的土堆,也叫"墓"或"坟"
40. 对得起 duìdeqǐ not let sb. down / 对人不感到惭愧:我对得起他,对不起你
⟷对不起
41. 无可奈何 wúkěnàihé become unable to do anything with / 没有办法,作谓语、状语:他无可奈何地走了
42. 只得 zhǐdé(副) have to / 不得不、只好:只得休息、只得同意
43. 电闪雷鸣 diànshǎn-léimíng lightning flashes and thunder rumbles / 天空中又打雷又闪电,作谓语
44. 裂 liè(动) split,crack / 完整的东西破了,分成几块:房子的墙裂了、裂开
45. 犹豫 yóuyù(形) hesitate / 拿不定主意:犹豫不决、毫不犹豫
⟷坚决
46. 纯洁 chúnjié(形) pure / 单纯、没有不好的东西和想法:纯洁的爱情
47. 歌颂 gēsòng(动) sing the praises of / 用诗歌等语言文字来赞扬:歌颂母亲
≈歌唱
48. 生前 shēngqián(名) while living / 死者还活着的时候:他生前去过中国

专有名词

1. 浙江 Zhèjiāng 中国的一个省
2. 杭州 Hángzhōu 浙江省的一个城市

二 课 文

在中国,流传着一个家喻户晓的爱情故事,这就是梁山伯与祝英台的故事。

古时候,浙江有个姑娘叫祝英台,十七岁,又聪明又漂亮。她生在一个有钱人家,家里规矩很严,平常不许女儿出大门一步,祝英台为此十分烦恼。

一天,她闲坐在窗前,看见一群去杭州读书的年轻人有说有笑地路过,十分羡慕,她也很想去读书。但在那个时候,女孩子是不能出去

读书的。聪明的祝英台想了一个办法：女扮男装，去杭州读书。在她的再三请求下，严厉的父亲终于同意了。

10 在去杭州的路上，她遇见一位英俊的小伙子，也是去杭州读书的，名叫梁山伯。祝英台与梁山伯边走边谈，很快就成了好朋友。到了杭州，他们一起读书，互相关心、互相帮助，感情越来越深。三年中，祝英台处处小心，不暴露自己的身份，梁山伯一直不知道祝英台是个女子。

15 有一天，英台接到父亲的信，叫她赶快回去。临走前，英台悄悄告诉师母：她是个女子，她喜欢山伯。

英台要回家去了，山伯去送她。

在路上，英台很想当面把心里话告诉山伯，却又感到难以开口。走着走着，突然听到一阵鸟叫，抬头望去，原来是一对喜鹊在树枝上

20 叫。英台心里一动，便对山伯说："梁兄，你看，树上的喜鹊成双成对，小弟今天却要一个人回家了。"山伯没有领会英台的暗示，笑着说："喜鹊是吉祥之鸟，它们是来向你报喜的吧！"

走着走着，来到一个池塘前，成双成对的鸳鸯在水里游来游去。英台深情地对梁山伯说："梁兄，英台若是姑娘，愿与梁兄像鸳鸯那样

25 形影不离。"山伯笑了起来："可惜你不是姑娘！"

走不多远，看见一口井，英台拉着山伯来到井边。两人低头望着清清的井水，水里映出了年轻的山伯和英台，英台说："你看，咱们多像一对夫妻！"山伯奇怪地问："咱们明明都是男的，怎么能像夫妻呢？"英台见山伯还是不明白自己的意思，只好说："我有个妹妹，长得

30 和我一样，如果梁兄愿意，就快点儿来我家求婚。"山伯高兴地答应了。山伯把英台送了很远很远，两人才依依不舍地分别了。

英台回到家，父亲让她嫁给一个大官的儿子，英台坚决不同意，一定要嫁给梁山伯。父亲大怒，说："婚姻大事从来都是由父母决定，再说，婚姻必须门当户对，我的女儿怎么能嫁给梁山伯那样的穷人

35 呢？"英台又伤心又着急，天天吃不下睡不着。

英台走后，师母把英台的话告诉了梁山伯，山伯愣了半天，想起那天给英台送行的情形，这才明白了她的心思。山伯马上离开杭州，去英台家求婚。

山伯欢欢喜喜地来到英台家求婚，没想到等待他的却是沉重的
40 打击。英台的父亲不但不答应把英台嫁给山伯，还大骂山伯，叫人把他赶了出去。

山伯痛苦万分，回家后就病倒了，不吃不喝，不久就离开了人间。

听到山伯病死的消息，英台的心都碎了，她一连哭了三天三夜。后来，她对父亲说，她答应嫁给那个大官的儿子，但结婚那天，花轿一
45 定要从山伯的坟墓前经过。她要去看看山伯的墓，为他哭一场，这样才对得起山伯，不然，她死也不答应嫁人。她的父亲无可奈何，只得同意。

结婚那天，花轿经过山伯的坟墓，英台下了花轿，跪在坟前，哭着说："梁兄！我们不能同生，只求同死。你如果地下有知，就带小妹一起
50 走吧！"

这时，天突然黑了下来，电闪雷鸣，下起了大雨，只听"轰"的一声，山伯的墓突然裂开，英台毫不犹豫地跳了进去，墓立刻又合上了。

雨过天晴，太阳又出来了。天边出现了一道美丽的彩虹，坟墓上开满了鲜花，一对美丽的蝴蝶在花丛中自由地飞来飞去。

55 据说这对美丽的蝴蝶就是梁山伯和祝英台变的，这对真心相爱的年轻人活着的时候不能成为夫妻，死后却永远在一起了。

千百年来，梁山伯与祝英台的故事感动着世世代代的人们，他们的爱情是那么纯洁，他们对爱情是那么忠诚，人们永远地歌颂他们：

生前不能做夫妻，死后天上成双对。

60 千年万代不分开，梁山伯与祝英台。

（据《神话传说故事》同名故事）

三 重点词语学习

（一）她生在一个有钱人家，家里规矩很严 / 在她的再三请求下，严厉的父亲终于同意了

"严"和"严厉"都是形容词，意思相近。"严"表示在制度、规定、纪律、考试、限制等方面不降低要求，"严厉"表示人的态度、神情严肃而厉害。"严厉"可以作

状语，“严”不作状语。如：

1. 我们的父母对我要求很严。

2. 我们学校的制度非常严。

3. 爷爷的态度很严厉，她有点儿害怕。

4. 父亲严厉地说：“犯了错误就要改正！”

5. 她被章经理严厉地批评了一顿。

（二）梁山伯一直不知道祝英台是个女子

“女子”是名词，指女性成年人。可以作主语、宾语，还作定语，用在体育运动中。如：

1. 前天来过的那个女子又来了。

2. 那个穿红色衣服的女子跳舞跳得最好。

3. 刘敏是学校女子排球队的。

4. 玛丽参加了女子5000米长跑比赛。

（三）在路上，英台很想当面把心里话告诉梁山伯，却又感到难以开口

“当面”，动宾短语词，中间可以插进词语。指当某人在场时、面对面，常作状语。如：

1. 刘老师当着大家的面批评了罗西。

2. 这些话，我不好意思当着他的面说。

3. 有什么话最好当面说，不要背后说。

4. 她为我做了很多事，我要当面向她表示感谢。

（四）山伯没有领会英台的暗示

“领会”，动词，意思是理解并体会到，常常与意思、精神、道理、意义、实质等词搭配。如：

1. 学生们都领会了老师的意思。

2. 我们要认真领会这次会议的精神。

3. 读文章要认真地领会其中的道理。

（五）英台若是姑娘，愿与梁兄像鸳鸯那样形影不离

“愿”，动词，表示愿意，多用于书面语，后面要带动词性宾语。如：

1. 我愿和你们一起去公司工作。

2. 她愿去北京，不愿去上海。

3. 我愿去最需要我的地方。

“愿”还表示“祝愿”，常常放在句首。如：

4. 愿我们的祖国繁荣富强。

5. 愿我们的友谊天长地久。

(六)山伯笑了起来:“可惜你不是姑娘。”

“可惜”,形容词,意思是让人觉得惋惜、遗憾,常用于东西的丢失和损坏,也可以用于机会的失去;常作谓语。如:

1. 他的声音很好,可惜有点儿紧张,没唱好。
2. 老李很有才华,可惜没有得到重视。
3. 我们错过了一个好机会,真可惜!
4. 这本书扔了有点儿可惜。

(七)山伯愣了半天,想起那天给英台送行的情形,这才明白了她的心思

“明白”,动词,意思是了解,懂得,常作谓语。如:

1. 我们都明白发生什么事情了。
2. 我明白你的意思了。

“明白”还有形容词的用法,表示(意思、内容等)清楚,让人很容易理解,或者表示人的头脑清楚,懂道理。如:

3. 张先生讲得很明白,不同意这么做。
4. 这个问题我终于弄明白了。
5. 我们都是明白人,都知道这个道理。
6. 她是个明白人,你一说她就懂了。

(八)山伯欢欢喜喜地来到英台家求婚,没想到等待他的却是沉重的打击

“打击”,动词,攻击,指使人受到挫折,常作主语、谓语、宾语。如:

1. 父亲去世这件事对他的打击太大了。
2. 我们要严厉打击违法行为。
3. 这种做法大大打击了工人的积极性。
4. 小张的信心受到了严重打击。

(九)她要去看看山伯的墓,为他哭一场,这样才对得起山伯

“对得起”与“对不起”意思相反,表示不辜负人、不感到惭愧,作谓语。如:

1. 我要是这么做,对得起你,可对不起他呀!
2. 做事要对得起自己的良心。
3. 这件事我尽了最大的力,对得起你了。
4. 你只有好好学习,才对得起父母。

(十)她的父亲无可奈何,只得同意

“无可奈何”,成语,意思是没有办法,想不出解决问题的办法。作谓语、状语、定语。如:

1. 遇到这样的事情,大家都无可奈何。
2. 实在不知道怎么做,我感到无可奈何。

3. 看到大家都回答不出来,老师无可奈何地笑了。

4. 我也不想这样做,这样做是无可奈何的选择。

四 语法学习

(一) 在她的再三请求下,严厉的父亲终于同意了

“在……下”,介词短语,表示某个条件或某种情况,中间插入名词性短语。如:

1. 在哥哥的带领下,她终于跑完了5000米。
2. 在老师的帮助下,小李进步很快。
3. 在朋友的劝说下,她离开了北京。
4. 在十分复杂的情况下,他毫不犹豫地作出了决定。

(二) 在她的再三请求下,严厉的父亲终于同意了

“再三”,副词,表示多次地、一次又一次地;作状语,修饰双音节动词。如:

再三表示　再三要求　再三说明　再三强调　再三嘱咐　再三劝说

1. 他再三向我表示一定要完成任务。
2. 老师再三强调这次考试的重要性。
3. 他再三要求参加这次比赛。

“再三”还可以放在考虑、犹豫、思考的后面,作补语。如:

4. 我考虑再三,还是没有答应他。
5. 他犹豫再三,最后才下了决心。

(三) 成双成对的鸳鸯在水里游来游去/一对美丽的蝴蝶在花丛中自由地飞来飞去

“V来V去”是常用的格式,表示动作行为反复进行或持续,后面不能带宾语。单、双音节动词都可以进入这个格式。如:

想来想去　吃来吃去　跑来跑去　看来看去　说来说去　问来问去

商量来商量去　打听来打听去　考虑来考虑去　犹豫来犹豫去

1. 他们商量来商量去,也没想出好办法。
2. 我说来说去,他还是不明白我的意思。
3. 看来看去,我也没发现这东西有什么特殊的。

(四) 咱们明明都是男的,怎么能像夫妻呢?

“明明”,副词,作状语,表示显然、确实,后面的句子表示疑问或者转折。如:

1. 她明明去过北京,怎么说没去过呢?
2. 那本书我明明放在桌子上,怎么不见了?

3. 小刘明明懂了,却装着不懂。

4. 他明明错了,却不承认。

(五) 英台见山伯还是不明白自己的意思,只好说……/ 她的父亲无可奈何,只得同意

"只好"和"只得"都是副词,作状语,意思相同,都表示没有别的选择、不得不,一般情况下可以互换。但是,"只得"的主语很少是第二人称,"只好"没有这个限制。如:

1. 别人都不去,我只好一个人去。

2. 自行车坏了,我只好步行去学校。

3. 晚上实在睡不着,只得吃片安眠药。

4. 他一直问,我只得告诉了他。

5. 没有别的办法,你只好这样做了。

(六) 婚姻大事从来都是由父母决定,再说,婚姻必须门当户对,我的女儿怎么能嫁给梁山伯那样的穷人呢?

"再说",连词,连接分句,前一分句提出一个理由,后一分句再补充一个理由。如:

1. 小张篮球打得不错,再说你们也少一个人,这次篮球比赛就让他去吧。

2. 我不想去游泳,我对游泳兴趣不大,再说下午我还有事呢。

3. 你们是外国人,再说又第一次来广州,我怎么能不帮你们呢?

4. 天气比较热,再说你身体也不太好,你就别去了!

(七) 山伯痛苦万分,回家后就病倒了

"万分",副词,放在表示心理、情绪的双音节形容词、动词之前或之后,强调程度非常高,意思相当于非常、极其。如:

1. 听到这个消息,她万分高兴。

2. 谁能帮助我们找到丢掉的那本宝贵的书,我们将万分感谢。

3. 他去世了,大家都悲痛万分。

4. 终于得了冠军,他们激动万分。

(八) 听到山伯病死的消息,英台的心都碎了,她一连哭了三天三夜

"一连",副词,作状语,后面的谓语中必须有数量词,表示动作行为接连出现。如:

1. 我一连叫了他几声,他才听见。

2. 老张吃惊得一连退了几步。

3. 假期里,我一连看了几部小说。

"一连"还可以表示某种动作行为或情况一直持续不变,后面带表示时间、数量的短语。如:

4. 他一连休息了三天。

5. 麦克一连工作了十五个小时。

6. 他一连几天没睡觉,终于把事情做完了。

(九) 这时,天突然黑了下来

在这里,"下来"用在形容词后面,表示状态开始出现并持续。又如:

瘦下来　暗下来　冷下来　凉下来　慢下来

冷静下来　安静下来　平静下来　镇静下来　便宜下来

"下来"还常用在动词后,表示动作行为的完成、动作从过去持续到现在或从开始持续到最后、人员从较高部门到较低部门或事物从高层次到低层次。如:

画下来　抄下来　写下来　折下来　撕下来

租下来　停下来　留下来　答应下来　决定下来

1. 我们商量来商量去,还是没办法决定下来。

2. 这些传说故事都是从古代流传下来的。

3. 老师已经把试卷发下来了。

五　练　习

(一) 给下列汉字注音并组词

喻	烦	裂	诚	厉
坟	扮	枝	愉	须
历	样	桥	纹	份
祥	轿	烈	城	支

(二) 课文理解(根据课文判断下列句子正误)

(　　) 1. 祝英台是在杭州认识梁山伯的。

(　　) 2. 祝英台很希望梁山伯向她妹妹求婚。

(　　) 3. 祝英台的父亲看不起梁山伯,他不许祝英台嫁给梁山伯。

( ) 4. 梁山伯在祝英台家受到沉重打击，因为英台改变了想法，准备跟别人结婚。

( ) 5. 梁山伯被祝英台的父亲大骂一顿后，心里万分痛苦，回到家里就病倒了。

( ) 6. 祝英台答应嫁给别人，是因为她想找机会在梁山伯的坟墓前大哭一场。

(三) 选词填空

流传 家喻户晓 烦恼 英俊 身份 深情 犹豫 领会 吉祥

1. 这个故事在中国________，连小孩子都知道。
2. 女的长得好看叫美丽，男的长得好看叫________。
3. 她的意思你还没有________，再想想吧！
4. 社会上________着这样一种说法："干得好不如嫁得好。"
5. 不要再________了，否则会错过机会。
6. 新年到了，祝大家新年快乐，________如意。
7. 她以医学专家的________参加了这次大会。
8. 每个人生活中都会有________，不可能天天都快乐。
9. 杰克________地对玛丽说："我们永远在一起！"

门当户对 暗示 明明 纯洁 万分 一连 再说 当面 无可奈何

10. 你________告诉我已经回美国了，怎么还在这里呢？
11. 她认为最理想的婚姻是男女双方家庭________。
12. 实现了自己多年的理想，李华________激动。
13. 面对着这些问题，克里斯不知道怎么办，感到________。
14. 和这么一群天真________的孩子一起生活，我也好像变得年轻了。
15. 他渴极了，________喝了几杯茶。
16. 他看了我一眼，________我该走了。

17. 张老师没有________批评玛丽,而是写了一封信指出她的缺点。

18. 我今天有点儿忙,________我也不大会唱,就不跟你们K歌了。

(四)辨析下列近义词并选择恰当的词语填空

严格　严厉

1. 这是一场________的考试,大家都很紧张。

2. 张教练对运动员的要求很________,每个动作都必须做好。

3. 老张对自己的孩子太________了,经常打骂他们。

4. 公司来了一位态度________的经理,大家都有点儿怕他。

愿　愿意

5. ________天下的父母亲都生活得幸福。

6. 大家都非常________参加这个活动。

7. 我________和你一起走遍天涯海角。

一连　连连

8. 这里________几天都在下雨。

9. 听了这些话,小王________摇头。

10. 国庆节________放七天假,我们可以出去旅游,放松放松了。

11. 我________加了三天班,累极了!

女人　女子

12. 今天有一场________排球比赛,中国队对美国队,很精彩。

13. ________要独立,就要工作,不能只呆在家里。

14. 老马真幸运,碰上一个美丽善良能干的好________。

起来　下来

15. 天亮了,路上的行人多________了。

16. 今天你该冷静________,我们好好谈一谈。

17. 这些资料很重要,你把它们好好保存________。

18. 老师刚才说的我都记________了。

可惜　遗憾

19. 这些东西都被你扔掉了,太________了。

20. 很________,我今天不能陪你去。

21. 昨天我们玩得很开心,________你没去。

22. 我很________地告诉你,你没有被选上。

(五) 给下列句子中画线的词语选择合适的义项

1. 别人都走不开,我只得自己去试试。

A. 只要　　B. 只是　　C. 只　　D. 只好

2. 他一向对自己要求很严,家长和老师都很放心。

A. 严厉　　B. 严肃　　C. 严格　　D. 严重

3. 这几天太忙了,实在没心思去旅游。

A. 念头　　B. 心情　　C. 心理　　D. 想法

4. 这段话的意思很明白,不需要再解释了。

A. 知道　　B. 清楚　　C. 明明　　D. 简单

5. 大家心里都明白他是个什么样的人。

A. 了解　　B. 明确　　C. 明明　　D. 明显

6. 这首诗的主题是歌颂祖国的大好河山,从20世纪50年代一直流传到现在。

A. 唱　　B. 演唱　　C. 赞美　　D. 表扬

7. 怪不得你生他的气,原来你把他的意思领会错了。

A.了解　　B. 理解　　C. 知道　　D. 明白

8. 一切按规矩办事,你没有证件,我不能让你进去。

A. 规范　　B. 规律　　C. 规则　　D. 习惯

（六）给括号里的词语选择合适的位置

1. 这件事 A 很 B 重要，C 他却不当 D 一回事。（明明）
2. 你 A 有什么意见 B 可以 C 对他说，不应该 D 背后说他的坏话。（当面）
3. A 看到这么多好朋友 B 来 C 参加自己的婚礼，她高兴 D。（万分）
4. A 这个问题 B 没有 C 搞清楚过，现在 D 总算弄明白了。（从来）
5. A 你这么大年纪 B 走得动，C 难道像我这样的年轻人 D 还走不动？（都）
6. 他 A 听说因自己住院工作 B 停了下来，就 C 要求提前 D 出院。（再三）
7. A 只要经常锻炼，B 你的身体 C 会 D 好起来。（便）
8. A 你 B 有什么问题，C 可以随时 D 来找我。（若）
9. 为了让他 A 知道这个信息，我 B 打了 C 三个 D 电话。（一连）
10. A 外面下起雨来了，B 你身体不好，C 就 D 不要去了。（再说）

（七）用括号里的词语改写句子

1. 领导多次强调，他们这种做法是错误的。（再三）
2. 他一次又一次地向学校请求毕业后去西藏工作。（再三）
3. 河上没有桥，我们不得不从水中走过去。（只好）
4. 等了半天，他还不来，我只能一个人先去了。（只好）
5. 这话确实是他说的，怎么现在就不承认了？（明明）
6. 你知道下午有事，为什么还出去？（明明）
7. 这几天你身体不好，就别去了，而且他也不一定在家。（再说）
8. 有问题你应该在和她见面时说清楚，不要在背后议论。（当面）
9. 我反复考虑，还是决定不下来。（V 来 V 去）
10. 我想了半天，也没想出一个好办法。（V 来 V 去）

（八）给下列句子加上适当的定语、状语或补语

1. 这是一个传说。
2. 一对蝴蝶在飞。

3. 她很伤心。

4. 年轻人路过门口。

5. 祝英台告诉梁山伯。

6. 他们形影不离。

7. 牡丹花开了。

8. 我买了一本书。

(九) 用括号里的词语完成句子

1. ________________,他终于恢复了健康。(在……下)

2. ________________,他才醒来。(一连)

3. 还是我去吧,我对那里的情况比较熟悉,________________。(再说)

4. 因为钱不够了,________________。(只得)

5. 那个地方很美,________________。(可惜)

6. ________________,妈妈终于同意了。(再三)

7. 谁的话他都不听,________________。(无可奈何)

8. ________________,你还不相信吗?(明明)

(十) 综合填空

在中国,梁山伯与祝英台的故事可以说是__①__。他们真心相爱,由于父母的反对,__②__不能结为夫妻,他们__③__选择死亡来表明自己对爱情的忠诚。千百年__④__,梁山伯与祝英台的爱情感动着世世代代的人们,在人们的心中,梁山伯与祝英台就像__⑤__美丽的蝴蝶,在花丛中自由地飞舞,__⑥__也不会分开。

① A. 依依不舍　B. 形影不离　C. 家喻户晓　D. 坚贞不屈

② A. 也　B. 就　C. 却　D. 又

③ A. 只好　B. 只是　C. 但是　D. 因此

④ A. 以后　B. 以来　C. 以前　D. 以上

⑤ A. 一只	B. 一套	C. 一对	D. 一群
⑥ A. 永恒	B. 永远	C. 一直	D. 长久

(十一) 写出这个故事的主要内容(500字左右)

六 副课文

梁山伯与祝英台

碧草青青花盛开,彩蝶双双久徘徊①,
千古传颂深深爱,山伯永恋祝英台。

同窗共读整三载,促膝并肩两无猜,
十里相送情意深,谁知一别在楼台。

楼台一别恨如海,泪染双翅身化蝶,
彩蝶翩翩②花丛来,历尽磨难真情在,
天长地久不分开,天长地久不分开。

注:

① 徘徊 (páihuái) 动词,来回地飞。

② 翩翩 (piānpiān) 形容词,形容轻快飞舞的样子。

练习

1. 朗读并背诵这首诗歌。
2. 听一听《梁祝》这首曲子,体会它的思想感情。

第十三课　草原上的“姑娘追”

提示　中国有五十六个民族，各个民族都有自己独特的风俗习惯和娱乐活动。“姑娘追”是新疆哈萨克族和柯尔克孜族流行的一种有趣的传统娱乐活动，也是青年男女们一种公开的谈情说爱方式。

一　生词语

1. 难得 nándé（形）　rare / 不容易得到或办到：很难得、难得的机会
2. 亲眼 qīnyǎn（副）　with one's own eyes / 用自己的眼睛看：亲眼看见
   >亲口　亲耳　亲手　亲自
3. 观看 guānkàn（动）　watch / 特意地看：观看比赛、观看表演
   >观赏　观察
4. 趣味 qùwèi（名）　interest / 吸引人、有意思、让人愉快的某种特点：有趣味
5. 娱乐 yúlè（名）　entertainment / 快乐、有趣的活动：娱乐活动、娱乐节目
6. 流行 liúxíng（动）　popular / 广泛传播：流行音乐、开始流行
7. 精神 jīngshen（形）　vigorous / 活跃；有活力：很精神、打扮得很精神
8. 标志 biāozhì（名）　sign / 表明特征的记号：交通标志、奥林匹克标志
9. 路程 lùchéng（名）　course / 道路的远近：路程很远、艰难的路程
10. 若干 ruògān（数）　a certain number of / 表示不确定的数量：若干年
11. 心爱 xīn'ài（形）　beloved / 心里喜爱的：心爱的人、心爱的姑娘
12. 过分 guòfèn（形）　excessive / 超过一定的限度：过分紧张、太过分了
   ≈过于
13. 发火 fāhuǒ（动）　get angry / 发脾气：别发火、又发火了
   >发怒　发笑　发愁　发疯
14. 默默 mòmò（副）　silently / 不说话，不让别人知道：默默地忍受、默默地工作
15. 忍受 rěnshòu（动）　endure / 尽力承受（精神或身体受到的伤害）：忍受痛苦

16. 鞭子 biānzi(名) whip / 赶牛、马等用的一种工具：一条鞭子、举鞭、挥鞭
17. 权利 quánlì(名) right / 应该有的权力和利益：选择的权利、说话的权利
18. 转入 zhuǎnrù(动) switch to / 转到：转入另一个话题
    >进入　投入　放入
19. 扬 yáng(动) raise / 高举：扬鞭、扬手、扬着头、扬起鞭子
    扬—杨
20. 飞快 fēikuài(形) very fast / 非常快，像飞一样：跑得飞快、飞快地开车
21. 魅力 mèilì(名) glamour,chram / 美好的、吸引人的力量：艺术的魅力、有魅力
22. 威风凛凛 wēifēnglǐnlǐn majestic-looking / 形容很威严、令人敬畏的样子，作谓语、定语、状语：威风凛凛的士兵
23. 连连 liánlián(副) repeatedly / 连续不断：连连点头、连连摆手
    ≈接连　一连
24. 示威 shìwēi(动) protest / 向对方显示自己的力量：示威活动、向他示威
25. 似的 shìde(助) rather like / 表示跟某人、物或某种情况相似：像…似的
26. 终点 zhōngdiǎn(名) destination / 一段路程结束的地方：冲向终点、临近终点
    ⟷起点
27. 罢休 bàxiū(动) give up / 停止做某事：不罢休、才罢休
28. 人群 rénqún(名) a crowd / 很多人在一起：拥挤的人群、在人群中
    >羊群　牛群　马群　狼群　建筑群
29. 有意 yǒuyì(动) like / 有爱慕之心；故意：对他有意、有意这么做
    ⟷无意
30. 留情 liúqíng(动) show mercy / 指不过分地对待别人：毫不留情、手下留情
31. 挨 ái(动) get / 遭受：挨打、挨骂、挨批评、挨饿、挨冻
32. 无意 wúyì(动) dislike / 不喜欢；没有想做某事：对他无意、无意与他合作
33. 狠狠 hěnhěn(形) fierce / 厉害，严厉：狠狠地打、狠狠打击
    狠—狼—娘—浪
34. 倘若 tǎngruò(连) if / 如果，若
34. 得罪 dézuì(动) offend / 让人生气：得罪人、得罪了他
36. 矫健 jiǎojiàn(形) strong and vigorous / 强壮有力：很矫健、矫健的步伐
    矫—骄—娇
37. 男子汉 nánzǐhàn(名) masculine / 指身体强壮、性格坚强的男人
38. 丢人 diūrén(形) lose face / 丢脸；丢丑：丢人的事、真丢人、感到丢人
39. 宁可 nìngkě(副) would rather / 表示经过比较后，选择相对有利的情况
    ≈宁愿　宁肯

40. 护 hù(动)　protect / 照顾、保护：护着头、护着孩子
41. 趴 pā(动)　bend over / 胸部朝下伏着：趴着、趴在地上、趴下、趴一会儿
　　趴—扒
42. 出洋相 chū // yángxiàng　make a (sorry) spectacle of oneself / 闹笑话，出丑：别
　　>出毛病　出难题　　出洋相、出了洋相
43. 狼狈 lángbèi(形)　in a difficult situation / 困苦或为难的样子：真狼狈
44. 前仰后合 qiányǎng-hòuhé　stagger forward and back / 形容身体前后晃动，作谓语、补语：笑得前仰后合
45. 警告 jǐnggào(动)　warn / 提醒，使警惕：警告你、发出警告、受到警告
46. 惩罚 chéngfá(动)　punish / 严厉处罚：受到惩罚、惩罚他、严厉惩罚
　　←→奖励
47. 细致 xìzhì(形)　meticulous / 精细周密：很细致、细致的工作
　　≈细心
48. 传达 chuándá(动)　convey / 把一方的意思告诉另一方：传达信息、传达命令
　　≈转达
49. 心意 xīnyì(名)　kindly feelings / 对人的感情；意思：传达心意、我的心意
　　≈情意
50. 心领神会 xīnlǐng-shénhuì　understand without so many words / 不用对方明说，心中已经明白，作谓语：我已经心领神会
51. 至于 zhìyú(介)　as for / 表示提起另外的事

专有名词

1. 新疆　Xīnjiāng　中国西部的一个民族自治区
2. 哈萨克族　Hāsākè Zú　新疆的一个少数民族
3. 柯尔克孜族　Kē'ěrkèzī Zú　新疆的一个少数民族

二　课　文

早就听说新疆哈萨克族的“姑娘追”十分有趣，这次来到草原，碰上了一个难得的机会，亲眼观看了这个节目，果然别有趣味，令人难忘。

“姑娘追”是由古代“追姑娘”的习俗发展变化而来，它既是一种
5 体育娱乐项目，又是小伙子追姑娘的一种公开的谈情说爱方式，广泛流行于新疆哈萨克族和柯尔克孜族人中间。“姑娘追”，哈萨克语叫“克孜库瓦尔”(kèzīkùwǎ'ěr)，“克孜”即姑娘，“库瓦尔”是追的意思。由于哈萨克语是宾语在前，动词在后，所以，他们说的“姑娘追”，翻译成汉语就是“追姑娘”。

10 参加“姑娘追”比赛的都是青年男女，一个个都打扮得漂漂亮亮，精精神神。比赛时选择一块长长的草地作为赛场，立一根木杆作为标志，将比赛的路程分为去程和回程两段。比赛开始，男方可以邀请女方，女方也可以邀请男方，被邀请者不能拒绝。接着便骑马入场，先是一对一对地进行，然后速度逐渐加快，若干对男女同时进场，同时进
15 行。

所谓“去程”，实际上是小伙子追姑娘的路程；“回程”则是姑娘用行动回答小伙子的路程。在去程上，男女并马慢行，边走边谈。此时男方可以放心大胆地向心爱的姑娘表达爱情，甚至开过分的玩笑。女的即使不好意思也不能发火，不能生气，只有低着头、红着脸，默默地忍
20 受，给男方谈话的机会和自由。但回程就不同了，回程是姑娘用鞭子来回答求爱者的路程，主动的权利在于女方。一转入回程，小伙子就立刻扬鞭催马，飞快地往回奔跑，姑娘则骑马紧追不放，而且一追上来挥鞭就打。哈萨克姑娘的马上功夫不比男人差，而且参加比赛的姑娘骑的往往都是事先选好的快马，因此很少有几个小伙子能逃脱姑
25 娘的皮鞭。

我参观过两次“姑娘追”，欣赏到了哈萨克姑娘的魅力。她们威风凛凛，左手控马，右手挥鞭，还没追上来就把鞭子在空中甩得“呼呼”响，向男的连连示威。一追上来就“叭、叭、叭”一阵响鞭，那鞭子在男的头上、背上、肩上左右开花，吓得小伙子像兔子见了老鹰(yīng/
30 eagle)似的拼命狂奔。有的姑娘甚至追打到终点还不罢休，把小伙子逼得往山坡上逃，或躲到人群中去。当然，若姑娘有意，自然会高举轻落，鞭下留情，或者把小伙子的马抽一鞭子，让马跑快点儿，这样小伙子就不会挨打；若姑娘无意，她就会挥起鞭子狠狠地向小伙子抽去，小伙子就得连连挨打。

35　倘若小伙子在去程上得罪了姑娘，矫健的哈萨克姑娘就会突然一鞭把小伙子头上的皮帽打落在地上，这可是男子汉最丢人的事啊！所以，小伙子宁可挨鞭子也要保住帽子。有的双手护着帽子狂奔；有的掉了帽子，抱住脑袋，趴在马背上逃跑；有的保住了帽子，又顾不了衣服，真是大出洋相，狼狈极了！在场的观众笑得前仰后合。无论男女
40　老少，谁都不同情被打的小伙子，都支持打小伙子的姑娘。他们一会儿哈哈大笑，一会儿高呼：打！打！再打！再打！用劲儿打！

事后，我兴致勃勃地请教哈萨克朋友："你们真有意思，谈情说爱还要打？"他们说："爱也要打，打就是爱。"原来在这个民族心中，打就是爱，追就是情，又追又打就是爱情。能追能打，勇敢矫健的姑娘就是
45　最让人喜欢和追求的好姑娘。而且，打也是有区别的，在姑娘高高举起的皮鞭下，既有深情的打、喜爱的打；又有不爱的打、警告的打、惩罚的打。那鞭子在姑娘的手中自会细致地传达她的心意，而只有被打的小伙子才能心领神会。至于在场的观众，只看见姑娘挥动皮鞭，又哪能看见姑娘那颗深情的心呢？

50　"姑娘追"，"追姑娘"，这实在是新疆哈萨克草原上最为开心的事！

（据《文化与生活》同名文章）

三　重点词语学习

（一）碰上了一个难得的机会

"难得"，形容词，表示不容易得到、遇到的，常作谓语、定语。如：

1. 能看到这么好的表演，真的很难得。
2. 机会难得，可不要错过啊！
3. 这可是一个难得的机会呀！
4. 他可是一个难得的人才！

（二）果然别有趣味

"趣味"，名词，指吸引人、有意思、让人愉快的某种特点；"别"在这里意思是"另外"，"别有趣味"就是另有趣味、有特殊的趣味。如：

1. 玛丽觉得学汉语语法是一件有趣味的事。

2. 课文既要有实用性，又要有趣味性。

3. 许多外国学生说，中国武术不但看得懂，而且别有趣味。

4. 表演很精彩，尤其是泰国同学的舞蹈，更是别有一种趣味。

(三) 一个个都打扮得漂漂亮亮，精精神神

"精神"，形容词，形容人活跃、有活力；常作谓语、定语、补语，可以重叠为"精精神神"。如：

1. 理了发，他显得格外精神。

2. 老人虽然八十岁了，可还挺精神。

3. 那个挺精神的小伙子就是玛丽的男朋友。

4. 你今天怎么打扮得这么精神？

(四) 甚至开过分的玩笑

"过分"，形容词，指(说话或做事)超过一定的限度，作谓语、定语、状语。如：

1. 你为什么每天欺负他？你这样太过分了！

2. 他工作做得好，奖励他十万元不算过分。

3. 不要说过分的话、做过分的事。

4. 你不要过分紧张、过分着急。

(五) 女的即使不好意思也不能发火

在这里，"不好意思"表示害羞、难为情。又如：

1. 大家都夸玛丽唱得好，她有点不好意思了。

2. 都是熟人，唱几句吧，别不好意思。

另外，"不好意思"还指怕伤面子而不好采取某种行动，或表示抱歉。如：

3. 当时我很生气，但在这么多人的面前我不好意思发火。

4. 我不好意思总麻烦别人。

5. 真不好意思，让您久等了！

6. 不好意思，也许我当时没说清楚。

(六) 只有低着头、红着脸，默默地忍受

"忍受"指把痛苦、困难、不幸等不愿意接受的东西勉强承受下来，可以带宾语。如：

1. 这种生活让她实在无法忍受，她选择了离婚。

2. 我忍受不了她的指责，和她吵了起来。

3. 这几天，我一直忍受着失眠的折磨。

4. 他忍受着失去亲人的痛苦，每天忙着抢救地震中受伤的人。

(七) 这样小伙子就不会挨打

"挨"，动词，指受到(打、骂等)，多指不好的事。如：

挨打　挨骂　挨饿　挨冻　挨批评

1. 昨天我挨了爸爸一顿打。
2. 不要打扰他，小心会挨骂。
4. 发洪水了，她过不了河，还挨了一天饿。
5. 今天我没做完作业，挨老师批评了，心里很不高兴。

(八) 真是大出洋相，狼狈极了

“出洋相”，指闹笑话、出丑，中间可以插入别的词语。如：
1. 他最怕在别人面前出洋相。
2. 别叫我，我才不去出那个洋相呢！
3. 杰克比较调皮，经常出洋相，让大家开心。
4. 我刚开始学滑冰时，老摔跤，尽出洋相。

(九) 真是大出洋相，狼狈极了

“狼狈”，形容词，在这里形容出丑、显得难看、不体面的样子；还可以形容生活困苦或紧张。如：
1. 小李淋了雨，衣服全湿透了，样子十分狼狈。
2. 你没看到他当时狼狈的样子，太可笑了！
3. 当着这么多人出了洋相，真狼狈！
4. 前几年，我的孩子小，工作又忙，生活过得很狼狈。
5. 这几天工作不顺利，总挨老板的骂，实在狼狈！

(十) 那鞭子在姑娘的手中自会细致地传达她的心意

“传达”，动词，指把一方的意思告诉另一方或另一些人。如：
1. 在回程上，姑娘用鞭子传达了自己的心意。
2. 请把我的意思传达给你们老板，好吗？
3. 李主任向大家传达了学校的决定。
4. 立刻传达我的命令：“部队跑步前进！”

(十一) 那鞭子在姑娘的手中自会细致地传达她的心意

“心意”，名词，指内心对人的感情。如：
1. 春节的时候，我给老师寄一张贺卡来表达心意。
2. 他还是不明白这位姑娘对她的心意。
3. 你的心意我明白，但礼物我不能收。
4. 这点礼物是我们大家的一点心意。

四 语法学习

（一）亲眼观看了这个节目

“亲眼”，副词，表示用自己的眼睛（看），作状语。如：

1. 我亲眼看到他进家门了。
2. 他亲眼看到了车祸的发生。
3. 听了你的介绍，我真想亲眼看看那里的山水。
4. 这件事是你亲眼所见吗？

（二）“姑娘追”是由古代“追姑娘”的习俗发展变化而来

“由……而来”，固定格式，表示事物的起点或来源，多用于书面语。如：

1. 中国人吃粽子的习惯是由纪念屈原而来的。
2. 青蛙是由蝌蚪变化而来的。
3. 简体汉字是由繁体汉字简化演变而来。

（三）参加“姑娘追”比赛的都是青年男女，一个个都打扮得漂漂亮亮，精精神神/先是一对一对地进行

“一个个”和“一对一对”都是数量词语的重叠。“一个个”作主语，表示“每一个”；“一对一对”作状语，表示动作进行的方式，后面可以加“地”，也可以不加。数量词语重叠还可以作定语，表示数量多。如：

1. 我们单位今年新来了好几个小伙子，一个个都很不错。
2. 饭要一口一口地吃，书要一页一页地看。
3. 我们下山的时候，看见一群一群的年轻人步行上山。
4. 远远望去，那一片片绿油油的稻田就像一张绿色的地毯。

（四）哈萨克姑娘的马上功夫不比男人差

“不比男人差”意思是跟男人差不多，跟男人一样好或比男人还好一点儿。“A 不比 B……”往往针对的是自己或别人的某种看法或结论，用来说明某个比较的结果，如：

1. 我以为他很高，比了以后才知道他不比我高。
2. 他总说我的学习成绩好，其实他的成绩不比我的差。
3. 你要相信自己，他的水平不比你高。

（五）吓得小伙子像兔子见了老鹰似的拼命狂奔

“似的”，助词，相当于“一样”，常组成“像……似的”，表示跟某种情况相似。如：

1. 灯光把天空照得像白天似的。
2. 小张像猴子似的一下子就爬到了树上。

3. 小偷看到警察,像老鼠见了猫似的跑了。

还可以组成"……得什么似的",表示程度高。如:

4. 老师表扬了小明,小明高兴得什么似的。

5. 小张加了一夜班,累得什么似的,别去打扰他!

(六) 小伙子就得连连挨打

"连连"是副词,表示动作在短时间内快速、多次重复。修饰双音节动词或动词词组。如:

连连招手　连连点头　连连摇头　连连后退　连连摇晃

连连进攻　连连失败　连连鞠躬　连连叹气　连连喘气

1. 听我们这么说,他连连点头,表示同意。

2. 走到桥中间,他连连摇晃了几下,差点儿摔下来。

3. 警察连连向他发出警告,让他立即停车。

4. 他握着我的手,连连说:"谢谢! 谢谢! "

(七) 倘若小伙子在去程上得罪了姑娘

"倘若",连词,用于书面语,表示假设,相当于"如果"。如:

1. 倘若你不相信我的话,可以去问老师。

2. 倘若明天不下雨,我们就去旅游。

3. 倘若有什么变化,我们一定及时通知你。

5. 倘若你有一百万,你会用它去做什么?

(八) 小伙子宁可挨鞭子也要保住帽子

"宁可",连词,组成"宁可A,也要B",表示为了目的B,愿意去做不愿意做的事情A。如:

1. 他宁可借钱,也要买车。

2. 我宁可今晚不睡觉,也要把工作做完。

3. 他宁可出去打工,也要供儿子读大学。

还可以组成"宁可A,也不B",表示在A、B两个不利的情况中,选择相对有利的情况A。如:

4. 她为了减肥,宁可挨饿也不吃饭。

5. 中国有个谚语:宁可站着死,也不跪着生!

6. 他宁可自己受累,也不愿麻烦别人。

(九) 至于在场的观众,只看见姑娘挥动皮鞭

"至于"在这里是连词,连接两个分句,表示提起另外的事。如:

1. 这次实习的地点定在深圳,至于实习的具体时间,过几天再通知。

2. 这事由你自己决定,至于其他人的意见,只作为参考就行了。

3. 这次你先去吧,至于刘军,以后还有机会。

4. 你先把这一部分做完,至于第二部分,过几天再做吧。

"至于"还可以表示程度,有"到……的程度(地步)"的意思,只用于反问句,前面常有疑问词"哪"、"何"等。如:

5. 你要是早听我的话,哪/何至于生活得这么糟糕?

6. 广州队要不是主力队员受伤,哪/何至于输给上海队?

7. 他得的只是感冒,哪/何至于住院?

8. 为这点儿小事就哭个不停,至于吗?

五 练 习

(一) 给下列形似字注音并组词

趴	狼	扬	抑	矫
扒	狠	杨	仰	骄
致	狈	丢	踢	威
至	坝	去	惕	成

(二) 课文理解(根据课文回答问题)

1. "姑娘追"的规则是什么?

2. 小伙子们在"姑娘追"的活动里最丢人的事是什么?

3. 姑娘们怎么对待她们喜欢的小伙子?

4. 姑娘们怎么对待她们不喜欢的小伙子?

5. 观众们支持姑娘还是小伙子?

(三) 为下列画线的词语选择适当的义项

A. 有活力的　　B. 主要的意思　　C. 人的思想、心理

1. 我们要学习他这种乐于助人的精神。

2. 孩子们穿着运动服,看起来很精神。

3. 这个文件的精神,大家都理解了吧?

4. 他虽然八十多了,可看起来还是很精神。

A. 从　　B. 自己　　C. 自然,当然

5. 这些事情,我自会注意,不用你操心。

6. 自古以来,台湾就是中国的领土。

7. 奶奶年纪大了,常常喜欢一个人在家里自言自语。

8. 两人久别重逢,自有许多话要说。

A. 意见　　B. 心意　　C. 意义　　D. 趣味

9. 哈萨克族的"姑娘追"非常有意思。

10. 这件小小的礼物是我们大家的一点儿意思,请收下。

11. 我想暑假去北京玩儿,可大家的意思是去杭州。

12. 我还没弄明白这段话是什么意思。

A. 表示达到某种程度　　B. 表示另提一事

13. 为了一点儿小事,哪至于哭成这样?

14. 他说他闻到酒味就会醉,至于吗?

15. 这几年村里盖了不少新房子,至于各家买的电器、家具,就更多了。

16. 你负责准备行李,至于买车票的事,就交给我了。

A. 分离　　B. 另外　　C. 不要

17. 你别开玩笑了。

18. 四川的麻辣豆腐吃起来别有一番风味。

19. 临别时,玛丽送给我一本相册。

20. 没想到这儿风景这么美,真是别有一番天地。

(四) 选择填空

1. ______一个中国人,应当为国家贡献自己的一份力量。

A. 成为　　B. 作为　　C. 是　　D. 为

2. 奥运会开幕式上，一百多个国家和地区的体育代表团______地进入会场。

A. 一连　B. 连连　C. 接连　D. 一队一队

3. 为了照顾有病的奶奶，小玲______放弃去北京旅游的机会。

A. 喜欢　B. 宁可　C. 宁静　D. 不肯

4. 我刚刚认识小明，______能了解他的内心世界？

A. 那　B. 哪　C. 不　D. 才

5. 这是你自己的事，主动权______你。

A. 于　B. 是　C. 在　D. 对

6. 小明吓得像老鼠见了猫______赶快跑了。

A. 地　B. 相似　C. 同样　D. 似的

7. 你______见到他拿这里的东西了吗？

A. 亲眼　B. 自己　C. 亲自　D. 亲身

8. 下面由我来______一下今天会议的精神。

A. 说　B. 传达　C. 告诉　D. 解释

9. 这篇课文没有什么______，学生们不太喜欢。

A. 意见　B. 兴趣　C. 想法　D. 趣味

10. 你应该好好利用这次______的机会。

A. 好　B. 喜欢　C. 最后　D. 难得

（五）用括号中的词语改写下列句子

1. 早就听说“姑娘追”有趣，今天看了，确实如此。（果然）

2. 有的姑娘把小伙子逼得往山上逃。（被）

3. 小伙子的帽子被姑娘一鞭子打落在地。（把）

4. 哪怕不睡觉，我也要把这篇文章写完。（宁可……也……）

5. 男的、女的、老的、少的，大家全都支持姑娘。（无论……都……）

6. 在场的观众全都笑得前仰后合。（一个个）

7. 人们所说的"姑娘追",实际上是哈萨克族一项传统体育娱乐活动。(所谓)

8. 为了保住头上的帽子,小伙子只得拼命骑马狂奔。(不得不)

9. 这些短语简化以后就形成了新词。(由……而来)

10. 她把自己最近新买的衣服一件接着一件地拿出来给我们看。(一件一件)

(六) 把下列反问句改为陈述句、陈述句改为反问句

1. 旁观者只看见姑娘挥舞皮鞭,又哪能看见姑娘那颗多情的心呢?

2. 看见小伙子的狼狈样,谁能不哈哈大笑?

3. 被姑娘打落帽子是最丢人的事,男子汉谁愿意遇到这样的事?

4. "姑娘追"这么热闹,这么有趣,谁不想亲眼看看呢?

5. 如果姑娘喜欢这个小伙子,她就一定会鞭下留情。

6. 这样勇敢漂亮的姑娘,人人都爱慕。

7. 父母花了很多钱送我出国留学,我当然要努力学习。

8. 看到深圳的巨大变化,大家都激动万分。

9. 你穿得这么少,当然会感冒。

10. 大家都在睡觉,你不应该开录音机。

(七) 把括号里的词语填到适当的位置上

1. A 他 B 得罪老板,C 也要 D 这么做。(宁可)

2. 这件 A 衣服是 B 他 C 妈妈 D 手做的。(亲)

3. A 小伙子 B 挨打 C 也不愿 D 被打掉帽子。(宁可)

4. A 外国朋友们 B 观看了由 C 中国艺术家 D 演唱的京剧。(兴致勃勃地)

5. 比赛一 A 开始,日本队 B 就 C 向韩国队发起 D 进攻。(连连)

6. A 你要是认真复习了,B 哪 C 考这么差 D?(至于)

7. A 我只管 B 买车票, C 其他事情, D 我可不管。(至于)

8. 他 A 什么话 B 也不说,C 只是 D 地坐着。(默默)

9. 他的成绩 A 比我 B 好,为什么大家 C 都 D 选他而不选我?(不)

10. A 汉语的介词 B 大多数 C 是由动词发展变化 D 来的。(而)

(八) 弄清下列近义词的区别,然后填空

连连——一连　趣味—兴趣—有趣　细致—细心

高兴—开心　忍受—忍耐

1. 我对篮球没有______。
2. 这是一部很有______的电影。
3. 他给我们讲了一个非常______的故事。
4. 王朋在北京过得很______。
5. 田中先生,很______见到你!
6. 他饿极了,______吃了两大碗饭。
7. 运动员走下飞机,______向大家招手。
8. 每天晚上,妈妈都要______地给孩子盖好被子。
9. 这篇小说对心理活动的描写特别______。
10. 他就是脾气不好,请你______一下,别生气。
11. 外面的吵闹声太大了,我______不了了。

(九) 用括号里的词语完成句子

1. ______________________________,你会怎么办?(倘若)
2. ______________________________,也要买一个质量好的。(宁可)
3. 我只谈谈我个人的看法,______________________________。(至于)
4. 考试并不太难,______________________________?(至于)
5. 张勇看见我们,______________________________。(连连)
6. ______________________________,你一定不要放弃。(难得)
7. 他俩关系很好,______________________________。(似的)
8. ______________________________,你就放心让他去做吧。(不比)
9. 他全身都湿了,______________________________。(狼狈)
10. ______________________________,你怎么还不承认?(亲眼)

(十) 综合填空

在中国,人们很注意年龄等级。同样的话,年龄__①__的人能说,年__②__小的人不能说。同样的动作,如拍肩膀,年龄大的拍年龄小的肩表示__③__,而年龄小的人去拍年龄大的人那就失礼了。在单位里,年长的人__④__无职务,领导__⑤__尊重他们。

另外,人们__⑥__很注意职位等级。下级跟上级说话时,也__⑦__注意态度;__⑧__挨批评了,也要虚心接受,不然,就可能会__⑨__上级。

① A. 轻	B. 青	C. 大	D. 小
② A. 纪	B. 记	C. 级	D. 极
③ A. 生气	B. 亲热	C. 尊重	D. 心意
④ A. 既然	B. 又	C. 由于	D. 即使
⑤ A. 更	B. 也	C. 还	D. 又
⑥ A. 同样	B. 更	C. 果然	D. 再
⑦ A. 可以	B. 就	C. 不常	D. 应该
⑧ A. 至于	B. 宁可	C. 一连	D. 就算
⑨ A. 得罪	B. 惩罚	C. 警告	D. 丢人

(十一) 介绍你们国家的一种娱乐活动(说或写)

六 副课文

泼水节与泼花水节

每年的4月20日或21日,是云南傣(dǎi)族的泼水节。泼水节是傣历的新年,是傣族人民送旧迎新的节日,说起来,还有一个动人的故事呢。

古时候,有个凶恶的魔王,每年都要抢一个傣族姑娘为妻。人们恨他,却又制服不了他。到了第十二年,魔王又抢了一个姑娘。这个姑娘漂亮、聪明、勇敢,在魔王喝醉的时候,她想方设法套出了魔王的秘密。原来,这个魔王什么都不怕,只怕自己的头发,如果用他的头发缠住他的脖子,他的头就会掉。于是,姑娘联合了另外十一个姑娘,在魔王熟睡的时候,用他的头发紧紧缠住了他的脖子,果然,魔王的头掉了。但是,没想到这头掉到地上却喷出火来,怎么也泼不灭。有个姑娘无意中用手把那颗头抱起来,火竟然不喷了。于是姑娘们轮流抱着魔王的头,人们看到她们身上的衣服被弄脏了,就用水给她们泼洗,前后共抱了七年之久,魔王的头才死去。以后,这一天就成为傣族的泼水节了。在这一天,无论男女老少,都要互相泼水祝福。傣族人认为,泼水节的水是吉祥的水,象征着尊敬、友好和祝福,泼到谁的身上,谁就会得到幸福。谁被泼的水最多,谁就是最幸运的人。

泼水节在东亚、东南亚,如缅甸、泰国等国家,都很流行。

泼花水节是云南阿昌族的节日,和泼水节有相似之处。泼花水节这天,阿昌族的男女老少都用鲜花蘸着清水互相泼洒,表达美好的祝愿。最高兴的是年轻人,他们穿着节日服装,在一起尽情地唱歌、跳舞,太阳快落山时,小伙子走到姑娘身边,请求晚上到她家来玩,如果姑娘同意,小伙子就带自己的伙伴一起去,姑娘也邀请自己的女伴来陪。被邀请的姑娘每人带一只鸡来,饭菜做好后,就唱歌请小伙子们入席吃饭,调皮的小伙子就会想法藏起一只鸡头,然后责备姑娘粗心,姑娘再想办法把藏起来的鸡头找到,这时藏鸡头的人要被罚酒。饭后,小伙子们要把钱留给主人,但这钱不能让主人立刻发现,也不能让主人找不到。

吃完饭后,姑娘和小伙子各自挑选对手对歌,直到第二天黎明。对歌实际上是他们谈恋爱的一种方式,通过对歌,小伙子和姑娘如果产生爱情,他们就要为结婚做准备了。

(据《文化与生活》)

练习

1. 说说泼水节和泼花水节有什么不同。
2. 介绍你们国家的一个节日。

第十四课　20世纪的遗产

提示　20世纪，科学技术高速发展，人类生活发生了巨大的变化。但是人类在创造现代文明的同时，也给自己带来了种种灾难：残酷的战争、日益恶化的环境……人类正面临着巨大的威胁。本文用讽刺、幽默的语言讲述了一个沉重的话题，令人深思。

一、生词语

1. 遗产 yíchǎn（名）　legacy; inheritance / 死者留下的财产：继承遗产、留下遗产、文化遗产
2. 临终 línzhōng（名）　approaching one's end / 人将要死的时候：临终时
3. 清点 qīngdiǎn（动）　check; make an inventory / 清理查点：清点货物
4. 以便 yǐbiàn（连）　in order that / 表示使目的容易达到，用在后一分句开头
   便(pián)宜
5. 后代 hòudài（名）　later generations; posterity / 个人的子孙，也指后世的人
   ≈子孙　⟷祖先
6. 好 hǎo（连）　so as to; so that / 以便、便于
7. 功劳 gōngláo（名）　meritorious service / 对事业的贡献：立下了功劳、功劳很大
   ≈贡献
8. 黄昏 huánghūn（名）　dusk / 日落之后天黑之前的时间：黄昏以后、黄昏时
   ≈傍晚
9. 具 jù（量）　用于尸体、棺材等：一具尸体、一具棺材
10. 白骨 báigǔ（名）　bones of the dead / 人的尸体腐烂后剩下的骨头：一堆白骨
11. 笔 bǐ（量）　用于钱、书画等：一笔钱、画几笔
12. 财富 cáifù（名）　wealth / 具有价值的东西：一大笔财富、精神财富
    ≈ 财产
13. 余 yú（数）　more than; over / 整数后面的零头：十余人、三十余万、五十余年

14. 军人 jūnrén(名) armyman;soldier / 军队中的每个成员：一名军人
15. 平民 píngmín(名) the common people / 泛指普通的人：平民百姓、平民学校
≈老百姓
16. 歌唱 gēchàng(动) sing; sing in praise of / 唱(歌)；用唱歌等形式进行赞美：歌
≈赞美 歌颂 唱祖国、尽情歌唱
17. 财产 cáichǎn(名) property / 指拥有的金钱、房屋、土地等有价值的具体物质：公共财产、分财产
18. 毁灭 huǐmiè(动) destroy / 用强大的力量破坏、消灭：毁灭证据、毁灭性打击
≈消灭
19. 爆炸 bàozhà(动) explode / 突然炸开，通常带有很大的声响：炸弹爆炸、气球爆炸
20. 千载难逢 qiānzǎinánféng difficult to meet in a thousand years / 多少年也很难遇到，形容机会不容易得到，作谓语、定语
21. 开眼界 kāi//yǎnjiè widen one's view / 增长见识：大开眼界、开开眼界
22. 公顷 gōngqǐng(量) hectare / 国际通用的计算土地面积的单位，1公顷等于
顷—项 10000平方米：多少公顷、几百公顷森林
23. 可观 kěguān(形) considerable / 指达到比较高的程度，比较大的数量：数目相当可观、收入可观
24. 绵绵 miánmián(形) continuous / 连续不断的样子：绵绵的细雨、情意绵绵
绵—棉—锦
25. 裂缝 lièfèng(名) rift, crevice / 裂开的又窄又长的缝：一条裂缝
26. 海市蜃楼 hǎishìshènlóu mirage / 比喻实际上没有、虚幻的事物，作宾语
27. 驼铃 tuólíng(名) camel bell / 系在骆驼脖子上的铃铛：一阵驼铃声
28. 荒地 huāngdì(名) wasteland / 无人耕种的土地：一片荒地、大片荒地
>荒山 荒野 荒草
29. 树木 shùmù(名) arbor, trees / 树(总称)：保护树木、花草树木
30. 视野 shìyě(名) field of vision / 眼睛看到的空间范围：新的视野、视野范围
31. 开阔 kāikuò(形) open, wide / (面积或空间范围)宽广：视野开阔
⟷狭窄 ≈广阔 宽阔
32. 美妙 měimiào(形) beautiful, wonderful / 美好奇妙：美妙的歌声、美妙极了
33. 渔船 yúchuán(名) fishing boat / 用于捕鱼的船：一艘渔船、制造渔船
34. 编织 biānzhī(动) weave / 把细长的东西交叉组织起来：编织毛衣
35. 网 wǎng(名) net / 用绳线等结成的捕鱼捉鸟的东西：一张网、编织渔网
36. 淹 yān(动) submerge; drown / 水太大而高过某处：淹死了、淹在水里

37. 莫名其妙 mòmíngqímiào　be rather baffling / 很奇怪，让人不明白，作谓语、定语、状语：真是莫名其妙

38. 疗养院 liáoyǎngyuàn（名）　sanatorium / 为患有慢性病或身体衰弱的人提供休息治疗的医疗机构，环境很安静

39. 摆脱 bǎituō（动）　get rid of; break away from / 主动离开、脱离（不好、不喜欢的人或状况等）：摆脱烦恼、摆脱他

40. 繁重 fánzhòng（形）　heavy / （工作、任务）多而重：繁重的工作、任务繁重
重(chóng)复　≈沉重

41. 宇宙 yǔzhòu（名）　universe / 包括地球在内的所有空间：宇宙飞船

42. 独特 dútè（形）　unique / 单独具有的，和其他不一样的：风格独特、独特的经历
⟷普通

43. 运转 yùnzhuǎn（动）　revolve / 沿着一定的轨道运动：行星绕着太阳运转、运转正常
转(zhuàn)一圈

44. 轨道 guǐdào（名）　orbit / 物体运动的路线：卫星轨道、在轨道上正常运转

45. 直径 zhíjìng（名）　diameter / 连接圆的两点并通过圆心的距离：量直径
径—经　>半径　途径　路径

46. 跟踪 gēnzōng（动）　follow the tracks of / 紧跟在后面监视：被人跟踪

47. 发射 fāshè（动）　launch, project / 射出去（炮弹、枪弹、卫星等）：发射卫星、发射成功

48. 晴朗 qínglǎng（形）　sunny, fine / 没有云雾，阳光充足：天气晴朗、晴朗的天空
晴—睛

49. 天空 tiānkōng（名）　the sky, the heavens / 地球以外的广大空间：蓝蓝的天空、天空中

50. 星球 xīngqiú（名）　celestial body / 宇宙间能发光或反射光的天体

51. 观测 guāncè（动）　observe / 观察并测量：观测星球、观测报告、仔细地观测

52. 慷慨 kāngkǎi（形）　generous / 对于财物不计较、不小气：非常慷慨
⟷小气　≈大方

53. 大致 dàzhì（形）　roughly; on the whole / 就主要方面说的，基本上：大致相同、大致情况
≈大概　大约

二 课 文

像一个人临终前要清点一下自己的遗产以便留给后代一样，一个世纪将要结束时，也该清点一下自己留下的东西，好让下个世纪的人们心里明白这个世纪的功劳。20世纪的黄昏已经来临，这个世纪给我们人类究竟留下了什么，似乎也到了要清点一下的时候了。

5 八千多万具死于战争的白骨，是20世纪留给人类的最大一笔财富。两次世界大战和三十余万次国际、国内战争，造成了全世界约八千万名军人和平民的死亡。这些死去的人如今都已化为白骨被埋在了地下。这些白骨静静地仰望着活着的人们，他们将用自己对战争的不断歌唱，使得下个世纪的人们不再感到孤独和寂寞。

10 数万个核弹头①是20世纪留给人类的又一笔财产。世界上制造的核弹头加在一起需要用万来计算了，这些核弹头可以把地球毁灭许多次。人类终于为自己制造出了集体死亡的工具，这是一件值得骄傲的事情。也许下个世纪的某一天，我们人类会欣赏到核爆炸时那美丽的闪光。那时，人们一定会为遇上这千载难逢的开眼界机会而欢呼。

15 十多亿公顷的森林变成了平地和沙漠，是20世纪的另一大功劳，也是它留给下个世纪人类的一笔可观的财产。没有了这些森林，人类也就少了许多麻烦；也就会少遇上多云、多雾以及细雨绵绵的天气；就可以让阳光直射地面以便使地上多几条好看的裂缝；沙漠面积大了，人们就会更方便地欣赏到沙漠上的海市蜃楼，会不停地听到远

20 处的驼铃声；荒地面积多了，树木少了，人们的视野会更加开阔，会看到更远、更多的美妙风景。

几千条被污染了的河和几百个被污染了的湖，是20世纪留下的又一笔遗产。有了这笔遗产，下个世纪的人们就不必再到这些河里和湖里捕鱼，从而也就少了制造渔船和编织渔网的麻烦；有了这笔遗

25 产，许多人就不必再学游泳，从而少了被水淹死的危险；有了这笔遗产，许多人就可以因得一种莫名其妙的小病而住进美丽的疗养院，从而摆脱繁重的工作。

三百五十万块宇宙垃圾②是20世纪留下的一笔十分独特的财

产，这些东西目前正围绕地球运转。仅在近地球轨道上，直径为十厘
30 米以上的宇宙垃圾就有一万九千块，其中七千块垃圾碎片能被跟踪。
有了这笔财产，人们以后就可以少发射或不发射人造卫星了，就可以
在晴朗的天空上看到一些奇怪的光点，就可以逐渐停止对其他星球
的观测了。

一个多么慷慨的世纪！大致一数就知道它给人类留下了如此多
35 的东西。下个世纪的人们当然应该对它充满感激。

（据《读者》文章“世纪遗产清单”）

注：

① 核弹头（nuclear warhead）：装有核武器的弹头。弹头的主要作用就是利用它本身携带的炸药或核武器，对建筑、工事、交通工具、人员进行破坏和杀伤。核武器是目前国际禁用的武器之一，它爆炸时释放的能量比只装有化学炸药的常规武器要大得多，具有巨大的破坏力和独特的作用。目前全世界拥有核弹头的国家有美国、俄罗斯、法国、中国、英国、印度、巴基斯坦等。

② 宇宙垃圾：宇宙垃圾又叫太空垃圾，它是人类在进行航天活动时遗弃在太空的各种物体，它们如同人造卫星一般按一定的轨道环绕地球飞行，形成一条危险的垃圾带。太空垃圾不仅给航天事业带来巨大隐患，而且还污染了宇宙空间，给人类带来灾难。

三　重点词语学习

（一）明白这个世纪的功劳

“功劳”，名词，与“贡献”意义相近，不过“功劳”是名词，而“贡献”是名词又是动词，可以作谓语，带宾语；一般说立功劳、作贡献，不可互换。例如：

1. 孩子们也为绿化祖国立下了一份功劳。
2. 我们公司能有今天的发展，王工的功劳可不小啊。
3. 这次比赛，你的功劳最大！

（二）20 世纪的黄昏已经来临

“黄昏”本指日落以后天黑以前的一段时间。在这里，“黄昏”比喻 20 世纪末期，显得形象生动。“黄昏”还可以指人的晚年。如：

1. 我们聊了很长时间，不知不觉已到了黄昏。
2. 每到黄昏，他和父母在林间散步，那是他最感温暖的时光。

3. 他已经步入了人生的黄昏，但仍然充满了活力。

（三）留给人类的最大一笔财富/留给人类的又一笔财产

“财富”和“财产”都是名词，都可以指具有价值的东西。“财产”指具体的物质财富，如金钱、物资、房屋、土地等，是“财富”的一部分；“财富”除指物质资料的总和外，还泛指一切物质的或精神的有价值的东西。如：

1. 他继承了父亲的财产。
2. 他的所有财产加起来大约价值五百万。
3. 人类创造了伟大的物质财富和精神财富。
4. 父亲虽然没有留下什么财产，但他的精神永远是我们最宝贵的财富。

（四）他们将用自己对战争的不断歌唱，使得下个世纪的人们不再感到孤独

“歌唱”，动词，表示唱歌，也指用歌或语言来称赞，可以作谓语、定语。如：

歌唱演员　歌唱家　尽情歌唱　歌唱春天　歌唱美好的生活

1. 走在山林里，欣赏着美丽的风景，我们忍不住放声歌唱。
2. 这是一首歌唱爱情的诗。
3. 让我们一起歌唱春天，歌唱青春，歌唱生活！

（五）千载难逢的开眼界机会

“眼界”指所见事物的范围，也可指见识的广度；“开眼界”就是指看到美好的或新奇珍贵的事物，增长了见识，常作谓语。如：

1. 快把那几幅名画拿过来让大家开开眼界。
2. 到这地方来一趟，真是大开眼界。
3. 这次出国旅行，我们大家都开了眼界。

（六）留给下个世纪人类的一笔可观的财产

“可观”，形容词，指达到比较高的程度、比较大的数量，与“可看”不同，“可看”是值得看的意思。如：

1. 三万元这个数目也就很可观了。
2. 这么可观的收入，你还不满意？
3. 这个展览会可看的东西真多。

（七）更方便地欣赏到沙漠上的海市蜃楼

“海市蜃楼”是大气中由于光线的折射作用而形成的一种自然现象，多在夏天出现在沿海一带或沙漠地带；常用来比喻虚幻的事物，多作宾语和定语。如：

1. 在海边呆了八年多，这是头一次看到海市蜃楼，太神奇了。
2. 这一天，我们在海边欣赏到了海市蜃楼的奇景。
3. 你说的这一切只不过是海市蜃楼罢了，是不可能实现的。

（八）许多人就可以因得一种莫名其妙的小病而住进美丽的疗养院

“莫名其妙”，成语，意思是事情很奇怪，让人不明白，作谓语、定语、状语。如：

1. 她刚才还好好的，怎么突然哭了？真是莫名其妙！
2. 这几天总遇到一些莫名其妙的事情，弄得自己心情也不好。
3. 每次到一个新的地方去，我总要莫名其妙地患一点小毛病。

(九) 从而摆脱繁重的工作

"摆脱"，动词，表示主动离开、脱离(不好、不喜欢的人或状况等)；作谓语，常带宾语或补语。如：

摆脱痛苦　摆脱苦恼　摆脱不幸的婚姻　摆脱落后状态　摆脱坏人的跟踪

1. 为了摆脱贫穷的生活，夫妻俩决定一起去城里打工。
2. 他总是来找我借钱，有什么办法可以摆脱他呢？
3. 这件事都过去半年了，王风还无法从痛苦中摆脱出来。

(十) 三百五十万块宇宙垃圾是 20 世纪留下的一笔十分独特的财产

"独特"，形容词，意思是单独具有的和其他不一样的；一般作谓语、定语。如：

1. 每个国家和民族都有自己独特的风俗。
2. 张华的设计很独特，很吸引人。
3. 四川菜的味道很独特，我很喜欢吃。

(十一) 大致一数就知道它给人类留下了如此多的东西

"大致"，形容词，表示就多数情况或主要方面说的、大概的；不能受程度副词修饰，不能作谓语，常作定语、状语。如：

1. 他的话我没有全听懂，但大致的意思还明白。
2. 你们先介绍一下大致的情况。
3. 这本书的内容我大致看懂了。
4. 我俩的想法大致一样。

四　语法学习

(一) 以便留给后代/好让下个世纪的人们明白

"以便"，连词，用在下半句话的开头，表示使后面所说的目的容易实现；"好"的意思与"以便"相近，也用于后一分句，但"以便"要用在主语之前，"好"则用在主语之后。"以便"多用于书面语，"好"多用于口语。如：

1. 告诉我他在哪儿，我好找他去。
2. 你留下一个联系方式，我有事好找你。
3. 你先把材料准备好，以便小组开会研究。
4. 请留下电话号码，以便我们今后联系。

(二) 八千多万具死于战争的白骨

"于",介词,在这里引出原因或方面,用在单音节动词或形容词后。如:

1. 最近他一直忙于工作,很少回家吃饭。
2. 我很想回一趟老家,只是苦于没有时间。

"于"还常引出时间、处所、来源、比较的对象等,相当于在、从、比。如:

3. 他2007年毕业于北京大学。
4. 大熊猫产于中国四川、云南两省。
5. 众所周知,长江发源于青藏高原。
6. 9大于8,6小于8。

"于"还常引出动作的对象及有关的人或事物,大约相当于"对"、"对于"。如:

7. 锻炼有益于健康。
8. 这样做,于人于己都没有好处。
9. 他当了四十年的教师,可以说一生都忠诚于教育事业。

(三) 两次世界大战和三十余万次国际、国内战争

"余",表示概数,指整数后面的零头,多用于书面语,可用"多"替换,主要有两种格式:

(1) 数词+"余"+量词+名词,数词为十或末位为十、百、千、万的多位数,如:十余斤米、五百余人、两千余公里等。

(2) 数词+量词+"余",量词为尺、寸、米、亩等度量单位,如:宽三尺余、长一丈余、高四米余。

(四) 也就会少遇上多云、多雾以及细雨绵绵的天气

"绵绵",形容词,用来描写事物的状态、样子,不能受程度副词和否定副词修饰,可以作谓语、定语。这类形容词还有金黄、雪白、血红、冰凉、金灿灿、绿油油等。如:

1. 绵绵细雨下了好几天,空气十分清新。
2. 南山上开满了金黄的迎春花、雪白的樱花,真美!
3. 这青菜绿油油的,多新鲜啊。

(五) 更方便地欣赏到沙漠上的海市蜃楼/人们的视野会更加开阔

"更"与"更加"都表示程度增高,在这里可以互换。"更加"多用于书面语,"更"多用于口语;"更加"修饰单音节词较少,"更"没有这个限制。"更"还可以用在复句的后一分句中,表示递进关系,还可以用在"是"的前面;"更加"没有这样的用法。如:

1. 我觉得今天比昨天更热。
2. 他最近身体一直不好,今天更是感到不舒服。
3. 这么重要的事情他们都不告诉你,这更加说明他们不相信你。

(六) 荒地面积多了，树木少了，人们的视野会更加开阔

在这里，“树木”是集合名词，是“树”的总称，前面不能加个体量词“棵”，只能用批、些等表示群体的量词修饰。这样的集合名词还有纸张、马匹、车辆、书本、父母、亲友、师生、子女等。如：一批衣物、一些马匹、一对夫妇、一部分人口、一套家具、一群人等。

(七) 有了这笔遗产，许多人就不必再学游泳，从而少了被水淹死的危险

“从而”，连词，用在复句中后一分句的开头，表示结果或目的；“从而”后面的分句必须是动宾短语或“使/令……”短语。如：

1. 他没有解释清楚，从而造成了误会。
2. 我们应当合理安排时间，从而使工作更高效。
3. 只要改变一下态度，你就能得到别人的帮助，从而取得更好的成绩。
4. 应该让青少年了解到抽烟的危害性，从而远离香烟。

(八) 构词法(4)：主谓式

汉语里有一些双音节词语，前后两个语素之间是陈述和被陈述的关系，前一个语素是被陈述的对象，后一个语素是陈述说明前一个语素的。如：

人造　心得　自动　自费　自觉　自信　自学

自由　地震　公用　花生　年轻　年青　眼红

这样的构词方式，我们叫主谓式。

汉语中短语的结构方式和词的结构方式基本上是一致的。例如：

主谓短语：品质高尚　你说　演出开始　工作积极　春天到了

动宾短语：歌唱祖国　热爱人民　是学生　学习汉语　相信朋友

偏正短语：昨天的报纸　我的朋友　一本书　热烈欢迎　很好看　认真学习

后补短语：跑出来　洗干净　说得清楚　走一趟　住几天

联合短语：我和他　科学技术　调查研究　今天或明天　美丽而聪明

五　练　习

(一) 课文理解(根据课文选择正确答案)

1. 文中所说的20世纪的遗产是__________。

A. 人类值得骄傲的财富　　B. 既引人骄傲又使人痛苦的财富

C. 留给人类的灾难　　D. 下个世纪的人们所希望得到的财富

2. 文章认为20世纪留给人类最大的伤害是＿＿＿＿＿。

A. 核弹头　B. 森林受破坏　C. 环境污染　D. 战争

3. 21世纪的人们少了被水淹死的危险，是因为＿＿＿＿＿。

A. 许多人不喜欢游泳　B. 许多河湖已经被污染

C. 人们不必去河湖里捕鱼　D. 许多人都住进了疗养院

4. 21世纪，气候将更干燥，这是因为＿＿＿＿＿。

A. 沙漠面积大了

B. 森林面积减少了

C. 荒地面积多了

D. 多云、多雾以及细雨绵绵的天气没有了

5. 三百五十万块宇宙垃圾＿＿＿＿＿。

A. 目前正靠近地球轨道运转　B. 大部分能被人类跟踪

C. 可以在晚上发光　D. 影响人类观测其他星球

6. 数万个核弹头＿＿＿＿＿。

A. 随时可以将地球毁灭　B. 是20世纪留下的最重要的遗产

C. 能够发出美丽的闪光　D. 为人类提供了开眼界的机会

7. 下列句子中错误的说法是＿＿＿＿＿。

A. 核弹头是人类自己制造出的死亡工具

B. 河湖污染影响人类的健康

C. 20世纪给人类留下了丰富而优秀的遗产

D. 在20世纪，一共有十多亿公顷的森林受到了破坏

8. 这篇文章使用了＿＿＿＿＿的修辞手法使得文章＿＿＿＿＿。

A. 比喻，更加生动　B. 夸张，更加有力

C. 拟人，具有更加吸引人的力量　D. 反语，具有讽刺幽默的意味

(二) 理解下列含有同一词素的词语

繁重	沉重	重量	严重	重点	重大	重要	重视
代表	替代	取代	后代	现代	古代	近代	时代
特殊	特别	特征	特点	奇特	独特	特有	特级
观测	观察	观看	观众	观赏	参观	观点	客观
可观	可爱	可贵	可怜	可惜	可悲	可怕	可以

(三) 朗读下列短语，并注意区分其不同的结构特点

孤独和寂寞	平地和沙漠	军人和平民	海市蜃楼
20世纪的黄昏	开眼界的机会	可观的财产	独特的财产
大致的情况	美丽的疗养院	一笔财产	多么慷慨
淹死	清点一下	美妙极了	继续跟踪下去
毁灭地球	编织渔网	发射卫星	摆脱繁重的工作
细雨绵绵	核爆炸	天空晴朗	视野开阔

(四) 把下面的字按不同读音组成词语

1. 便 biàn
   pián

2. 当 dāng
   dàng

3. 好 hǎo
   hào

4. 转 zhuǎn
   zhuàn

5. 难 nán
   nàn

6. 重 chóng
   zhòng

7. 处 chǔ
   chù

8. 弹 dàn
   tán

(五) 给括号里的词语选择恰当的位置

1. 李老师 A 在座谈时曾经提到，你还是 B 说 C 一点儿汉语 D 的。(会)

2. 别A着急,不久你B就C听到确切D消息的。(会)

3. 既然雨A下得这么大,那B咱们C改天D再见面吧。(就)

4. 妈妈经常寄信来,A我过去的老师B总写信C鼓励我D努力学习。(也)

5. 我相信A你B会C那样D做的。(一定)

6. 一年A来,他为B我们传递家信七万C五千六百D封。(余)

7. 我们要A努力学习B科学文化知识,C更好地D为社会服务。(以便)

8. A告诉我他的B地址,C我有事D去找他。(好)

9. 他A已经B决定不C回家D住了。(再)

10. 爸爸说妹妹A去B游泳池C练习游泳D,在床上是学不会的。(应该)

(六) 选择恰当的词语填空

前仰后合　千载难逢　威风凛凛　海市蜃楼　心领神会

形影不离　门当户对　无可奈何　电闪雷鸣　家喻户晓

1. 他向我眨了一下眼睛,我马上__________, 没有再说下去了。

2. 这是一次__________的机会,你不应该放弃。

3. 诸葛亮的故事在中国__________。

4. 他的话还没说完,大家已经笑得__________了。

5. 在我看来,婚姻一定要__________,否则就会出问题。

6. 脚长在他身上,他一定要走,我也__________。

7. 计划再好,如果不能实施,那只不过是__________而已。

8. 早上一起床,外面就__________,下起了大雨。

9. 士兵们__________地站在那儿,众人的目光正注视着他们。

10. 热恋中的年轻人都希望跟对方天天在一起,__________。

淹　繁重　发射　临终　观测　可观　爆炸　毁灭　视野　美妙

11. 工人们每天从事着__________的体力劳动,非常辛苦。

12. 他爷爷给他留下了一笔__________的遗产。

13. 听说对面小区的游泳池昨天__________死了一个人。

14. 希望这次卫星__________顺利成功。

15. 核武器被人们视为__________地球的一大杀手。

16. 在晴朗的夜晚,我们可以__________到天上的许多星星。

17. 这辆大货车装满了危险物品,如果__________,后果难以想象。

18. 听着__________的音乐用餐,实在是人生的一大享受。

19. 出国旅行也是开阔__________一个好机会。

20. 没能在奶奶__________前赶回去见她,这是我心中最大的遗憾。

(七) 说出以下各组近义词的区别,然后填空

功劳—贡献　财富—财产　歌唱—赞美　好—以便　毁灭—消灭

独特—特殊　从而—因此　大致—大概　黄昏—傍晚

1. 这个星期日不放假,是__________情况。

2. 请在信封上写清邮政编码,__________邮局迅速投递。

3. 草原那迷人的__________令人难忘。

4. 这件衣服的颜色不错,样式也很__________。

5. 这次战斗,敌人遭到了__________性打击。

6. 这是大家努力的结果,不是我一个人的__________。

7. 社会__________是工人、农民和知识分子共同创造的。

8. 我们要努力__________工作中的一切差错。

9. 父亲留给他的所有__________是两间破旧的小屋。

10. 他为这个城市的发展作出了巨大__________。

11. 你留下个电话,到时候我__________通知你。

12. 听到小鸟在树枝上快乐地__________,大家也高兴地唱起来了。

13. 大学生要趁年轻多学点儿东西,________为以后进入社会打下良好的基础。

14. 这两个词的意思和用法__________相同,留学生很容易用错。

15. __________,街上人来人往,热闹极了。

16. 他不在办公室,__________是出去办事了。

17. 听到大家几句__________的话,小明高兴极了。

18. 在我最困难的时候，他无私地帮助了我，__________我永远感激他。

（八）综合填空

1. 如今，生态环境__①__已经成为一个重大的社会问题。今天的地球上，森林面积__②__，江河湖海__③__污染，大气中有害物质增加，自然灾害__④__发生……这一切严重威胁着人类的生存和发展。人类只有一个地球，只有有限的资源，__⑤__环境问题得不到解决，人类将会走向__⑥__。

① A. 变化	B. 转化	C. 恶化	D. 转变
② A. 减少	B. 减轻	C. 增加	D. 增长
③ A. 得到	B. 成为	C. 化为	D. 受到
④ A. 不停	B. 不断	C. 继续	D. 永远
⑤ A. 从而	B. 以便	C. 如果	D. 于是
⑥ A. 消灭	B. 消失	C. 结束	D. 毁灭

2. 杨威从小就很优秀，成绩很好。__①__是数学比赛，还是物理、英语比赛，__②__他不参加，__③__第一名肯定是他。他很爱看书，阅览之丰富，__④__是大学生也不一定能跟他相比。

很快，就该上大学了。杨威想："__⑤__到世界上最好的学校，才能遇到真正的对手，__⑥__提高自己的能力。__⑦__，我也应该离开父母，出去开开眼界。"__⑧__他决定去英国留学。

再说　除非　只有　即使　否则　从而　于是　无论

（九）用括号里的词语完成下列句子

1. 把你的电话号码留给我，______________________________。（好）
2. 他提高了说话的声音，______________________________。（以便）
3. ______________________________，你不应该放弃。（开眼界）
4. ______________________________，我们都不明白为什么。（莫名其妙）
5. ______________________________，我不知道该怎么办。（摆脱）

6. 你别紧张，＿＿＿＿＿＿＿＿＿＿＿＿＿＿＿＿＿＿＿＿。(大致)

7. ＿＿＿＿＿＿＿＿＿＿＿＿＿＿＿＿,同年考入北京大学读研究生。(于)

8. ＿＿＿＿＿＿＿＿＿＿＿＿＿＿＿＿＿,实在没有时间跟你一起去。(于)

(十) 在句中恰当的地方加上:为、所、于、而、则、其、之

1. 我们单位的人都称他大个子,时间一长,他的名字反而被忘了。
2. “姑娘追”实在是哈萨克草原上最开心的事。
3. 我把自己知道的情况都告诉了老师。
4. 他喜欢现代音乐,我喜欢古典音乐。
5. 这个结论是他经过认真调查得出的。
6. 这件事你能做不做,是不对的。
7. 聊天是人们生活中不可缺少的内容。
8. 这次交通事故是因车速太快造成的。
9. 他们经营的商品有上千种多。
10. 玫瑰花不仅可供人欣赏,花瓣还可以用来泡茶。
11. 目前的情况是不利我们的,我们一定要想出更好的解决办法。
12. 这次去旅行的收获之多,真是出乎我的意料。
13. 1956年,他出生一个风景美丽的小城。

(十一) 请你根据下列提示,写一篇关于环境问题的文章

1. 你们国家(或你所居住的城市)主要的环境问题是什么?
2. 环境污染得不到控制的主要原因及其后果。
3. 你对保护环境有什么建议?

六 副课文

世纪末的怪病

医学界曾乐观地宣布:人类将在20世纪末最终消灭各种传染病。事情的发展完全出乎人们的想象,古老的瘟疫不仅没有被消灭,鼠疫、霍乱、狂犬病和结核病等重新出现;而新的疾病,比如艾滋病、莱姆病、军团病等又冒了出来。

人类疯狂地破坏热带雨林,打开了自然界的病毒库,于是巴西爆发了奥罗波凯症,致使1.1万人发病。旅游的南斯拉夫人感染了马尔堡病;亚非难民的迁移造成几万人流行登革热;避暑的美国人造成了汉塔病大传播。一连串大规模的流行病在医疗卫生不发达的国家流行:巴西的萨比亚病、墨西哥的霍乱、印度的鼠疫、扎伊尔的埃博拉病……

越来越多的专家认为:这些致命的疾病和病毒的出现是人类随意破坏环境的结果。就拿老鼠来说吧,环境污染、生态破坏不仅仅使老鼠的天敌消失,老鼠本身也获得异常的抗药性和变异。1995年我国安徽一地区几百斤的大肥猪被老鼠咬得全身是伤,湖南邵阳一个村的130头猪被老鼠咬伤,都市的老鼠变得什么都能咬。最近美国和俄罗斯发现有变异的巨鼠,遗传学家研究发现,这些巨鼠是在特殊环境下产生变异的老鼠。

真正令科学家头痛的是病菌的抗药性问题。由于工业污染,全球各地产生的抗药性昆虫已达300多种,有蚊、蝇、蜘蛛等。抗药性的病毒也不断被发现,仅感冒病毒在二战后就有四次大的变异,每十年一次大变异,两三年一次小的变异,造成感冒久治不愈、不断复发,人们为此大伤脑筋。现代医药和病菌看起来就像是进行一场持久的竞赛。如果有一天,病菌对所有的抗生素都产生了抗药性,我们将怎么办呢?

看来,我们认为环境恶化仅仅对我们的生活质量构成破坏,这并不完全正确,其实,它还将直接威胁我们的生命。

(据《羊城晚报》文)

练习

1. 令科学家们最感头疼的是什么?
2. 为什么小小的感冒也会久治不愈?
3. 人类为什么没能消灭各种传染病?

第十五课　10 万元实现一个美梦

提示　热爱生活的人不能没有梦想，要想干成一番事业不能没有梦想。可是，美梦怎样才能成真呢？美梦是否都能成真呢？这篇文章可以给我们许多启发。

一　生词语

1. 举办 jǔbàn（动） conduct, hold / 组织、主持：举办音乐会、举办训练班
   ≈举行
2. 奖金 jiǎngjīn（名） money award, bonus / 做奖励用的钱：发奖金、年终奖金
   奖—桨—浆
3. 地理 dìlǐ（名） geography / 地球上自然环境及社会环境总的情况：地理课
4. 一向 yíxiàng（副） consistently, all along / 表示从过去到现在一直：一向认真
   ≈从来　向来
5. 尝试 chángshì（动） try / 试，试验：尝试一下、一次很好的尝试
6. 幻灯 huàndēng（名） lantern slide / 用仪器投射到白幕、白墙上的图画、文字：看幻灯、幻灯片
   幻—幼
7. 火山 huǒshān（名） volcano / 地球深处的高温物质喷出地面而形成的山：火山爆发
8. 神秘 shénmì（形） mysterious / 使人觉得奇怪、特别、好像有秘密：神秘的大自然、非常神秘、神秘感
   神—袖
9. 感 gǎn（后缀） sensation,feeling / 感觉（作词尾）：美感、责任感、成就感、新鲜感
10. 开支 kāizhī（名） expenses, expenditure / 付出的钱：开支很大、减少开支
    ≈费用
11. 鉴定 jiàndìng（动） appraise, identify / 通过评比、检查等方式来确定好坏：鉴定产品质量、作鉴定
12. 包装 bāozhuāng（名） package, making-up / 装商品用的纸、盒子、瓶子等：包装设计、商品的包装

13. 发行 fāxíng(动) (of currency, bonds, etc.) issue / 发出新印刷的书刊、电影、货币等:发行书刊、发行新邮票
14. 检验 jiǎnyàn(动) checkout, test / 指用一定的标准去检查,看是否合格、是否达到要求:商品检验、严格检验
15. 评选 píngxuǎn(动) discuss and elect / 评比并推选:评选优秀节目
16. 现场 xiànchǎng(名) site, spot, scene / 直接进行试验、演出等的场所或发生案件、事故的场所:现场观众、事故现场
17. 浪漫 làngmàn(形) romantic / 富有诗意,充满幻想:浪漫的爱情、十分浪漫
 漫—慢
18. 梦想 mèngxiǎng(名) dream / 理想,幻想:梦想成真、美好的梦想
19. 乡村 xiāngcūn(名) village, countryside / 农村:乡村生活、城市与乡村
20. 都市 dūshì(名) metropolis, urban / 大城市:都市生活、大都市
21. 向往 xiàngwǎng(动) long for / 喜欢而很想得到或达到:向往自由
22. 租 zū(动) hire; rent / 使用别人的东西,付给一定报酬并在规定时间内归还:租房子、租汽车
 租—组
23. 雇 gù(动) employ / 出钱让人给自己做事:雇工人、雇人装修
24. 底 dǐ(名) bottom, base / 年和月的末尾或物体的最下部分:月底、年底、海底、山底
25. 预算 yùsuàn(名) budget / 关于收入和支出的计划:开支预算、做好预算
26. 肥料 féiliào(名) fertilizer / 使植物发育生长的物质:买肥料、给蔬菜施肥料
 料—抖—科
27. 用品 yòngpǐn(名) articles for use / 日常生活中应用的东西:生活用品、办公用品
 品—晶
28. 流动资金 liúdòng zījīn current funds / 企业用来购买原材料、支付工资等的钱
 ⟷固定资金
29. 退休 tuìxiū(动) retire / 职工因年老等原因离开工作岗位:退休职工
30. 小吃 xiǎochī(名) snack, refreshments / 不作为正餐的食品:小吃店
31. 场地 chǎngdì(名) area,site,court / 空地,多指体育活动或施工的地方:比赛场地
 ≈场所
32. 租金 zūjīn(名) rent,renta / 租房屋或东西的钱:租金很贵、交租金
33. 装修 zhuāngxiū(动) fit up / 装饰房屋、安装设备等:搞装修、装修材料
34. 申请 shēnqǐng(动) apply for, ask for / 说明理由、提出请求:申请书、入学申请
 申—甲—由
35. 执照 zhízhào(名) permit,license / 管理机关发给的允许从事某种事情的证件:驾驶执照、营业执照

36. 有限 yǒuxiàn(形)　limited / 有限制的，形容数量不多、程度不高、范围不大、时间不长等：有限的生命、能力有限
←→无限
37. 销售 xiāoshòu(动)　sell, market / 卖出(商品)：销售产品、销售量
38. 箱 xiāng(量)　a box of, a case of / 用于用箱子装的东西：三箱苹果
39. 渠道 qúdào(名)　channel / 比喻解决问题的门路：销售渠道、各种渠道
40. 经营 jīngyíng(动)　manage / 组织、计划并管理企业：经营饭店、不懂经营
41. 不足 bùzú(形)　not enough / 不充足，不够：资金不足、光线不足
42. 总之 zǒngzhī(连)　in a word / 概括上文，总起来说
43. 严峻 yánjùn(形)　stern, severe / 严重；严肃(多指形式、神情、考验)：严峻的考验
44. 考验 kǎoyàn(名)　test,trial / 用来检查能力、水平、质量的具体事物、环境、行为：面临考验、最好的考验
≈检验
45. 高潮 gāocháo(名)　upsurge, high tide / 活动最热烈、事物最发达的阶段
46. 过瘾 guò//yǐn　do sth. to one's heart's content / 某种兴趣、爱好得到满足：玩得真过瘾、过足了瘾
47. 相对来说 xiāngduì láishuō　comparatively speaking / 通过比较来说
48. 操心 cāo//xīn　worry about / 为某人或某事花时间和心思：操了很多心
操—澡—燥
49. 忙碌 mánglù(形)　be busy / 忙着做各种事情：忙碌不停、忙忙碌碌
50. 当初 dāngchū (名)　originally, at the outset / 指从前或指过去发生某件事情的时候：当初的事就别提了
51. 思考 sīkǎo(动)　think deeply / 认真地、深入地想；考虑：思考问题、认真思考
≈思索　考虑
52. 金钱 jīnqián(名)　money / 钱：浪费金钱、追求金钱
钱—线

二　课　文

年末，广州电视台举办了"美梦成真"活动，三个"梦"做得最美的人，各得到10万元奖金。

王老师是广州某中学的地理教师，工作一向认真负责。王老师很早就开始尝试使用幻灯片教学。她把各种地理现象如火山爆发、海底世界等形象地画在幻灯片上，让学生们对这些神秘的自然现象有形

象的认识。同学们感到非常新鲜、特别，反映良好。从此，王老师就有了一个梦——把这些幻灯片投入生产，使之为更多的学生、教师服务。这次，当王老师看见了“美梦成真”活动的广告，在朋友的鼓励下去报名时，已是报名日期的最后一天了。而就是这一天的尝试使她获得了10万元奖金。王老师利用这10万元，在电视台工作人员的帮助下，与温州一家工厂合作，在一个月内生产了8000多套彩色幻灯片。10万元的开支包括：产品鉴定及包装设计用去1.5万元，购买设备用去4万元，材料、发行及检验用去4.5万元。

王老师至今仍对自己能获得奖金有点儿不相信。当时的评选，现场观众起着最重要的作用。王老师说：“我原来以为美梦一定是非常浪漫的事情，没想到观众对我这么实在的梦想也这样支持。”

与王老师的梦相比，另一位10万元奖金获得者李女士的“乡村梦”就显得浪漫多了。她的梦想是：拥有一块菜地，用自己的双手种出各种蔬菜。李女士说，她从小喜欢农村的生活，在她的生活中，很多印象深刻的事情几乎都发生在农村，因此她对乡村生活有着美好的回忆。也许李女士的梦想对于都市人很有新鲜感，也许这个梦想一下子唤起了都市人向往自然的情绪，于是，李女士同样获得了10万元奖金。

李女士在广州郊区租了20亩菜地，雇了几个工人，高高兴兴种起了菜。从去年10月底至今年2月，不少菜已有了收获。10万元的开支预算为：地租、种子及肥料2.7万元，办公用品、生产工具0.97万元，工人一年的工资2.2万元，流动资金2.8万元。

至于第三位“梦想成真”活动的10万元奖金获得者罗先生，是一位60多岁的退休司机。他的“美梦”是开一家传统小吃店，做一些在广州几乎要消失的传统小吃。他对10万元的开支预算是：一年的场地租金及装修3.2万元，购买设备4万元，申请执照0.6万元，一年的人工及原料约1万元，流动资金0.5万元。因为10万元的投入对于一个小吃店来说实在有限，所以罗先生只能选择租金较便宜的地点开店。他的传统小吃店已经开始营业。

然而，这三个人的美梦是否都真正实现并且能否继续做下去？这是大家都十分关心的问题。让我们来看看他们最近的情况吧。

王老师的教学幻灯片生产出来后，没有与推广销售相连接，8000

多套幻灯片一箱一箱地堆在办公室里，王老师并不知道如何把它们送上销售渠道。我问王老师打算如何使她的产品能为更多的学生、教
40 师服务，她无可奈何地说："生产这批幻灯片已用完了10万元，我不知道下一步该干什么。"我问她："目前贵校的地理老师是否都在使用这套产品教学？"她回答说："就我在用。"

李女士目前的情况并不比王老师好多少，也许是她在蔬菜经营上经验不足，也许是她既要做好自己的工作，又要管理菜地，精力有
45 限。总之，当那10万元奖金用完以后，李女士的菜地也就面临着严峻的考验。"美梦成真"活动的高潮过去以后，再也没有其他人会关心整个蔬菜市场中那太微不足道的20亩菜地了。李女士的美梦是否会在"过把瘾"之后匆忙结束呢？

相对来说，罗先生的情况是比较顺利的。现在，他每天仍在为他的
50 小吃店而操心忙碌，但生意不算很好，与他当初的梦想有一定距离。

这三个人的故事不能不引起我们的思考：究竟什么是实现理想、美梦成真的关键？有了金钱就一定能成功吗？从这三个人的经历中，我们不难找到答案：美梦，只靠金钱是难以真正实现的。

(据《黄金时代》"10万元启动一个美梦")

三　重点词语学习

(一) 广州电视台举办了"美梦成真"活动

"举办"与"举行"意思差不多，都表示进行某种活动。但"举办"是筹备、组织的意思，而"举行"只是进行、召开的意思；用"举办"的句子，一般用于说明会议、活动由谁或什么单位来办；用"举行"的句子，一般要出现活动或会议进行的时间、地点。如：

1. 这次运动会由广州市举办。
2. 留学生们自己举办的世界文化周很受欢迎。
3. 会议将于本月5号在大连举行。
4. 今晚7点学生活动中心举行新年晚会。

(二) 王老师很早就开始尝试使用幻灯片教学

"尝试"，动词，有试、试验的意思，表示做自己从来没有做过或经历过的事

情，目的在于得到一种新的经历，结果如何并不重要。“尝试”还可以作名词，常跟量词次、种搭配。如：

1. 反正你还年轻，不妨尝试一下不同的工作。
2. 你的想法很好，可以大胆地去尝试一下。
3. 他们做过很多次尝试，但是都没有成功。

（三）让学生们对这些神秘的自然现象有直接的认识

“神秘”，形容词，形容人或事物非常特别，令人奇怪，其中好像有什么秘密；可以作定语、谓语、状语，可以重叠为“神神秘秘”。如：

1. 云南是中国的植物王国，那里有神秘的原始森林。
2. 对我们来说，那里的一切都很神秘。
3. 朋友神秘地对我说：“做一个心理小测试如何？”
4. 你别那么神神秘秘的，有什么话快说！

（四）李女士的梦想对于都市人很有新鲜感

在这里，“感”词缀，常用在名词、形容词或动词后边，意思是感觉、感想。如：

好感　美感　新鲜感　孤独感　自豪感　成就感　责任感　读后感

“感”还可以作动词，意思是觉得，前面要有单音节词略、稍、深、甚等。如：

略感　稍感　深感　甚感

1. 初到一个地方，身体会略感不适。
2. 给你增加这么多麻烦，我深感抱歉。

“感”还常跟别的语素组成词语，如：感觉、感到、感想、感动、感情、感谢等。

（五）并不知道如何把它们送上销售渠道

“渠道”本指人工挖的、用来引水的水道，但也常用于比喻物品、物质、信息流通或传播的方式、途径。在这里，“渠道”用的是它的比喻义。再如：

1. 通过各种渠道，他们终于了解到有关信息。
2. 经过多次研究，我们找到了解决问题的渠道。
3. 我们要利用多种渠道来宣传我们的新产品。

（六）她在蔬菜经营上经验不足

“不足”，形容词，意思是不充足，有“不够”的意思；常作谓语。如：

信心不足　光线不足　资金不足　人手不足　估计不足　准备不足

1. 由于队员信心不足，红队最后输掉了比赛。
2. 如果对困难估计不足，很可能就会失败。

“不足”还可以作动词，有达不到的意思，指在数量上或程度上比所要求的要差些，作谓语，后面一般带数量短语，如：

不足八十斤　不足三千人　不足一年　不足一百米

“不足”还可以作名词，指做得不够好、不够满意的地方。如：

3. 请指出我们的不足和缺点。

(七) 李女士的菜地也就面临着严峻的考验

“严峻”,形容词,表示“严重”或“严肃”,多形容形势、情况、神情等,常作谓语、定语。如:

1. 今年的世界各国的经济形势和就业形势都非常严峻。
2. 严峻的现实摆在我们面前,我们必须设法渡过难关。
3. 张老师表情严峻,看起来是个严厉的人。

(八) 李女士的菜地也就面临着严峻的考验 / 发行及检验用去4.5万元

在这里,“考验”是名词,表示用来检查能力、水平、质量的具体事物、环境、行为;可以作宾语、主语。“检验”是动词,指用一定的标准去检查产品、食品或理论、技术等,看看是否合格、是否达到要求;常作谓语,还可以作定语。又如:

1. 这些产品经过检验,质量完全合格。
2. 检验员的工作是检验产品是否符合要求。
3. 让他做这个工作是对他能力的一次考验。
4. 对一个人的考验可以有很多种方式。

“考验”还可以作动词,指用某种方法来检查人的能力、水平或事物的质量;常作谓语。如:

5. 时间能理解爱,时间也能考验爱。
6. 钓鱼可以考验一个人的耐心。

(九) 李女士的美梦是否会在“过把瘾”之后匆忙结束呢?

“瘾”指特别浓厚的兴趣、爱好。“过瘾”的意思是使某种特别浓厚的兴趣、爱好得到满足;中间可以插入别的词语,如:过足了瘾、没过够瘾。“过把瘾”常用于口语,意思是过过瘾、过一次瘾。如:

1. 好久没喝酒了,今天也该过把瘾啦。
2. 考试完了,咱们今天去踢一会儿足球,好好过把瘾。

(十) 相对来说,罗先生的情况是比较顺利的

“相对来说”,固定短语,意思是相比较来说、通过比较的情况来看,也可以说相对说来、相对而言。在句中作插入语,一般位于句首,也可以放在主语后边。如:

1. 相对来说,这家超市水果的种类多一些。
2. 他的成绩相对来说不如你好。
3. 我觉得张军相对来说开朗、活跃一点儿。

(十一) 这三个人的故事不能不引起我们的思考

“思考”,动词,表示认真、深入地考虑问题,对象可以是具体的,也可以是抽象的;常作谓语,还可以作定语,可以重叠为“思考思考”。如:

1. 遇到难题，自己要反复思考。
2. 这个计划怎么写，我得好好思考思考。
3. 要多问问题，提高自己的思考能力。

四 语法学习

（一）工作一向认真负责

“一向”，副词，表示某种行为、状态或情况从过去到说话的时候保持不变，意思相当于“从来”；多用于肯定句中，一般不跟“没”连用。如：

1. 孩子一向懂事，这一回可是太糊涂了。
2. 他冬天一向都洗冷水澡。
3. 我一向不爱运动，明天我就不去爬山了。

（二）从此，王老师就有了一个梦／就是这一天的尝试使她获得了10万元奖金／就我在用／有了金钱，就一定能成功吗

这四个“就”都是副词，但意思不同：第一个“就”，表示前后两个动作或情况紧接着发生；第二个“就”，表示事实正是如此；第三个“就”限制人或事物的范围，相当于只、只是；第四个“就”表示在某种条件或情况下自然怎么样。“就”还常表示情况或者行为发生得早或结束得早；还可以用来强调数量少或数量多，修饰的谓语中有数量词语。如：

1. 我从小就向往海边的生活。
2. 电影10点就结束了，他怎么还没回家？
3. 书包里就这么几本书，没别的东西。
4. 那地方我就去过一次，不熟悉。

（三）与王老师的梦相比，另一位10万元奖金获得者李女士的“乡村梦”就显得浪漫多了

“浪漫多了”用于比较句中，表示比较的结果。在比较句中，不能说“他比我很浪漫”、“与我相比，他很浪漫”，而应该在形容词后面加“得多”、“多了”来表明比较的结果。如：

1. 飞机的速度当然比火车快得多。
2. 今天的气温是32度，比昨天热得多。
3. 他现在比以前忙碌多了。

（四）在她的生活中，很多印象深刻的事情几乎都发生在农村

在这里，“在……中”表示某一范围。它还常表示某一过程、状态，中间插入名词、名词性词组或动词、动词性词组。如：

1. 同学们在社会实践中获得了不少书本里没有的知识。

2. 在调查中,我们发现实际情况并不像人们所想的那样。

3. 座谈会在轻松愉快的气氛中结束了。

"在……中"还可以表示在物体或空间的里面。如:

在天空中　在水中　在大海中　在广场中　在箱子中

(五) 我问她:"目前贵校的地理老师是否都在使用这套产品教学?"

"贵",与人当面交流或书信来往时,称对方有关的事物时所加的敬辞。如:

贵姓　贵校　贵国　贵厂　贵公司

1. 请问您贵姓?

2. 感谢贵国政府和人们对中国的支持和帮助!

3. 不知贵公司能否在价格上给予优惠?

4. 我不是有意违反交通规则,请您高抬贵手,放过我吧!

(六) 李女士目前的情况并不比王老师好多少

"不比……好多少"意思是"跟……差不多"或"比……稍好一点儿",与"不比……好"有区别:

"不比王老师好"否定的是"比王老师好",至于实际上怎么样,说话者并没有明确表示。这有两种可能:一是"跟王老师差不多";另一是"比王老师差"。

而"不比王老师好多少"否定的是"比王老师好得多",意思是"跟王老师差不多"或"比王老师稍好一点儿",这时也可以说"比王老师好不了多少"或"比王老师好不到哪儿去"。

(七) 总之,当那10万元奖金用完以后,李女士的菜地也就面临着严峻的考验

"总之",连词,意思是总起来说,用来概括总结前面所说的内容。如:

1. 对于新事物,有的人赞成,有的人反对,有的人怀疑。总之,每个人都有自己的看法。

2. 小张的专业水平比我高,工作能力比我强,又比我会交际。总之,他各方面都比我强,很适合做这项工作。

3. 不管你去不去,总之,我是不会去的。

(八) 再也没有其他人会关心整个蔬菜市场中那太微不足道的20亩菜地了

"再(也)+不/没(有)"作状语,表示以前曾经有过的情况没有继续或重复了,相当于不再或没再,但语气更强调。如:

1. 太可惜了,这些树木都冻死了,再也不会结果了。

2. 我们保证以后再也不会为这么小的事情闹别扭。

3. 毕业以后,我再也没有见过他。

4. 他离开家乡以后,就再也没有消息了。

(九) 他每天仍在为他的小吃店而操心忙碌

"为……而……"是固定格式,表示原因或目的。表示原因时,"为"可以用"因为"替换;表示目的时,"为"可以用"为了"替换。如:

1. 大家都为这件事而感到兴奋。
2. 这些天他都为公司的资金问题而急得吃不下饭。
3. 让我们为友谊而干杯!
4. 他们为会议的顺利进行而忙碌了一个多月。

五 练 习

(一) 给下列形似字注音并组词

奖	幼	品	料	慢
桨	幻	吕	抖	漫
申	组	验	操	俊
甲	租	检	澡	峻

(二) 朗读下列词语,并理解其意思

场地	场合	场面	现场	会场	当场
美感	责任感	自豪感	成就感	新鲜感	孤独感
生活用品	办公用品	结婚用品	学习用品	日常用品	体育用品

(三) 搭配适当的词语

申请_____ 评选_____ 销售_____ 经营_____

向往_____ 神秘的_____ 严峻的_____ 浪漫的_____

有限的_____ 忙碌的_____

(四) 选择填空

包装　开支　新鲜感　雇　贵　装修　浪漫　有限　退休　不足

1. 一个人的能力太______了,我们应该大家一起做。
2. 我们公司的产品质量好,______也很漂亮。
3. 现在卖的房子大多都带______,很省事。
4. 由于比赛经验______,他输掉了比赛。
5. 天天都玩这个游戏,一点______都没有了。
6. 公司雇了这么多人,每个月的______都很大。
7. 非常感谢______公司对我们的热情接待。
8. 我现在54岁,再干一年,我就可以______了。
9. 她家______的那个保姆很能干,也让人放心。
10. 结婚时去巴黎旅行,那太______了。

包　过瘾　操心　渠道　尝试　高潮　执照　奖金　现场　预算　鉴定

11. 我已经长大了,你们不用再为我______了。
12. 他今天玩了一个上午的游戏,应该______足了______。
13. 生产和销售之间的______还没打通,产品当然卖不出去。
14. 开车出去一定要带上驾驶______。
15. 你还可以______用别的办法来解决问题。
16. 新郎新娘交换戒指的时候是婚礼的______。
17. 今年公司的效益不错,年底我们应该能得到一大笔______。
18. 这颗钻石是不是真的?你有没有______书啊?
19. 这次装修______是15万元,可能不够。
20. 你又没在______,你怎么知道得那么清楚?

(五) 用给括号里的词语选择适当位置

1. 老张每天的工作也很紧张,A他B不C轻松D。(比我)

2. 事后我没有 A 去打听,B 不知道 C 是怎样的 D 结果。(究竟)

3. 你 A 说的这件事,B 他 C 没 D 告诉我。(并)

4. A 他 B 要了 C 三张票,D 没多要。(就)

5. A 外面 B 起风了,C 会 D 下雨吧。(也许)

6. 孩子 A 想 B 跟我的同事们一起去 C 百货公司 D 买东西。(要)

7. 他 A 现在 B 真后悔 C 没有 D 读大学。(当初)

8. A 那件事以后,B 田中 C 再 D 没来过这里了。(也)

9. A 妈妈的身体 B 不太 C 好,D 经常生病。(一向)

10. 兄弟俩 A 经常为一些小事 B 吵架,C 实在让人 D 操心。(而)

(六) 为下列句中画线的词语选择适当的义项

A. 的确　　　B. 真实,不虚假

1. 他这人很实在,不会骗你的。

2. 我实在不知道她去哪儿了。

3. 这次考试实在太难了,很多题我都不会做。

4. 做人就要实在,不要说一套,做一套。

A. 限制人或事物的范围,只　　B. 表示事实正是如此

C. 表示在某种条件或情况下自然怎么样　　D. 表示前后事实紧接着

E. 表示事情发生得早或结束得早　　F. 强调数量少或数量多

5. 就是这一天的尝试,王老师获得了 10 万元奖金。

6. 李女士说,她从小就喜欢农村的生活。

7. 当那 10 万元奖金用完以后,李女士的菜地就面临着严峻的考验。

8. 有了金钱,就一定能成功吗?

9. 你过来一下,我跟你就说几句话。

10. 这件事就他知道,别人都不太清楚。

(七) 给下列句子中画线的词语选择合适的义项

1. 目前的形势非常严峻,大家应做好充分准备。

A. 严肃　B. 严重　C. 重要　D. 严格

2. 校长说着说着,神情忽然变得<u>严峻</u>起来。

A. 严格　B. 严肃　C. 严重　D. 重要

3. 爷爷的身体<u>一向</u>都很好,没有什么可担心的。

A. 从来　B. 现在　C. 永远　D. 过去

4. 我们说话的时候,他的眼睛<u>一直</u>盯着门口。

A. 从来　B. 一向　C. 始终　D. 永远

5. 你可以<u>思考</u>五分钟后再回答这道题。

A. 思想　B. 考虑　C. 想象　D. 思维

6. 领导终于接受了他的<u>申请</u>。

A. 说明　B. 请求　C. 经历　D. 愿望

7. 这几个月<u>开支</u>太大,存不了钱。

A. 金钱　B浪费　C. 费用　D. 收入

8. 这次<u>尝试</u>虽然失败了,但我们得到了许多启发。

A. 试　B. 试验　C. 经历　D. 尝尝

9. 由于资金<u>不足</u>,这个计划只好取消。

A. 达不到　B. 不丰富　C. 不够　D. 缺点

10. 有关人员正在对超市出售的食品进行<u>检验</u>。

A. 检查　B. 考验　C. 测验　D. 测试

(八) 完成句子

1. ______________________________我再也不想去那儿了。

2. ______________________________,真想好好过把瘾。

3. 当初我打算去英国留学______________________________。

4. 相对来说,______________________________。

5. 在长期的合作中,______________________________。

6. 与过去相比,______________________________。

7. 他这几天神神秘秘的,______________________________。

8. 我的成绩不比他好多少，＿＿＿＿＿＿＿＿＿＿＿＿＿＿＿＿＿＿。

9. ＿＿＿＿＿＿＿＿＿＿＿＿＿＿＿＿＿＿，总之，我每天都很忙。

10. ＿＿＿＿＿＿＿＿＿＿＿＿＿＿＿＿＿＿，家里就他一个人。

（九）综合填空

现代社会，几乎每个人都有自己的梦想，都＿①＿美好的未来，但是美梦＿②＿都能实现？美梦成真的关键＿③＿是什么？也许从这三个人的经历中，我们可以得到许多＿④＿。梦想虽然美好，但是＿⑤＿都能变成现实。在实现梦想的过程中，我们都会遇到各种各样的＿⑥＿。实现理想、美梦成真的关键＿⑦＿不在于金钱。成功的因素实在太多，美梦＿⑧＿靠金钱是难以真正实现的。

① A. 向往	B. 浪漫	C. 神秘	D. 思索
② A. 能否	B. 是否	C. 否则	D. 不必
③ A. 竟然	B. 至少	C. 几乎	D. 究竟
④ A. 启发	B. 思考	C. 思索	D. 发现
⑤ A. 必定	B. 必然	C. 不必	D. 不一定
⑥ A. 检查	B. 考验	C. 检验	D. 测验
⑦ A. 并	B. 只	C. 仍	D. 就
⑧ A. 都	B. 单	C. 也	D. 仍

（十）根据下列问题写一篇短文(300字左右)

1. 你认为这三个人的美梦真正实现了吗？

2. 你有什么美梦？

3. 如果给你10万元奖金，你会怎样去实现自己的美梦？

六　副课文

王师傅的理发店

在香港理发店工作了四十二年的王师傅五十九岁那年退休了。原因是这家理发店要改成美发厅，王师傅辛辛苦苦几十年，虽然手艺高超，但是跟不上日新月异的发型新潮流。回到家的王师傅整日无所事事，闷闷不乐。

一日，王师傅碰见居委会干部，提到承包路口裁缝店的外地人要走了，问他愿不愿意接过去开理发店。王师傅回家说起这件事，没想到全家人一致叫好。儿女们还自愿地每人拿出八千元入股。

半个月后，王师傅的小香港理发店装修一新，即将开业了，王师傅看到店门口的广告："本店特聘请香港名师献技。"他又急又气，大叫："我连香港朝东朝南都不知道，怎么这样做广告？不过是替人修修剪剪剃剃，几块钱的生意，哪里用得着做广告？"

经过儿女们两天的劝告，王师傅勉强开始营业了。穿上崭新的白大褂，他的感觉出来了：自己在"香港"工作了四十二年，不就是从"香港"来的吗？当然，王师傅毕竟有着老年人的踏实。从那以后，他一有空就去名店"偷"手艺，儿女们也不时给他借来外国画报参考。整洁的环境，加上熟练而且高超的手艺，价格自然稍微提高一些，但顾客一算，还是比一般理发店合算。物美价廉，引得顾客越来越多，生意忙不过来，于是，王师傅又雇了一个外来小师傅做帮手。每天虽然忙碌，但收入可观，心情愉快。

王师傅发财了，六十大寿时，他在三星级宾馆光请客就花了一万余元。现在，他每天高高兴兴地为自己的理发店忙碌着，生意越来越好，他也越来越精神，简直不像六十多岁的人。他说："我的事业从六十岁开始，我的第二次青春也从六十岁开始！"

(据《文化与生活》"靠智慧经营")

练习

说说王师傅开的是什么店？他为什么能发财？

附录 1

重点词语总表

A

挨 (13)

B

把握 (6)
摆脱 (14)
暴露 (11)
悲哀 (6)
彼此 (8)
辨别 (7)
别扭 (1)
不顾 (5)
不好意思 (13)
不听老人言,吃亏在眼前 (3)
不知不觉 (7)
不足 (15)

C

财富—财产 (14)
灿烂 (6)
测试 (4)
尝试 (15)
常见 (4)
场面 (9)
车到山前必有路,船到桥头自然直 (3)
成千上万 (2)
承担 (11)
持久 (9)
充实 (11)
出洋相 (13)
传达 (13)
匆忙 (8)

D

打击 (12)
打招呼 (1)
大方 (10)
大致 (14)
单纯—简单 (6)
但愿 (6)
当面 (12)
导致 (2)
等候 (11)
地步 (8)
惦记—思念 (8)
独特 (14)
对得起 (12)

E

恶劣 (7)
耳听为虚,眼见为实 (3)

F

费力 (4)
富有 (5)

G

干扰 (11)
感 (15)
感受 (6)
高尚—高贵 (10)
歌唱 (14)
功劳 (14)
瓜熟蒂落,水到渠成 (3)
光 (7)
过分 (13)

H

海市蜃楼 (14)
欢乐—快乐 (1)
黄昏 (14)
灰心 (10)
毁 (2)

J

给予—给 (8)
僵 (1)
结果 (4)
紧密—密切 (2)
惊人 (7)
惊醒 (8)
精神 (13)
举办 (15)
均匀 (4)

K

开口 (1)
开眼界 (14)
考验—检验 (15)
可观 (14)
可惜 (12)

L

来临 (2)
乐趣 (11)
冷静 (11)

附录 2

语法学习总表

附录3

部分练习参考答案

第一课

(二) 1. 为难　2. 欣赏　3. 脸色　4. 几乎　5. 好容易　6. 爆发　7. 丰盛　8. 愣　9. 僵　10. 烟消云散　11. 各式各样　12. 兴高采烈　13. 吞吞吐吐　14. 微不足道　15. 一口气　16. 打招呼　17. 忍不住

(三) 1. 了解　2. 理解　3. 理解　4. 招呼　5. 通知　6. 打招呼　7. 丰富　8. 丰盛　9. 丰盛　10. 有　11. 拥有　12. 具有　13. 忍不住　14. 忍不住　15. 受不了　16. 受不了　17. 藏　18. 藏　19. 躲　20. 躲、躲　21. 欢乐/快乐　22. 欢乐　23. 快乐　24. 快乐

(四) 1. B　2. D　3. D　4. D　5. C　6. C　7. A　8. D　9. C　10. C　11. C　12. C　13. D

(五) 1. 上　2. 起　3. 出　4. 开　5. 下　6. 去　7. 来　8. 上

(八) ① 欢欢喜喜　② 忙开　③ 丰盛　④ 各式各样　⑤ 一副　⑥ 一张　⑦ 兴高采烈　⑧ 欢笑

第二课

(二) 1. 后果　2. 环节　3. 香味　4. 气味　5. 绝种　6. 忠实　7. 分泌　8. 经受　9. 守卫　10. 转移　11. 可口　12. 整体　13. 挽回　14. 幼小　15. 大自然　16. 来临

(三) 1. 周围　周围　2. 四周/周围　3. 四周　4. 密切　5. 紧密　6. 密切　7. 紧密　8. 随后　9. 随即/随后　10. 随即　11.味道　12.味道　13. 味道/气味　14. 死亡　15. 死亡　16. 灭亡

(四) 1. B　2. D　3. A　4. C　5. C　6. C　7. C　8. D　9. B　10. D

(八) ① 成千上万　② 万万　③ 居然　④ 四周　⑤ 把　⑥ 给

第三课

(三) 1. 宜　2. 彼　3. 非　4. 俗　5. 舟　6. 虚　7. 必　8. 门道　9. 笔头　10. 记性　11. 洪水　12. 目睹　13. 吃亏　14. 提防

(四) 1. 迟到　2. 晚　3. 晚/迟　4. 时间　5. 光阴　6. 光阴,时间　7. 必　8. 必然　9. 必须

(七) 1. B　2. B　3. A　4. C　5. C　6. D

(九) 1. 冰冻三尺,非一日之寒。　2. 瓜熟蒂落,水到渠成。
3. 有多大的脚,穿多大的鞋。　4. 买卖不成仁义在。
5. 人往高处走,水往低处流。　6. 内行看门道,外行看热闹。
7. 耳听千遍,不如手做一遍。　8. 知己知彼,百战百胜。
9. 人外有人,天外有天。　10. 远亲不如近邻,远水不解近渴。
11. 好记性不如烂笔头。　12. 晴带雨伞饱带粮,洪水未来先提防。

13. 身正不怕影子歪。　14. 事不宜迟,夜长梦多。
15. 少壮不努力,老大徒伤悲。　16. 画龙画虎难画骨,知人知面不知心。

(十) ① A　② C　③ B　④ D　⑤ C　⑥ A　⑦ B　⑧ B

第四课

(三) 1. A　2. D　3. B　4. C　5. A　6. E　7. D　8. F　9. A　10. E　11. D　12. C　13. C　14. B

(四) 1. 众所周知　2. 障碍　3. 否认　4. 预报　5. 假设　6. 均匀　7. 颠三倒四　8. 常见　9. 探索　10. 惊讶　11. 期待　12. 生理　13. 造成　14. 协作　15. 唤醒　16. 某些

(五) 1. C　2. A　3. D　4. C　5. D　6. D　7. A　8. B　9. D　10. C

(六) 1. 等待　2. 期待　3. 效果　4. 结果　5. 成果　6. 后果　7. 行动　8. 行为　9. 深刻　10. 深远/深刻　11. 证明　12. 证实　13. 宣布　14. 公布　15. 喜欢　16. 喜爱　17. 造成　18. 引起　19. 损坏　20. 损害

(八) ① 结果　② 均匀　③ 治疗　④ 障碍　⑤ 造成　⑥ 心理　⑦ 患者　⑧ 要　⑨ 费力　⑩ 深远

第五课

(六) 1. 特别　2. 特别/格外　3. 特别　4. 特别/格外　5. 老　6. 虚弱　7. 老/衰老　8. 衰老　9. 年轻　10. 年轻　11. 年轻/年青

(七) 1. 在乎　2. 在意　3. 活跃　4. 活力　5. 轻易　6. 容易　7. 刚刚/刚才　8. 刚刚　9. 心/心灵　10. 心

(八) 1. B　2. A　3. C　4. B　5. D　6. A　7. A　8. A

(九) 1. ① B　② C　③ B　④ D　⑤ C　⑥ D
2. ① A　② D　③ B　④ C　⑤ A　⑥ A　⑦ B

第六课

(三) 1. C　2. C　3. A　4. C　5. B　6. C　7. A　8. C　9. B　10. C　11. B　12. A

(四) 1. 说上　2. 过上　3. 碰上　4. 坐上　5. 看上　6. 喜欢上　7. 选上　8. 走上　9. 唯一　10. 把握　11. 时节　12. 平凡　13. 全力以赴　14. 祝福　15. 灿烂

(五) 1. 单纯　2. 简单　3. 单纯　4. 简单　5. 感觉　6. 感受　7. 感受　8. 感觉　9. 心里　10. 心中　11. 心里　12. 心里　13. 处处　14. 到处　15. 到处　16. 处处　17. 里　18. 里/中　19. 中　20. 里

(六) 1. D　2. C　3. B　4. C　5. B　6. D　7. D　8. D　9. A　10. B

(十) ① A　② B　③ C　④ D　⑤ D　⑥ B

第七课

(二) 1. 善良　2. 狡猾　3. 无情　4. 排挤　5. 惊人　6. 注视　7. 评价　8. 霸占　9. 不知不觉　10. 花纹　11. 繁殖　12. 丰满　13. 凄惨　14. 描写　15. 恶劣　16. 养育

(三) 1. 通常/往往　2. 经常　3. 通常　4. 经常　5. 敏捷　6. 敏捷　7. 迅速　8. 辨别/区别

9. 辨别 10. 区别 11. 悄悄 12. 暗暗 13. 偷偷 14. 暗暗
(四) 1. C 2. A 3. D 4. B 5. A 6. C 7. D 8. B 9. B 10. E 11. D 12. C 13. B 14. A
(五) 1. C 2. B 3. B 4. D 5. A 6. B 7. C 8. C 9. C 10. B 11. C 12. D
(六) ① C ② B ③ A ④ D ⑤ B ⑥ B ⑦ D ⑧ B ⑨ B

第八课

(三) 1. 地步 2. 珍惜 3. 婚礼 4. 惦记 5. 阴影 6. 期望 7. 付出 8. 彼此 9. 匆忙 10. 即将 11. 日益 12. 信赖 13. 算是 14. 其实 15. 疼爱 16. 安宁 17. 进而
(四) 1. 匆忙 2. 急忙 3. 匆忙 4. 急忙 5. 给予 6. 给 7. 给 8. 给予/给 9. 爱惜/珍惜 10. 爱惜 11. 珍惜 12. 珍惜/珍惜 13. 思念 14. 惦记 15. 思念 16. 惦记
(五) 1. A 2. C 3. D 4. C 5. D 6. C 7. C 8. C 9. C 10. A 11. B 12. D
(十) ① B ② A ③ D ④ C ⑤ C ⑥ A ⑦ C ⑧ C

第九课

(二) 1. 心思 2. 用心 3. 前后 4. 场面 5. 象征 6. 反而 7. 接连 8. 气氛 9. 珍贵 10. 适宜 11. 勤劳 12. 传说
(三) 1. B 2. B 3. C 4. A 5. B 6. B 7. A 8. A 9. B 10. A 11. B 12. A
(四) 1. 长久/持久 2. 长久 3. 长久 4. 长久 5. 这样 6. 如此 7. 如此/这样 8. 适合/适宜 9. 适合 10. 适合/适宜 11. 适宜 12. 培养/培育 13. 培养 14. 培育 15.最/最为 16. 最/最为 17. 最 18. 最
(五) 1. A 2. D 3. B 4. B 5. C 6. C 7. B 8. C 9. D 10. C 11. D 12. C
(七) ① 赞美 ② 花朵 ③ 华丽高贵 ④ 光彩照人 ⑤ 前后 ⑥ 都 ⑦ 无比 ⑧ 象征

第十课

(四) 1. 引进 2. 请教 3. 所在 4. 根源 5. 自身 6. 沉思 7. 赠送 8. 出售 9. 夸 10. 之类 11. 退化 12. 急切 13. 名贵 14. 无私 15. 沾 16. 明媚
(五) 1. 夸/称赞 2. 称赞 3. 夸 4. 四处 5. 到处 6. 四处/到处 7. 种类 8. 品种/种类 9. 品种 10. 远 11. 遥远 12. 远 13. 高尚 14. 高贵 15. 高尚
(六) 1. B 2. D 3. C 4. B 5. B 6. C 7. B 8. D 9. D 10. D
(七) 1. 千里迢迢 2. 不知不觉 3. 海枯石烂 4. 依依不舍 5. 千真万确 6. 一生一世 7. 远走高飞 8. 海角天涯 9. 全力以赴 10. 四面八方 11. 光彩照人 12. 百思不得其解
(十) ① 遥 ② 舍 ③ 上 ④ 解 ⑤ 向 ⑥ 沾 ⑦ 赠 ⑧ 抢 ⑨ 财 ⑩ 尚

第十一课

(三) 粒 堆 股 道 顿 场 会儿 一下儿 条 株 副
(四) 1. 无影无踪 2. 言而无信 3. 所作所为 4. 愁眉苦脸 5. 时时刻刻 6. 喋喋不休 7. 言之无物 8. 客户 9. 增强 10. 岗位 11. 询问 12. 整体 13. 暴露 14. 承担

15. 提交　16. 忌讳　17. 领地　18. 侵犯

(六) 1. B　2. B　3. D　4. B　5. C　6. A　7. C　8. B　9. C　10. C

(七) 1. 相信　2. 信任　3. 信任　4. 平静　5. 冷静　6. 忠诚　7. 忠实　8. 等待　9. 等候　10. 询问　11. 问　12. 询问　13. 替代　14. 取代　15. 不　16. 没　17. 不　18. 打扰　19. 干扰　20. 干扰

(九) ① 职场　② 竞争　③ 获　④ 增强　⑤ 替代　⑥ 忠诚　⑦ 泄露　⑧ 无法　⑨ 多半　⑩ 信任

第十二课

(二) 1. ×　2. ×　3. √　4. ×　5.√　6. ×

(三) 1. 家喻户晓　2. 英俊　3. 领会　4. 流传　5. 犹豫　6. 吉祥　7. 身份　8. 烦恼　9. 深情　10. 明明　11. 门当户对　12. 万分　13. 无可奈何　14. 纯洁　15. 一连　16. 暗示　17. 当面　18. 再说

(四) 1. 严格　2. 严格　3. 严厉　4. 严厉　5. 愿　6. 愿意　7. 愿/愿意　8. 一连　9. 连连　10. 一连　11. 一连　12. 女子　13. 女人　14. 女人　15. 起来　16. 下来　17. 起来　18. 下来　19. 可惜　20. 遗憾　21. 可惜　22. 遗憾

(五) 1. D　2. C　3. B　4. B　5. A　6. C　7. B　8. C

(六) 1. A　2. C　3. D　4. B　5. B　6. C　7. C　8. B　9. B　10. B

(十) ① C　② C　③ A　④ B　⑤ C　⑥ B

第十三课

(三) 1. C　2. A　3. B　4. A　5. C　6. A　7. B　8. C　9. D　10. B　11. A　12. C　13. A　14. A　15. B　16. B　17. C　18. B　19. A　20. B

(四) 1. B　2. D　3. B　4. B　5. C　6. D　7. A　8. B　9. D　10. D

(七) 1. B　2. D　3. B　4. B　5. C　6. C　7. C　8. D　9. A　10. D

(八) 1. 兴趣　2. 趣味　3. 有趣　4. 开心　5. 高兴　6. 一连　7. 连连　8. 细心　9. 细致　10. 忍耐　11. 忍受

(十) ① C　② A　③ B　④ D　⑤ B　⑥ A　⑦ D　⑧ D　⑨ A

第十四课

(一) 1. C　2. D　3. B　4. B　5. A　6. A　7. C　8. D

(五) 1. B　2. C　3. C　4. B　5. B　6. D　7. C　8. D　9. C　10. A

(六) 1. 心领神会　2. 千载难逢　3. 家喻户晓　4. 前仰后合　5. 门当户对　6. 无可奈何　7. 海市蜃楼　8. 电闪雷鸣　9. 威风凛凛　10. 形影不离　11. 繁重　12. 可观　13. 淹　14. 发射　15. 毁灭　16. 观测　17. 爆炸　18. 美妙　19. 视野　20. 临终

(七) 1. 特殊　2. 以便　3. 黄昏　4. 独特/特殊　5. 毁灭　6. 功劳　7. 财富　8. 消灭　9. 财产　10. 贡献　11. 好　12. 歌唱　13. 从而　14. 大致　15. 傍晚　16. 大概　17. 赞美　18. 因此

(八) 1. ① C　② A　③ D　④ B　⑤ C　⑥ D

2. ① 无论　② 除非　③ 否则　④ 即使　⑤ 只有　⑥ 从而　⑦ 再说　⑧ 于是

第十五课

（四）1. 有限 2. 包装 3. 装修 4. 不足 5. 新鲜感 6. 开支 7. 贵 8. 退休 9. 雇 10. 浪漫 11. 操心 12. 过瘾 13. 渠道 14. 执照 15. 尝试 16. 高潮 17. 奖金 18. 鉴定 19. 预算 20. 现场

（五）1. C 2. C 3. C 4. B 5. C 6. B 7. C 8. D 9. B 10. B

（六）1. B 2. A 3. A 4. B 5. B 6. E 7. D 8. C 9. F 10. A

（七）1. B 2. B 3. A 4. C 5. B 6. B 7. C 8. B 9. C 10. A

（九）① A ② B ③ D ④ A ⑤ D ⑥ B ⑦ A ⑧ B

附录 4

词汇总表

A

挨	ái	（动）	13
安宁	ānníng	（形）	8
暗暗	àn'àn	（副）	7
暗示	ànshì	（动）	12
奥秘	àomì	（名）	5

B

巴掌	bāzhang	（名）	3
把握	bǎwò	（动）	6
罢休	bàxiū	（动）	13
白	bái	（副）	2
白骨	báigǔ	（名）	14
百思不得其解	bǎisī bùdé qíjiě		10
摆脱	bǎituō	（动）	14
扮	bàn	（动）	12
瓣	bàn	（名）	9
包装	bāozhuāng	（名）	15
报喜	bào//xǐ		12
暴露	bàolù	（动）	11
爆发	bàofā	（动）	1
爆炸	bàozhà	（动）	14
悲哀	bēi'āi	（形）	6
奔跑	bēnpǎo	（动）	5
彼	bǐ	（代）	3
彼此	bǐcǐ	（代）	8
笔	bǐ	（量）	14
笔头	bǐtóu	（名）	3
必	bì	（副）	3
编织	biānzhī	（动）	14
鞭子	biānzi	（名）	13
贬	biǎn	（动）	9
辨别	biànbié	（动）	7
标志	biāozhì	（名）	13
别扭	bièniu	（形）	1
不安	bù'ān	（形）	1
不顾	búgù	（动）	5
不料	búliào	（连）	4
不宜	bùyí	（副）	3
不知不觉	bùzhī-bùjué		7
不足	bùzú	（形）	15
步行	bùxíng	（动）	5

C

财产	cáichǎn	（名）	14
财富	cáifù	（名）	14
彩虹	cǎihóng	（名）	6
灿烂	cànlàn	（形）	6
操心	cāo//xīn		15
测试	cèshì	（动）	4
产	chǎn	（动）	7
尝试	chángshì	（动）	15
常见	chángjiàn	（动）	4
场地	chǎngdì	（名）	15
场面	chǎngmiàn	（名）	9
吵架	chǎo//jià		8
吵闹	chǎonào	（形）	8
沉默	chénmò	（形）	1
沉思	chénsī	（动）	10
沉重	chénzhòng	（形）	12
成千上万	chéngqiān-shàngwàn		2
承担	chéngdān	（动）	11
惩罚	chéngfá	（动）	13
吃亏	chī//kuī		3

池塘	chítáng	（名）	12
迟	chí	（形）	3
持久	chíjiǔ	（形）	9
充实	chōngshí	（动）	11
冲突	chōngtū	（动）	8
愁眉苦脸	chóuméi-kǔliǎn		11
愁思	chóusī	（名）	7
出世	chūshì	（动）	7
出售	chūshòu	（动）	10
出洋相	chū//yángxiàng		13
除非	chúfēi	（连）	11
处处	chùchù	（副）	6
传达	chuándá	（动）	13
传说	chuánshuō	（名）	9
窗口	chuāngkǒu	（名）	5
创新	chuàngxīn	（名）	5
纯	chún	（形）	9
纯洁	chúnjié	（形）	12
匆忙	cōngmáng	（形）	8
从中	cóngzhōng	（副）	8
丛	cóng	（名）	5
村	cūn	（名）	3
挫折	cuòzhé	（名）	5

D

打击	dǎjī	（动）	12
打招呼	dǎ//zhāohu		1
大方	dàfang	（形）	10
大脑	dànǎo	（名）	4
大致	dàzhì	（形）	14
大自然	dàzìrán	（名）	2
代价	dàijià	（名）	8
单纯	dānchún	（形）	6
担忧	dānyōu	（动）	6
但愿	dànyuàn	（动）	6
当初	dāngchū	（名）	15
当面	dāng//miàn		12
导致	dǎozhì	（动）	2
得罪	dézuì	（动）	13
等待	děngdài	（动）	7
等到	děngdào	（连）	10
等候	děnghòu	（动）	11
提防	dīfáng	（动）	3
敌视	díshì	（动）	8
底	dǐ	（名）	15
地步	dìbù	（名）	8
地老天荒	dìlǎo-tiānhuāng		6
地理	dìlǐ	（名）	15
颠三倒四	diānsān-dǎosì		4
电闪雷鸣	diànshǎn-léimíng		12
电子邮件	diànzǐ yóujiàn		11
垫	diàn	（名）	11
惦记	diànjì	（动）	8
喋喋不休	diédiébùxiū		11
丢人	diūrén	（形）	13
都市	dūshì	（名）	15
独特	dútè	（形）	14
独自	dúzì	（副）	7
堆	duī	（量）	8
对得起	duìdeqǐ		12
多半	duōbàn	（副）	11

E

恶劣	èliè	（形）	7

F

发财	fā//cái		10
发火	fāhuǒ	（动）	13
发射	fāshè	（动）	14
发泄	fāxiè	（动）	11
发行	fāxíng	（动）	15
发育	fāyù	（动）	7
烦恼	fánnǎo	（形）	12
繁殖	fánzhí	（动）	7
繁重	fánzhòng	（形）	14
反而	fǎn'ér	（副）	9
飞快	fēikuài	（形）	13
非	fēi	（副）	3

词语	拼音	词性	课
肥料	féiliào	（名）	15
废旧	fèijiù	（形）	11
费力	fèi//lì		4
分泌	fēnmì	（动）	2
坟墓	fénmù	（名）	12
丰满	fēngmǎn	（形）	7
丰盛	fēngshèng	（形）	1
风雨	fēngyǔ	（名）	6
否认	fǒurèn	（动）	4
夫妻	fūqī	（名）	1
孵	fū	（动）	7
付出	fùchū	（动）	8
富贵	fùguì	（形）	9
富有	fùyǒu	（形）	5
腹	fù	（名）	2

G

词语	拼音	词性	课
干扰	gānrǎo	（动）	11
感	gǎn	（后缀）	15
感受	gǎnshòu	（名）	6
岗位	gǎngwèi	（名）	11
高潮	gāocháo	（名）	15
高贵	gāoguì	（形）	9
高尚	gāoshàng	（形）	10
高血压	gāoxuèyā	（名）	9
歌唱	gēchàng	（动）	14
歌颂	gēsòng	（动）	12
格外	géwài	（副）	5
各式各样	gèshì-gèyàng		1
根源	gēnyuán	（名）	10
跟踪	gēnzōng	（动）	14
公布	gōngbù	（动）	4
公顷	gōngqǐng	（量）	14
功劳	gōngláo	（名）	14
股	gǔ	（量）	8
雇	gù	（动）	15
瓜熟蒂落	guāshú-dìluò		3
观测	guāncè	（动）	14
观看	guānkàn	（动）	13
观赏	guānshǎng	（动）	9
光	guāng	（动）	7
光彩照人	guāngcǎizhàorén		9
光阴	guāngyīn	（名）	3
规矩	guīju	（名）	12
轨道	guǐdào	（名）	14
过分	guòfèn	（形）	13
过瘾	guò//yǐn		15

H

词语	拼音	词性	课
海角天涯	hǎijiǎo-tiānyá		6
海枯石烂	hǎikū-shílàn		6
海市蜃楼	hǎishìshènlóu		14
寒	hán	（形）	3
行	háng	（名）	4
毫不	háobù		4
好	hǎo	（连）	14
何况	hékuàng	（连）	11
核弹头	hédàntóu	（名）	14
狠狠	hěnhěn	（形）	13
红扑扑	hóngpūpū	（形）	5
洪水	hóngshuǐ	（名）	3
后代	hòudài	（名）	14
后果	hòuguǒ	（名）	2
忽略	hūlüè	（动）	11
蝴蝶	húdié	（名）	2
护	hù	（动）	13
花朵	huāduǒ	（名）	9
花粉	huāfěn	（名）	10
花卉	huāhuì	（名）	9
花轿	huājiào	（名）	12
花纹	huāwén	（名）	7
华丽	huálì	（形）	9
坏蛋	huàidàn	（名）	7
欢呼	huānhū	（动）	5
欢乐	huānlè	（形）	1
欢喜	huānxǐ	（形）	1
欢笑	huānxiào	（动）	1
环节	huánjié	（名）	2

幻灯	huàndēng	（名）	15
唤醒	huànxǐng	（动）	4
患	huàn	（动）	4
患者	huànzhě	（名）	4
荒地	huāngdì	（名）	14
黄昏	huánghūn	（名）	14
灰心	huī//xīn		10
毁	huǐ	（动）	2
毁灭	huǐmiè	（动）	14
婚礼	hūnlǐ	（名）	8
浑身	húnshēn	（名）	5
混	hùn	（动）	1
活力	huólì	（名）	5
火山	huǒshān	（名）	15
获	huò	（动）	11

J

几乎	jīhū	（副）	1
吉祥	jíxiáng	（形）	12
即将	jíjiāng	（副）	8
即使	jíshǐ	（连）	5
急切	jíqiè	（形）	10
疾病	jíbìng	（名）	4
给予	jǐyǔ	（动）	8
记性	jìxing	（名）	3
记载	jìzǎi	（动）	9
忌讳	jìhuì	（动）	11
家喻户晓	jiāyù-hùxiǎo		12
假如	jiǎrú	（连）	5
假设	jiǎshè	（名）	4
价钱	jiàqian	（名）	10
嫁	jià	（动）	12
坚贞不屈	jiānzhēnbùqū		9
肩膀	jiānbǎng	（名）	6
检验	jiǎnyàn	（动）	15
鉴定	jiàndìng	（动）	15
僵	jiāng	（形）	1
讲理	jiǎng//lǐ		8
奖金	jiǎngjīn	（名）	15
浇	jiāo	（动）	9
狡猾	jiǎohuá	（形）	7
矫健	jiǎojiàn	（形）	13
接连	jiēlián	（副）	9
结	jié	（动）	2
结果	jiéguǒ	（名）	4
界	jiè	（名）	4
金钱	jīnqián	（名）	15
紧密	jǐnmì	（形）	2
进而	jìn'ér	（副）	8
经受	jīngshòu	（动）	2
经营	jīngyíng	（动）	15
惊人	jīngrén	（形）	7
惊醒	jīngxǐng	（动）	8
惊讶	jīngyà	（形）	4
精明	jīngmíng	（形）	10
精神	jīngshen	（形）	13
精细	jīngxì	（形）	4
警告	jǐnggào	（动）	13
径	jìng	（名）	3
竞争	jìngzhēng	（动）	11
竟然	jìngrán	（副）	10
就算	jiùsuàn	（连）	6
居然	jūrán	（副）	2
举办	jǔbàn	（动）	15
具	jù	（量）	14
绝种	juézhǒng	（动）	2
军人	jūnrén	（名）	14
均匀	jūnyún	（形）	4

K

开口	kāi//kǒu		1
开阔	kāikuò	（形）	14
开心	kāixīn	（形）	6
开眼界	kāi//yǎnjiè		14
开支	kāizhī	（名）	15
慷慨	kāngkǎi	（形）	14
考验	kǎoyàn	（名）	15
壳	ké	（名）	7

可观	kěguān	（形）	14
可口	kěkǒu	（形）	2
可惜	kěxī	（形）	12
客户	kèhù	（名）	11
夸	kuā	（动）	10
宽容	kuānróng	（形）	8
狂欢	kuánghuān	（动）	1
昆虫	kūnchóng	（名）	2

L

蜡烛	làzhú	（名）	1
来临	láilín	（动）	2
来日方长	láirìfāngcháng		5
缆车	lǎnchē	（名）	5
狼狈	lángbèi	（形）	13
浪漫	làngmàn	（形）	15
牢固	láogù	（形）	8
乐趣	lèqù	（名）	11
冷静	lěngjìng	（形）	11
愣	lèng	（动）	1
黎明	límíng	（名）	5
理	lǐ	（名）	8
连连	liánlián	（副）	13
脸色	liǎnsè	（名）	1
疗养院	liáoyǎngyuàn	（名）	14
裂	liè	（动）	12
裂缝	lièfèng	（名）	14
邻	lín	（名）	3
临终	línzhōng	（名）	14
领地	lǐngdì	（名）	11
领会	lǐnghuì	（动）	12
令	lìng	（动）	5
流传	liúchuán	（动）	12
流动	liúdòng	（动）	6
流动资金	liúdòng zījīn		15
流行	liúxíng	（动）	13
留情	liúqíng	（动）	13
路程	lùchéng	（名）	13
路过	lùguò	（动）	12

M

蚂蚁	mǎyǐ	（名）	2
满怀	mǎnhuái	（动）	4
忙碌	mánglù	（形）	15
茂盛	màoshèng	（形）	9
枚	méi	（量）	2
玫瑰	méigui	（名）	10
梅花	méihuā	（名）	9
美称	měichēng	（名）	9
美妙	měimiào	（形）	14
美食	měishí	（名）	7
魅力	mèilì	（名）	13
门当户对	méndāng-hùduì		12
门道	méndao	（名）	3
梦想	mèngxiǎng	（名）	15
密切	mìqiè	（形）	2
绵绵	miánmián	（形）	14
描写	miáoxiě	（动）	7
灭亡	mièmáng	（动）	2
敏捷	mǐnjié	（形）	7
名贵	míngguì	（形）	10
明白	míngbai	（动）	12
明媚	míngmèi	（形）	10
明明	míngmíng	（副）	12
末	mò	（名）	9
莫名	mòmíng	（形）	6
莫名其妙	mòmíngqímiào		14
默默	mòmò	（副）	13
某些	mǒuxiē	（代）	4
牡丹	mǔdan	（名）	9
目睹	mùdǔ	（动）	3

N

男子汉	nánzǐhàn	（名）	13
难得	nándé	（形）	13
难以	nányǐ	（副）	2
宁可	nìngkě	（副）	13
牛仔裤	niúzǎikù	（名）	11
怒	nù	（动）	9

女子	nǚzǐ	（名）	12
暖流	nuǎnliú	（名）	8

P

趴	pā	（动）	13
排挤	páijǐ	（动）	7
盼	pàn	（动）	1
培育	péiyù	（动）	9
疲倦	píjuàn	（形）	5
飘动	piāodòng	（动）	6
品质	pǐnzhì	（名）	7
平凡	píngfán	（形）	6
平民	píngmín	（名）	14
评价	píngjià	（动）	7
评选	píngxuǎn	（动）	15
扑面	pūmiàn	（动）	8

Q

凄惨	qīcǎn	（形）	7
期待	qīdài	（动）	4
期望	qīwàng	（动/名）	8
其	qí	（代）	2
其实	qíshí	（副）	8
奇迹	qíjì	（名）	5
气氛	qìfēn	（名）	9
气味	qìwèi	（名）	2
千里迢迢	qiānlǐtiáotiáo		10
千载难逢	qiānzǎinánféng		14
千真万确	qiānzhēn-wànquè		8
前后	qiánhòu	（名）	9
前仰后合	qiányǎng-hòuhé		13
抢购一空	qiǎnggòuyìkōng		10
亲	qīn	（名）	3
亲朋	qīnpéng	（名）	10
亲热	qīnrè	（形）	5
亲眼	qīnyǎn	（副）	13
侵犯	qīnfàn	（动）	11
勤	qín	（形）	3
勤劳	qínláo	（形）	9
青春	qīngchūn	（名）	5
清除	qīngchú	（动）	7
清点	qīngdiǎn	（动）	14
晴朗	qínglǎng	（形）	14
请教	qǐngjiào	（动）	10
穷人	qióngrén	（名）	12
渠道	qúdào	（名）	15
取代	qǔdài	（动）	11
趣味	qùwèi	（名）	13
全力以赴	quánlìyǐfù		6
权利	quánlì	（名）	13

R

人间	rénjiān	（名）	6
人群	rénqún	（名）	13
人生	rénshēng	（名）	5
仁义	rényì	（名）	3
忍不住	rěnbuzhù		1
忍受	rěnshòu	（动）	13
日益	rìyì	（副）	8
如此	rúcǐ	（代）	9
如同	rútóng	（动）	9
若	ruò	（连）	6
若干	ruògān	（数）	13

S

色彩	sècǎi	（名）	9
山脚	shānjiǎo	（名）	5
善良	shànliáng	（形）	7
伤悲	shāngbēi	（形）	3
伤害	shānghài	（动）	6
商人	shāngrén	（名）	10
上市	shàng//shì		10
少壮	shàozhuàng	（名）	3
哨子	shàozi	（名）	5
舍不得	shěbude	（动）	10
申请	shēnqǐng	（动）	15
身份	shēnfen	（名）	12
深情	shēnqíng	（形）	12

词语	拼音	词性	课
深远	shēnyuǎn	(形)	4
神秘	shénmì	(形)	15
甚至	shènzhì	(副)	4
甚至于	shènzhìyú	(连)	10
生存	shēngcún	(动)	2
生理	shēnglǐ	(名)	4
生母	shēngmǔ	(名)	7
生前	shēngqián	(名)	12
诗人	shīrén	(名)	7
施肥	shī//féi		9
时光	shíguāng	(名)	5
时节	shíjié	(名)	6
实	shí	(形)	3
使得	shǐde	(动)	2
世代	shìdài	(名)	9
示威	shìwēi	(动)	13
似的	shìde	(助)	13
视野	shìyě	(名)	14
是否	shìfǒu	(副)	11
适宜	shìyí	(动)	9
守卫	shǒuwèi	(动)	2
鼠标	shǔbiāo	(名)	11
树木	shùmù	(名)	14
衰老	shuāilǎo	(形)	5
水到渠成	shuǐdàoqúchéng		3
思考	sīkǎo	(动)	15
思念	sīniàn	(动)	8
思索	sīsuǒ	(动)	8
死亡	sǐwáng	(动)	2
四处	sìchù	(名)	10
四面八方	sìmiàn-bāfāng		9
四周	sìzhōu	(名)	2
俗	sú	(名)	3
算是	suànshì	(动)	8
算账	suàn//zhàng		8
虽	suī	(连)	9
随后	suíhòu	(副)	2
随即	suíjí	(副)	2
随意	suíyì	(形)	5
损害	sǔnhài	(动)	4
损坏	sǔnhuài	(动)	2
所在	suǒzài	(名)	10

T

词语	拼音	词性	课
踏	tà	(动)	8
叹气	tàn//qì		1
探索	tànsuǒ	(动)	4
倘若	tǎngruò	(连)	13
疼爱	téng'ài	(动)	8
提拔	tíbá	(动)	11
提交	tíjiāo	(动)	11
提醒	tí//xǐng		8
替代	tìdài	(动)	11
天空	tiānkōng	(名)	14
天下	tiānxià	(名)	5
跳跃	tiàoyuè	(动)	5
通常	tōngcháng	(形)	7
同龄	tónglíng	(动)	1
同事	tóngshì	(名)	11
偷懒	tōu//lǎn		11
徒	tú	(副)	3
推脱	tuītuō	(动)	11
退化	tuìhuà	(动)	10
退休	tuìxiū	(动)	15
吞	tūn	(动)	7
吞吞吐吐	tūntūntǔtǔ	(形)	1
驼铃	tuólíng	(名)	14

W

词语	拼音	词性	课
挽回	wǎnhuí	(动)	2
万分	wànfēn	(副)	12
万万	wànwàn	(副)	2
万紫千红	wànzǐ-qiānhóng		10
王	wáng	(名)	9
王冠	wángguān	(名)	9
王后	wánghòu	(名)	9
网	wǎng	(名)	14
威风凛凛	wēifēnglǐnlǐn		13

微不足道	wēibùzúdào		1
为难	wéinán	（形）	1
为所欲为	wéisuǒyùwéi		5
为止	wéizhǐ	（动）	10
围巾	wéijīn	（名）	1
唯一	wéiyī	（形）	6
未老先衰	wèilǎoxiānshuāi		5
味	wèi	（名）	2
喂养	wèiyǎng	（动）	7
无比	wúbǐ	（副）	9
无法	wúfǎ	（动）	11
无可奈何	wúkěnàihé		12
无情	wúqíng	（形）	7
无私	wúsī	（形）	10
无意	wúyì	（动）	13
无影无踪	wúyǐng-wúzōng		11
无忧无虑	wúyōu-wúlǜ		5
舞	wǔ	（动）	6

X

嘻嘻哈哈	xīxīhāhā	（形）	5
喜爱	xǐ'ài	（动）	4
喜鹊	xǐquè	（名）	12
喜讯	xǐxùn	（名）	8
细致	xìzhì	（形）	13
掀	xiān	（动）	7
鲜艳	xiānyàn	（形）	9
衔	xián	（动）	7
现场	xiànchǎng	（名）	15
乡村	xiāngcūn	（名）	15
相	xiāng	（副）	10
相对来说	xiāngduì láishuō		15
相依为命	xiāngyīwéimìng		2
箱	xiāng	（量）	15
响亮	xiǎngliàng	（形）	5
向来	xiànglái	（副）	10
向往	xiàngwǎng	（动）	15
相册	xiàngcè	（名）	1
象征	xiàngzhēng	（动）	9
销售	xiāoshòu	（动）	15
小吃	xiǎochī	（名）	15
笑容	xiàoróng	（名）	6
协作	xiézuò	（动）	4
泄露	xièlòu	（动）	11
心爱	xīn'ài	（形）	13
心里	xīnli	（名）	6
心理	xīnlǐ	（名）	4
心灵	xīnlíng	（名）	5
心领神会	xīnlǐng-shénhuì		13
心思	xīnsi	（名）	9
心意	xīnyì	（名）	13
心中	xīnzhōng	（名）	6
欣赏	xīnshǎng	（动）	1
信赖	xìnlài	（动）	8
信任	xìnrèn	（动）	11
信息	xìnxī	（名）	4
兴高采烈	xìnggāo-cǎiliè		1
星空	xīngkōng	（名）	6
星球	xīngqiú	（名）	14
行为	xíngwéi	（名）	4
形	xíng	（名）	4
形影不离	xíngyǐngbùlí		12
兄	xiōng	（名）	12
胸口	xiōngkǒu	（名）	6
虚度	xūdù	（动）	5
血管	xuèguǎn	（名）	4
询问	xúnwèn	（动）	11
训	xùn	（动）	11

Y

涯	yá	（名）	3
烟消云散	yānxiāo-yúnsàn		1
淹	yān	（动）	14
严	yán	（形）	12
严峻	yánjùn	（形）	15
严厉	yánlì	（形）	12
言	yán	（名）	3
言而无信	yán'érwúxìn		11

词语	拼音	词性	课
言之无物	yánzhīwúwù		11
厌恶	yànwù	（动）	7
艳丽	yànlì	（形）	9
谚语	yànyǔ	（名）	3
扬	yáng	（动）	13
养成	yǎngchéng	（动）	8
养育	yǎngyù	（动）	7
遥远	yáoyuǎn	（形）	10
药物	yàowù	（名）	9
要	yào	（连）	10
液体	yètǐ	（名）	2
一旦	yídàn	（连）	4
一口气	yìkǒuqì	（副）	1
一连	yìlián	（副）	12
一生一世	yìshēng-yíshì		8
一向	yíxiàng	（副）	15
依依不舍	yīyībùshě		6
遗产	yíchǎn	（名）	14
遗憾	yíhàn	（形）	8
疑	yí	（动）	3
以便	yǐbiàn	（连）	14
益鸟	yìniǎo	（名）	7
阴影	yīnyǐng	（名）	8
引进	yǐnjìn	（动）	10
英俊	yīngjùn	（形）	12
影踪	yǐngzōng	（名）	6
映	yìng	（动）	12
拥有	yōngyǒu	（动）	1
用品	yòngpǐn	（名）	15
用心	yòng//xīn		9
犹豫	yóuyù	（形）	12
游人	yóurén	（名）	5
有限	yǒuxiàn	（形）	15
有意	yǒuyì	（动）	13
幼	yòu	（形）	7
幼小	yòuxiǎo	（形）	2
余	yú	（数）	14
娱乐	yúlè	（名）	13
渔船	yúchuán	（名）	14
与众不同	yǔzhòngbùtóng		6
宇宙	yǔzhòu	（名）	14
羽毛	yǔmáo	（名）	7
预报	yùbào	（名）	4
预算	yùsuàn	（名）	15
鸳鸯	yuānyāng	（名）	12
远走高飞	yuǎnzǒu-gāofēi		7
愿	yuàn	（动）	12
越…越…	yuè...yuè...		8
运转	yùnzhuǎn	（动）	14

Z

词语	拼音	词性	课
栽种	zāizhòng	（动）	9
再三	zàisān	（副）	12
再说	zàishuō	（连）	12
在乎	zàihu	（动）	5
在于	zàiyú	（动）	5
赞美	zànměi	（动）	9
早晚	zǎowǎn	（副）	11
造成	zàochéng	（动）	4
增强	zēngqiáng	（动）	11
赠送	zèngsòng	（动）	10
眨	zhǎ	（动）	1
沾	zhān	（动）	10
占有	zhànyǒu	（动）	7
战	zhàn	（动）	3
长辈	zhǎngbèi	（名）	1
障碍	zhàng'ài	（名）	4
朝气蓬勃	zhāoqìpéngbó		5
珍贵	zhēnguì	（形）	9
珍惜	zhēnxī	（动）	8
真心	zhēnxīn	（形）	6
振动	zhèndòng	（动）	7
整体	zhěngtǐ	（名）	2
证实	zhèngshí	（动）	4
之	zhī	（助）	3
之类	zhīlèi		10
枝	zhī	（名）	12
执照	zhízhào	（名）	15

词语	拼音	词性	课
直径	zhíjìng	（名）	14
职场	zhíchǎng	（名）	11
职员	zhíyuán	（名）	11
只得	zhǐdé	（副）	12
至于	zhìyú	（介）	13
治疗	zhìliáo	（动）	4
智商	zhìshāng	（名）	4
中枢	zhōngshū	（名）	4
忠诚	zhōngchéng	（形）	11
忠实	zhōngshí	（形）	2
终点	zhōngdiǎn	（名）	13
衷心	zhōngxīn	（形）	8
种类	zhǒnglèi	（名）	10
种植	zhòngzhí	（动）	9
众所周知	zhòngsuǒzhōuzhī		4
舟	zhōu	（名）	3
皱纹	zhòuwén	（名）	5
主角	zhǔjué	（名）	5
注视	zhùshì	（动）	7
祝福	zhùfú	（动）	6
筑巢	zhù //cháo		7
专有	zhuānyǒu	（动）	5
转入	zhuǎnrù	（动）	13
转移	zhuǎnyí	（动）	2
赚	zhuàn	（动）	10
装修	zhuāngxiū	（动）	15
追求	zhuīqiú	（动）	5
啄	zhuó	（动）	7
姿态	zītài	（名）	9
自身	zìshēn	（代）	10
总	zǒng	（副）	1
总之	zǒngzhī	（连）	15
租	zū	（动）	15
租金	zūjīn	（名）	15
阻止	zǔzhǐ	（动）	10

声 明

对于本教材所使用的受著作权保护的材料，尽管本社已经尽了合理的努力去获得使用许可,但由于缺少某些著作权人的具体联系方式,仍有个别材料未能获得著作权人的许可。为满足课堂教学之急需,我们在个别材料未获得许可的情况下出版了本教材,并按照国家相关标准将稿酬先行列支。对此我们深表歉意,并请各位著作权人在看到本教材及本声明后尽快与我们联系,我们将立即奉上稿酬及样书。

联系人：吕幼筠
邮　箱：lvyoujun99@yahoo.com.cn
地　址：北京市海淀区成府路 205 号北京大学汉语编辑部
邮　编：100871
电　话：010-62752028

北京大学出版社
2009 年 12 月